10|18
12, avenue d'Italie — Paris XIIIe

Du même auteur
dans la collection 10/18

LA CITÉ DE L'HORIZON, n° 2568
LA CITÉ DES RÊVES, n° 2663
LA CITÉ DES MORTS, n° 2730

LA CITÉ DES MENSONGES

Mystères égyptiens

PAR

ANTON GILL

Traduit de l'anglais
par Corine DERBLUM

10|18

INÉDIT

« Grands Détectives »
dirigé par Jean-Claude Zylberstein

Si vous désirez être régulièrement tenu au courant de nos publications, écrivez-nous en nous précisant le titre de l'ouvrage dans lequel est insérée cette annonce ainsi que votre âge :

Éditions 10/18
12, avenue d'Italie
75627 Paris Cedex 13

Titre original :
City of Lies

ISBN 2-264-02369-4

Pour Peter Ewence

NOTE DE L'AUTEUR

Si le contexte historique du récit qui va suivre est dans l'ensemble authentique, la majorité des personnages sont fictifs. On connaît relativement bien la vie dans l'Égypte ancienne, car ses habitants — du moins les membres des classes dirigeantes et administratives — étaient lettrés et avaient le sens de l'Histoire. Néanmoins, selon les spécialistes, au long des deux siècles écoulés depuis la naissance de l'égyptologie, guère plus d'un quart de ce qui est à connaître a été découvert. Certaines dates, certains faits sont encore l'objet de nombreuses controverses et de désaccords parmi les chercheurs, et, au cours des recherches, maints vestiges délicats de la civilisation pharaonique ont été détruits ou dispersés.

Cet ouvrage étant un roman, je me suis permis quelques libertés de temps à autre en interprétant ce que dut être la vie dans l'Égypte antique. Bien que nul ne puisse savoir tout à fait comment parlaient et se comportaient les gens à cette époque, et bien que l'on puisse supposer que la nature humaine n'a guère changé durant ces trois derniers millénaires, je prie les égyptologues et les puristes de bien vouloir me pardonner.

Parmi ceux, nombreux, envers lesquels je suis redevable, se trouvent non seulement les fondateurs de l'égyptologie moderne, tels James Breasted, E. Wallis Budge et W. M. Flinders Petrie, mais aussi des chercheurs contemporains comme Cyril Aldred, W. V. Davies, Christine El Mahdy, T. G. H. James, Manfred Lurker, Lise Manniche, P. R. S. Moorey, R. B. Parkinson, Gay Robins, John Romer, M. V. Seton-Williams, A. J. Spencer, Miriam Stead, Eugen Strouhal, Richard H. Wilkinson et Hilary Wilson. Je tiens également à remercier le Dr H. Peter Speed pour la patience et la promptitude avec lesquelles il a répondu à un certain nombre d'anxieuses questions.

Note de la traductrice

Avec mes très vifs remerciements à Dominique Farout, enseignant à l'École du Louvre et à l'institut Khéops-Égyptologie (Paris), pour ses précieuses indications concernant nombre de termes égyptiens de cet ouvrage.

L'ÉGYPTE AU TEMPS DE HUY

Les neuf années de règne du jeune pharaon Toutankhamon (1361-1352 av. J.-C.)[1] furent une époque troublée pour l'Égypte. Elles marquaient la fin de la XVIIIe dynastie, la plus glorieuse des trente dynasties de l'Empire. Les prédécesseurs de Toutankhamon comptaient d'illustres rois guerriers, des législateurs et des innovateurs qui avaient fondé un nouvel empire tout en consolidant l'ancien. Juste avant son règne, toutefois, le trône avait été occupé par un pharaon étrange, aux dons de visionnaire : Akhenaton. Celui-ci avait rejeté tous les anciens dieux pour les remplacer par un seul, Aton, qui trouvait son essence dans le soleil dispensateur de vie. Akhenaton reste le premier philosophe dont l'Histoire ait gardé la trace, et le créateur du monothéisme. En dix-sept années de règne, il provoqua un véritable bouleversement dans les modes de pensée et de gouvernement de son pays. Mais, dans le même temps, il perdit la totalité de l'Empire du

1. Les dates concernant la fin de la XVIIIe dynastie sont sujettes à controverses entre les différentes écoles d'égyptologues. Certains situent la mort d'Akhenaton vers 1362, d'autres vers 1373, voire 1379, de même pour Toutankhamon dont certains situent la naissance en 1354, d'autres en 1361. (*N.d.É.*)

Nord (la Palestine et la Syrie) et mena le royaume au bord de l'abîme, ce qui incita des ennemis puissants à s'assembler sur ses frontières septentrionales et orientales.

Les réformes religieuses d'Akhenaton avaient semé le doute dans les esprits, après des générations de certitude inébranlée remontant à des temps encore plus lointains que la construction des pyramides, mille ans auparavant. Et bien que l'Empire, déjà vieux de plus de mille cinq cents ans à l'époque de ces récits, eût traversé des crises par le passé, l'Égypte connut une brève période d'obscurantisme. Akhenaton ne s'était pas fait aimer des prêtres qui administraient l'ancienne religion et qu'il avait dépossédés de leur pouvoir, ni des gens du peuple, qui voyaient en lui le profanateur de croyances séculaires — surtout celles relatives aux défunts et à l'au-delà. Après sa mort à l'âge de vingt-neuf ans, vers 1362 av. J.-C., la nouvelle capitale qu'il s'était bâtie (*Akhet-Aton*, la « cité de l'Horizon ») ne tarda pas à tomber en ruine tandis que le pouvoir central retournait à Thèbes, la capitale du Sud. Au nord, le siège du gouvernement était la ville que nous appelons Memphis, mais à l'époque elle était moins importante que Thèbes. Le nom d'Akhenaton fut retranché de tous les monuments, et il ne fut même plus permis de le prononcer.

Akhenaton était mort sans héritier direct. Les trois règnes qui suivirent, dont celui de Toutankhamon fut le deuxième et de loin le plus long, furent lourds d'incertitude. Aucun de ces rois ne laissa d'héritier légitime, et pendant cette période les pharaons eux-mêmes virent très probablement leur pouvoir jugulé par Horemheb, ancien commandant en chef des armées d'Akhenaton, désormais résolu à assouvir ses propres ambitions : restaurer l'Empire et l'ancienne religion, puis monter sur le trône. Il y parvint finalement en 1348 av. J.-C., peut-être au terme d'une lutte pour le pouvoir avec Ay, son immédiat prédécesseur, un vieillard qui lui aussi avait été fonctionnaire de haut rang à la cour d'Akhenaton. Tout comme Horemheb, Ay était un roturier ambitieux ; mais sa fille, Néfertiti, qui fut la Grande Épouse royale d'Akhenaton, reste après Cléopâtre la reine la plus célèbre de l'histoire égyptienne. Le récit qui va suivre se situe au cours du règne de cinq années d'Ay — soit environ de 1352 à 1348 av. J.-C. —, toutefois Horemheb conserve une puissance considérable.

Pour sa part, Horemheb régna environ vingt-huit ans, jusqu'à un âge fort avancé, après avoir épousé la belle-sœur d'Akhenaton pour conforter ses prétentions à la couronne. Lui aussi s'éteignit sans héritier direct. Ainsi s'acheva la XVIIIe dynastie.

L'Égypte, qui sous Horemheb avait retrouvé son unité, allait connaître son ultime apogée de gloire au début de la XIXe dynastie, sous Ramsès II. C'était de loin le pays le plus riche et le plus puissant du monde connu, abondant en or, en cuivre et en pierres précieuses. Le commerce était pratiqué tout le long du Nil — que l'on nommait simplement « le Fleuve » —, depuis la côte jusqu'à la Nubie et au Soudan, sur la Méditerranée (la « Grande Verte »), et sur la mer Rouge jusqu'à la Somalie (le Pount). Mais ce n'était qu'une étroite bande de terre accrochée aux rives du Nil, cernée à l'est comme à l'ouest par des déserts. Elle était régie par trois saisons : le printemps — *shemou* —, le temps des récoltes et de la sécheresse, de février à mai ; l'été — *akhet* —, le temps des crues du Nil, de juin à octobre ; et l'automne — *peret* —, le temps de la végétation, quand poussaient les cultures. Le niveau de la crue annuelle était d'importance vitale : quelques mètres de trop et les habitations risquaient d'être emportées, quelques mètres de moins et il n'y aurait pas de récolte. La différence entre prospérité et famine ne tenait qu'à cela.

Les anciens Égyptiens vivaient plus près que nous de la nature et du rythme des saisons. Ils croyaient par ailleurs que le cœur était le siège de toute pensée, de toute sensation. La fonction du cerveau se limitait, pensaient-ils, à évacuer les mucosités vers le nez, auquel ils le supposaient relié.

La période durant laquelle s'inscrivent ces récits est infime, comparée aux trois mille ans de civilisation pharaonique, mais elle n'en fut pas moins cruciale pour l'Égypte. Celle-ci prenait conscience du monde plus agressif qui s'étendait par-delà ses frontières, et de la possibilité qu'un jour elle aussi soit conquise et s'éteigne. Ce fut un temps d'incertitude, de remise en question, d'intrigues et de violence — un miroir lointain où nous entrevoyons notre propre reflet.

Les anciens Égyptiens adoraient de très nombreuses divinités. Quelques-unes étaient propres à des villes ou à des localités, d'autres exercèrent un rayonnement qui s'accrut puis diminua au fil du temps. Certains dieux correspondaient à des notions similaires. Voici les plus importants d'entre eux :

AMON : roi des dieux et divinité tutélaire de Thèbes, la capitale du Sud. Représenté sous l'aspect d'un homme et associé à Rê, le dieu solaire suprême. Le bélier et l'oie lui étaient consacrés.

ANUBIS : dieu de l'embaumement, à tête de chacal. C'est lui qui, durant la nuit, protégeait la momie des forces maléfiques.

ATON : dieu de l'énergie solaire, représenté sous l'aspect d'un disque dont les rayons s'achèvent dans des mains protectrices.

BASTET : déesse-chat.

BÈS : dieu nain à tête de lion. Protecteur du foyer, et des femmes pendant l'accouchement.

GEB : dieu de la terre, représenté sous l'apparence d'un homme.

HAPY : dieu du Nil, spécifiquement en crue. Personnage androgyne dont les seins féminins symbolisaient la fécondité.

HATHOR : déesse de l'amour, de la musique et de la danse. Souvent représentée sous l'aspect d'une vache, ou d'une femme coiffée de cornes de vache et du disque solaire, elle était aussi la nourrice et la protectrice du roi.

HORUS : un des dieux les plus vénérés. Horus était le défenseur du bien, le fils à tête de faucon d'Osiris et d'Isis, et appartenait de ce fait à la plus importante triade de la théologie égyptienne. Il était en outre associé au soleil.

ISIS : mère divine, épouse et sœur d'Osiris.

KHÉPRI : le soleil levant. Symbole du devenir, ce dieu était représenté par un scarabée.

KHNOUM : symbolisait la force créatrice qui avait modelé le monde et les humains. Il était figuré sous les traits d'un homme devant un tour de potier.

KHONSOU : dieu de la lune, fils d'Amon.

MAÂT : déesse de la justice, de la vérité et de l'harmonie du monde.

MIN : dieu de la fertilité sexuelle.

MOUT : épouse d'Amon, dépeinte à l'origine sous l'aspect d'un vautour.

NEKHBET : la déesse-vautour de la Haute-Égypte, partie sud des « Deux Terres » constituant la « Terre Noire ». Le lotus et la couronne blanche étaient associés à cette région.

NEPHTYS : épouse de Seth. De même que sa sœur Isis, elle était la protectrice des momies.

NOUT : déesse du ciel, sœur et épouse de Geb.

OSIRIS : roi des morts; dieu du monde souterrain et de la résurrection. La vie après la mort occupait une place fondamentale dans la pensée des anciens Égyptiens.

OUADJET : déesse-cobra de la Basse-Égypte, partie nord des « Deux Terres ». Le papyrus et la couronne rouge étaient associés à cette région.

PTAH : dieu de la capitale du Nord, créateur du monde par la pensée et la parole. Il était figuré comme un homme enveloppé d'un linceul et tenant un sceptre.

RÊ : principal dieu solaire.

RÉNOUTET : déesse des moissons.

SEKHMET : déesse-lionne, elle défendait les dieux contre le mal et était associée à la guérison; incontrôlée, elle devenait dangereuse et destructrice.

SETH : dieu au caractère ambivalent; tantôt frère et meurtrier d'Osiris, tantôt protecteur de la barque de Rê. L'orage et la violence lui étaient associés.

SELKET : déesse-scorpion.

SOBEK : dieu-crocodile.

THOT : dieu du temps et de l'écriture; habituellement figuré avec une tête d'ibis, il revêt quelquefois la forme d'un babouin.

THOUËRIS : protectrice des femmes enceintes et des enfants, elle était représentée par une femelle hippopotame pleine, marchant dressée sur ses pattes de derrière.

PRINCIPAUX PERSONNAGES DE *LA CITÉ DES MENSONGES* (par ordre d'apparition)

Les personnages imaginaires sont indiqués en capitales, les personnalités historiques en minuscules. On rencontre des transcriptions différentes des noms en ancien égyptien. Pour ma part, j'ai par exemple adopté « Ankhsenamon » de préférence à « Ankhsenpaamon », et « Nézemmout » plutôt que « Moutnedjemet ».

HUY : scribe.
SENSÉNEB : son épouse, médecin.
HORAHA : père défunt de Senséneb.
HAPOU : leur serviteur.
Ankhsenamon (Ankhsi) : veuve du pharaon Toutankhamon ; remariée à Taschérit.
TASCHÉRIT : gouverneur militaire de Méroé.
Ay : pharaon régnant.
Horemheb : commandant en chef des armées.
KENNA : scribe royal, secrétaire particulier d'Ay.
TÉHOUTY : ex-beau-frère de Huy.
HÉBY : fils de Huy.
AAHMÈS : ex-femme de Huy.
RÉNIQER : administrateur de biens.
Ti : Grande Épouse royale d'Ay.
Nézemmout : épouse d'Horemheb, fille d'Ay.

Touthmosis : fils d'Horemheb et de Nézemmout.
AMÉNOPHIS-IMOUTHÈS : fils d'Ankhsi.
PAIESTOUNEF : capitaine du port thébain.
HENKA : espion d'Ay.
TÉTA : capitaine de navire.
NESPTAH : marchand.
PINHASY : scribe.
SAMOUT : marchand.
TAKHANA : sœur de Taschérit, épouse de Nesptah.
NIOUI : serviteur de Samout.
PSARO : serviteur de Huy.
APOUKY : intendant de Takhana.

La Cité des mensonges relate la suite des aventures de Huy le scribe, devenu détective malgré lui durant les années noires qui marquent la fin de la XVIIIe dynastie.

Le pharaon Toutankhamon est mort et c'est à présent Ay, le fin politicien, qui occupe le trône d'Égypte. Toutefois, son règne est loin d'être paisible. Son grand rival Horemheb contrôle l'armée et n'a pas abandonné ses rêves de pouvoir. Ayant trouvé refuge à l'extrême sud du pays, la veuve de Toutankhamon, Ankhsenamon, qui est aussi la petite-fille d'Ay, vit — pour l'heure — dans une relative sécurité.

Pendant ce temps, Huy jouit d'une respectabilité toute neuve. A trente-sept ans, il a officiellement été rétabli dans sa profession de scribe. Mais maintenant qu'il a enfin ce qu'il avait toujours cru vouloir, il ne parvient pas à trouver le repos et ne se résout pas à épouser la belle Senséneb, qu'il a connue lorsqu'il enquêtait sur la mort de Toutankhamon.

Un homme restera assis, le dos tourné
Pendant qu'un autre se fait tuer.
Je te montrerai un fils qui est un ennemi,
Un frère qui est un adversaire,
Un homme assassinant son propre père.

Prophétie de Néferty

1

« Nous en avons parlé mille fois. Tu persistes à vouloir te faire fermier ? Moi, je persiste à dire que c'est de la folie ! »

Huy ne répondit pas, sachant qu'elle était sous l'emprise de la colère. Mais il ne faiblit pas pour autant dans sa résolution. Il écarta les mains et haussa les épaules.

« Il n'y a pas de terres arables, au sud, reprit-elle. Et toi, tu es scribe. Un scribe ne cultive pas la terre !

— Ce n'est pas ma faute si Miou est mort.

— Tu te joues de ma douleur. Et tu refuses de m'épouser, tu ne veux pas échanger le serment. J'ai attendu, mais cette fois ma patience est à bout. »

Deux pensées cheminaient dans le cœur de Huy. L'une suivait un cours long et sinueux : l'agriculture serait difficile, au sud. Rien que le voyage serait déjà pénible : entre la Deuxième et la Troisième Cataracte, le Fleuve encaissé par les escarpements rocheux présentait mille dangers. Il était toutefois le chemin naturel du pays, la seule voie praticable entre Ouaouat et la capitale du Sud. Les grandes barges de transport l'empruntaient quotidiennement dans les deux sens, convoyant à l'aller une cargaison de cèdre, de vins de

Kharga et de Dakhlah, puis, au retour, des barres d'or brut. De plus, dans les contrées situées au sud de l'Empire, Huy savait que l'on trouvait des terres arables. Pas en grand nombre, certes. Ouaouat était une région inhospitalière, un désert habité par un peuple à la peau foncée. Mais il y avait des sols susceptibles d'être mis en valeur — quelques lopins, dont la rareté augmentait le prix. Or le scribe aspirait à relever de nouveaux défis. Ici, dans la cité, à accomplir une besogne sans surprise, il se morfondait. Il prenait du ventre. Certes, il avait obtenu ce qu'il avait toujours cru désirer, pour s'apercevoir à ses dépens qu'il s'était trompé.

La seconde idée était à la fois plus directe et plus complexe : Senséneb était belle. Sa peau dorée luisait, parfumée à l'huile de *balanos*[1]. Ils vivaient ensemble, cependant ils n'avaient pas échangé leur cœur. Huy se sentait encore incapable de prononcer les mots qui les uniraient. Pourquoi ce simple pas lui semblait-il infranchissable ? L'ombre de sa première épouse, remariée dans le Nord, bien loin de là, l'obsédait-elle encore ? Senséneb, la fille du médecin Horaha, avait su faire preuve de patience. Il ne pouvait que l'honorer pour cela.

Il l'observa tandis qu'elle finissait de se raser le sourcil gauche et entamait le droit, maniant le rasoir trapézoïdal en bronze avec une dextérité machinale. Sur le coffre, contre le mur, était dressé un petit sarcophage ouvert qui contenait la dépouille de Miou, enveloppée de plusieurs coudées de bandelettes imprégnées de résine. Néanmoins, les contours de la tête se dessinaient nettement : les oreilles dressées à l'affût du moindre son, le museau fin, les grands yeux en

1. *Balanos* : le gland. Son huile, aux vertus cicatrisantes, entrait également dans la fabrication de parfums. (*N.d.T.*)

amande, le profil aquilin. Seul le corps, membres et torse emmaillotés de lin, évoquait la forme de n'importe quel animal bandeletté de même : homme ou faucon, ibis, crocodile ou chien.

Elle acheva de se raser les sourcils et se tourna vers Huy d'un air de défi. Pourtant il décela dans son regard une lueur d'anxiété, si infime que lui seul pouvait la remarquer : de quoi avait-elle l'air, à présent ? Non pas simplement pour lui, mais aux yeux du monde ?

« Te raseras-tu les sourcils, toi aussi ?

— Mais oui.

— Rien ne t'y oblige.

— Miou était le chat de ton père, ton dernier lien avec lui. Je dois respect à l'*akh*[1] de Miou — puisse-t-il prospérer dans les greniers d'Éarrou[2] ! »

Il humecta le rasoir, puis massa ses sourcils avec un peu d'huile. Leur couleur se confondait si bien avec son teint de brique qu'il doutait que l'on s'apercevrait de leur disparition. Il aurait voulu embrasser l'arcade sourcilière de Senséneb, touchante dans sa nudité, mais un signe de deuil était un signe de deuil. Tandis qu'il l'observait, elle fit brûler les poils dans la petite lampe à huile en argile posée sur sa coiffeuse.

La vie dans le Sud serait difficile, mais ni impossible ni solitaire. La veuve de l'ancien roi résidait là-bas. Ankhsenamon, Grande Épouse royale de Toutankhamon, était devenue la femme du gouverneur militaire de Méroé. Huy le connaissait à peine ; toutefois, lors de leur brève et unique rencontre, Taschérit

1. *Akh* : principe lumineux et immortel faisant partie intégrante de l'être. (*N.d.T.*)

2. Sans doute ces greniers étaient-ils, pour les chats, à l'instar des *Champs d'Éarrou* pour les humains, un lieu idyllique du monde souterrain où l'on trouvait tout le nécessaire à profusion... (*N.d.T.*)

lui avait paru être un homme qui vivait dans les voies de la Vérité. Et un vaillant soldat, de surcroît, car Méroé se trouvait si loin au sud qu'elle faisait à peine partie de la Terre Noire. L'Empire s'étendait jusqu'au palais du vice-roi, dans la ville fortifiée de Napata, et toute la région environnante était maintenue dans une paix précaire. Méroé était située encore plus en amont, aux portes du pays de Kouch.

Huy avait sauvé la vie d'Ankhsi ; cela, elle ne l'oubliait pas. Ses lettres témoignaient qu'elle le considérait toujours comme son protecteur, bien qu'elle fût une femme mûre de dix-huit ans. Il pouvait compter sur son aide. Si pour quelque raison ses projets agricoles échouaient, il resterait l'or. Les mines de Ouaouat cédaient quatre mille *dében*[1] d'or affiné par an. Il ne connaîtrait pas la faim, et assurément pas l'ennui.

Il finit de se raser et passa le doigt sur sa peau lisse. Il ne s'était pas trompé : son aspect n'avait nullement changé. D'ailleurs, le visage au reflet confus qui lui rendait son regard, dans le miroir de cuivre poli, n'aurait pu appartenir à un autre. Il contempla ces traits taillés à la serpe, ces sillons prématurés — trente-huit fois il avait vu le Fleuve en crue — et cette longue cicatrice blanche qui balafrait sa joue depuis l'œil gauche, souvenir du coup de poignard infligé par Kenamoun[2]. Combien pire cela aurait été si Senséneb n'avait eu la main si sûre ! Le moment où elle avait recousu la plaie lui semblait tel un songe. Mais sitôt abandonné en amont du fleuve de la vie, n'importe quel instant ne perdait-il pas sa réalité pour entrer dans le domaine du rêve ?

1. *Dében* : étalon-or de 90 g. (*N.d.T.*)
2. *Cf. La Cité des morts*, 10/18, 1996, n° 2730.

« Tu n'aspires qu'à l'aventure, toi qui en as pourtant vécu plus que ton compte, dit Senséneb, posant le doigt sur la cicatrice de Huy et le faisant descendre au même rythme que le sien.

— Je suis malheureux ici.

— Je sais. Mais tu devrais prendre ton mal en patience.

— Je n'en ai que trop l'habitude.

— Tu pourrais te reposer. Te divertir. Après tout, tu as ce que tu voulais. »

Quelques lignes revinrent à la mémoire de Huy :

Un homme passe dix années d'enfance avant de comprendre la mort et la vie.

Il passe dix ans encore à acquérir l'instruction qui sera son gagne-pain.

Il passe dix ans encore à gagner et à accumuler les biens dont il tirera sa subsistance.

Il passe dix ans encore jusqu'au vieil âge, où son cœur devient son conseiller.

Restent encore soixante ans de toute la vie que Thot a assignée à l'homme de dieu.

Non qu'il crût que Thot à tête d'ibis, dieu de l'écriture et de la sagesse, assignât à beaucoup d'hommes cent années à vivre avant de regagner la Barque de la Nuit ; même parmi ceux nés sous d'heureux auspices, la vieillesse était un état rarement atteint. Mais l'idée n'était pas sans offrir de réconfort, et de fait cette faveur avait été accordée à quelques-uns des anciens rois. Il connaissait bien leur vie, ayant lu et classé les chroniques de leurs scribes presque jusqu'au dégoût dans la Grande Maison des Documents, où le roi Ay l'avait nommé Directeur Adjoint des Archives Royales, section Production d'Orge. Mais il était encore dans sa quatrième décennie, il jouissait d'une bonne santé et ne se sentait pas encore prêt à somnoler au coin du feu.

« *Laisse-moi te rappeler la condition du paysan* », cita Senséneb d'un ton narquois.

Huy connaissait bien ces phrases, apprises au cours de longues années d'apprentissage. De toutes les professions exercées sur la Terre Noire, celle du scribe était la plus prisée. Celui-ci n'était même pas soumis à l'impôt. Le texte décrivait l'horreur des autres métiers, comparés au sort enviable du fonctionnaire. Néanmoins, il la laissa poursuivre, heureux d'avoir un répit pour remettre de l'ordre dans son cœur.

« *Quand les eaux sont hautes, il irrigue les champs et nettoie son matériel. Il passe tout le jour à affûter ses outils pour cultiver l'orge, et toute la nuit à tresser des cordes. Même l'heure du repas de midi, il la passe à travailler. Il se harnache tel un guerrier pour s'en aller aux champs. La terre libérée des eaux de la crue s'étend devant lui ; il part acheter son attelage de bœufs. Bien des jours plus tard, après avoir suivi le bouvier à la trace, il obtient son attelage.* Cela te suffit-il ?

— Je connais ce passage. Il perd les bœufs, qu'il retrouve au bout de plusieurs jours, enlisés dans la boue et à moitié dévorés par les chacals.

— *Or...*

— *Or, voilà que le scribe débarque sur la rive du Fleuve.*

— *Il évalue l'impôt sur la moisson, avec une suite de gardes armés de bâtons, et d'hommes de Ouaouat portant des verges. Ils disent : " Montre ton blé ! ", mais il n'y en a pas, et le fermier est battu sauvagement. Il est ligoté et jeté la tête la première dans un bassin — il est plongé dans l'eau et trempé jusqu'aux os. Sa femme est attachée en sa présence, ses enfants sont enchaînés. Leurs voisins les abandonnent et s'enfuient...*

— *C'est la fin. Il n'y a pas de blé. Si tu es avisé, sois un scribe!* conclut Huy. Tu oublies l'allusion aux mains du cultivateur épuisé par le labeur, qui suppurent et puent à l'excès. Seulement voilà, tu n'as jamais été scribe, tu ne connais pas ce métier sous son vrai jour. Sais-tu combien nous étions battus, sous prétexte que " les oreilles du jeune garçon sont sur son dos " ?

— Mon père m'a enseigné ma profession sans me frapper. »

Huy s'abstint de répliquer que les médecins se jugeaient toujours d'essence supérieure. En temps ordinaire, ils se seraient livrés avec plaisir à ce genre de badinage. Mais ce jour-là n'avait rien d'ordinaire. En tout premier lieu, il faudrait observer les obsèques de Miou. Celui-ci serait inhumé dans un caveau spécial, près du temple de Bastet, sitôt que Rê serait passé dans la barque *seqtet*[1]. Ensuite, il leur faudrait prendre une décision quant aux projets qu'il mûrissait depuis si longtemps.

Machinalement, il s'approcha de la fenêtre. Par-delà les hauts murs rouges de l'enceinte et l'étroit ruban de terre, le Fleuve luisait tel du métal au soleil. Et par-delà le Fleuve, les toits du quartier du port formaient une masse confuse et miroitante. Alors Huy songea à la petite maison où il avait vécu à son retour dans la capitale du Sud, et qu'il avait quittée pour entrer au service d'Ay. Désormais, elle aussi n'était plus qu'un rêve, une ombre du passé.

Il rajusta sa tunique de dessus, en laine douce ornée d'un biais bleu et or, marque de son rang élevé parmi

1. Pour l'Égyptien, l'idée de voyage évoquait avant tout celle de navigation. Il fallait donc au dieu solaire une barque pour se déplacer dans le ciel. Celle-ci avait pour nom *matet* lorsque le soleil se levait, et *seqtet* lorsqu'il se couchait. (*N.d.T.*)

les fonctionnaires du roi. Par une ironie suprême, le vieux Ay avait été en même temps à l'origine de son rétablissement dans ses fonctions et de sa frustration. Huy avait bien servi l'ancien Maître des Écuries. Il lui avait fourni le moyen de devenir pharaon, de l'emporter sur son farouche rival le général Horemheb. Aussitôt après le couronnement, celui-ci était parti dans le Nord combattre les Khetas et les Khabiris. Nul n'ignorait qu'il nourrissait d'autres projets, toutefois Ay n'était pas assez puissant pour le briser et, après la débâcle qui avait affaibli le pays durant la dernière décennie, il fallait renforcer la protection des frontières septentrionales. Horemheb, mieux que quiconque, saurait mener cette tâche à bien. Il en allait d'ailleurs de son propre intérêt : on ne pouvait croire sérieusement qu'il eût renoncé au Trône d'Or. Sous le jeune Nebkhépérourê Toutankhamon, il avait accru son influence et s'était fait couvrir de titres : Plus Grand parmi les plus Grands, Plus Puissant parmi les plus Puissants, Grand Seigneur du Peuple, Messager du Roi à la Tête de ses Armées au Sud et au Nord, Élu du Roi, Celui-qui-Préside-sur-les-Deux-Terres, Général des Généraux. De telles distinctions n'étaient pas négligeables. Et quoique âgé, Horemheb avait neuf ans de moins que Ay, qui verrait bientôt sa soixante-sixième crue.

Néanmoins, se rappela Huy pensivement, dès la mise au tombeau de son prédécesseur, Ay s'était senti assez sûr du succès pour s'arroger le rôle de prêtre-*sem*[1]. Paré de la peau du chat tacheté, il avait célébré le rite de l'Ouverture de la Bouche[2] sur le jeune pha-

1. Prêtre-*sem* : prêtre figurant le fils héritier du défunt. *(N.d.T.)*.

2. Au cours de ce rite, le corps momifié, dans son sarcophage dressé à l'entrée du tombeau, se voyait restituer magiquement le « souffle de vie » et l'usage des cinq sens afin de poursuivre son existence dans l'au-delà. *(N.d.T.)*

raon défunt. Ce devoir incombait ordinairement à l'héritier de sang, or Ay n'était que l'aïeul de la Grande Épouse royale. Mais officiellement, celle-ci n'avait jamais donné d'enfant à Toutankhamon. A l'époque des funérailles, deux concubines étant enceintes, Ay avait ordonné que les fœtus fussent arrachés à leur matrice puis enterrés avec Toutankhamon, sous prétexte de lui établir une virilité posthume.

Peu après, Huy avait été comblé de bienfaits, dont il ne se réjouissait qu'à demi. Un an s'était écoulé depuis que le nouveau pharaon lui avait solennellement annoncé la fin de sa disgrâce. Avait-il si longtemps réussi à afficher l'apparence du fonctionnaire modèle, quand intérieurement il vacillait ?

Un passé commun le liait à Ay et à Horemheb : tous trois avaient été les serviteurs d'Akhenaton, le pharaon honni, désormais surnommé le « Grand Criminel » ; tous trois avaient survécu à sa chute. Ay et Horemheb s'acharnaient encore à effacer toute trace de son règne sur les monuments et dans la mémoire des hommes. Mais au fond d'eux-mêmes, peut-être l'expérience vécue aux côtés du jeune pharaon, visionnaire jusqu'à la folie, avait-elle laissé une empreinte que jamais ils ne parviendraient à oblitérer tout à fait. Comme Huy, ils avaient appris à distinguer la raison au milieu de la superstition, un dieu unique parmi des divinités multiples, la lumière au cœur des ténèbres.

Toutefois, Huy l'avait découvert à ses dépens, la lumière n'était pas toujours souhaitable en politique. A la mort d'Akhenaton, il avait été démis de ses fonctions et voué à l'opprobre.

C'est ainsi que, pendant près d'une décennie, il avait subsisté en résolvant les problèmes que l'on venait lui soumettre. Durant toutes ces années, il avait connu de longues périodes d'abattement et de désœuvrement. Sur les quais, il avait déchargé des navires apportant quelque cargaison précieuse d'au-delà de la Grande Verte, heureux de dégourdir enfin son corps musclé, si peu conforme aux canons de la beauté. Et, plus d'une fois, il avait cherché consolation auprès des pensionnaires de la Cité des rêves, un bordel tenu par une énorme Nubienne, Noubenéhem. L'établissement avait fermé depuis, à la mort de la patronne.

Cependant, Huy avait aussi connu quelques succès et s'était fait apprécier de personnalités influentes. Pour finir, il avait retrouvé le métier auquel il aspirait, mais qu'on lui rendait de manière à lui lier les mains.

Ay l'avait reçu en privé, dans le grand bureau ombragé par un vaste portique où il réglait ses affaires.

« Je sais qu'Ipouky s'est montré généreux envers toi, lui avait-il dit. Mais sois franc. Que t'ont rapporté tes activités d'enquêteur ? Tu n'as pas ton pareil, néanmoins l'originalité est dangereuse.

— Cinq *khar*[1] et demi de blé par mois, plus deux *khar* d'orge. »

Le pharaon avait porté ses longs doigts nerveux à ses lèvres épaisses.

« Soit autant qu'un scribe... Que c'est donc commode ! Ne mentirais-tu pas ?

— Non.

— La pauvreté de ta mise dément tes paroles.

— Je ne mens pas. »

Ay avait brièvement fermé les yeux, puis échangé un coup d'œil avec Kenna, le scribe royal, dont le calame effleurait déjà le rouleau de papyrus tendu sur l'écritoire en équilibre sur ses jambes croisées.

« Tu as su me servir avec beaucoup d'intelligence,

1. *Khar* : littéralement, « sac ». Grande mesure de capacité pour les grains et les liquides, équivalant à un peu plus de 75 litres. (*N.d.T.*)

avait dit alors le pharaon, reportant son regard sur Huy. Peut-être même en as-tu montré un peu trop à mon gré.

— Mon seul désir était de me rendre utile.

— J'en suis certain. Et maintenant, que désires-tu ? »

Cette question avait pris Huy au dépourvu. Il se tenait sur ses gardes, mais les effluves des bâtonnets de bois parfumé qui se consumaient dans la salle sombre et fraîche troublaient son esprit de même que leur fumée obscurcissait sa vue. Ce qu'il désirait, depuis l'époque où il errait, désœuvré, dans la cité de l'Horizon livrée à l'abandon, c'était d'exercer à nouveau son métier. Pouvait-il formuler ce souhait à cet instant ?

« J'ai été formé pour devenir scribe. »

Ay s'était frotté les mains en réprimant un sourire.

« Et scribe tu redeviendras. Tu as effacé la honte que t'avait value ton attachement au Grand Criminel. »

Huy avait eu fort envie de rétorquer que cet attachement n'était en rien méprisable, mais c'eût été stupide. D'ailleurs, comment nier que la honte avait accablé la Terre Noire ? Après la mort d'Akhenaton, un mal terrifiant s'était abattu sur le nord du pays, semant le malheur et la destruction. Plus tard, avec le recul, Senséneb avait émis l'idée qu'une infection du sang avait été transmise par les moustiques, mais la médecine, en l'occurrence, n'avait pas sa place et pareille pensée était une hérésie. Les anciens dieux étaient de retour, chassant la raison devant eux.

« J'ai le poste qu'il te faut », avait déclaré Ay d'un ton sans réplique.

Et c'est ainsi que Huy était devenu, à son corps défendant, Directeur Adjoint des Archives Royales, section Production d'Orge, avec des appointements correspondant au triple du salaire qu'il avait mentionné.

Il n'avait pas affiné son discernement en vain, et il ne lui avait pas échappé que Ay l'écartait du secteur juridique et policier de l'administration. Il lui fallut toutefois un certain temps pour apprendre que la sécurité et des revenus confortables n'achetaient pas le bonheur.

Cela faisait bien des années qu'il n'avait pas vu son ancien beau-frère[1], et voilà que par un hasard malencontreux il devenait son supérieur hiérarchique. Téhouty en avait certainement été avisé car, à leur première rencontre, il ne marqua ni saisissement ni jalousie. Copiste dans l'âme, il avait survécu à tous les orages et à tous les cataclysmes entraînés par la chute d'Akhenaton : la médiocrité sait se faire oublier. Par malheur, il se croyait digne de grandes choses, et passait ainsi sa vie à se ronger, bien qu'il eût un foyer confortable, des épouses fidèles et quatre enfants. Comme bien des aigris, Téhouty distillait le fiel et la méchanceté. Au bout de quelques mois à peine, les flèches trempées au poison de la vérité — car l'homme n'était pas insensé — avaient commencé à voler.

« Comment trouves-tu la poussière? avait-il demandé à Huy, un jour qu'ils se croisaient dans l'un des longs couloirs bordés d'étagères où l'on conservait les papyrus.

— La poussière? »

Huy était un piètre comédien. Il étouffait entre ces murs, d'autant qu'on était à la saison de *peret*, l'époque la plus chaude de l'année.

1. *Cf. La Cité de l'Horizon*, 10/18, 1995, n° 2568.

« Tu ne te sens pas à l'étroit, après ta chère liberté ?

— Je suis toujours aussi libre.

— Tu ne m'en voudras pas, si je te parle avec franchise ? s'était enquis Téhouty, tapotant d'un air important le rouleau qu'il tenait entre ses doigts parcheminés.

— Non.

— Te plairait-il d'avoir des nouvelles de ma sœur ? Ou bien de mon neveu ? »

« Ma sœur » et non « ta femme », « mon neveu » et non « ton fils », avait remarqué Huy. Celui qui, pour lui, restait le petit Héby n'était plus un enfant. Il devait avoir quatorze ans. La dernière fois que Huy l'avait vu, il en avait quatre. Aahmès s'était remariée. D'eux, Huy préférait ne rien savoir, et pourtant, bien entendu, il en avait terriblement envie, sa quiétude dût-elle en pâtir.

« J'espère qu'ils se portent bien.

— On ne peut mieux ! Je passerai chez eux la fête d'Opet[1]. Héby veut être soldat.

— Ah ?

— Je l'y encourage. Si la campagne se prolonge, il servira sous Horemheb, au nord.

— Ah !

— Mon nouveau beau-frère ne cesse de s'enrichir. Il est son propre maître, évidemment. Tout ce qu'il touche se transforme en or. »

Huy avait fait de son mieux pour éviter Téhouty. L'homme avait trouvé le défaut de la cuirasse. Mais ce n'était pas toujours possible et, à son profond désarroi, Huy s'était aperçu qu'il était resté trop longtemps à l'écart des grandes institutions pour se réaccoutumer

1. Opet : grande fête annuelle qui avait lieu à Thèbes pendant les crues du Nil, en l'honneur d'Amon, et à laquelle participait Pharaon. A son apogée, sous Ramsès III, la célébration durait vingt-sept jours. (*N.d.T.*)

aux petites mesquineries de l'ordre hiérarchisé, à cette étroitesse d'esprit étouffante. Il aurait pu se prévaloir de son rang pour écraser son subalterne sans que personne sourcille, mais il ne voulait pas s'en donner la peine.

Force lui était de l'admettre : il s'ennuyait. Mais jusqu'à quel point ? A mesure que passaient les mois et que l'air patient de Senséneb se chargeait de reproche devant sa réticence à prononcer les mots qui les auraient unis, ces mots qu'il avait été à deux doigts de prononcer un an plus tôt, il avait eu l'impression croissante d'être pris au piège. Mais parmi tout ce qu'il avait acquis, à quoi était-il prêt à renoncer ? Si ses cheveux n'étaient pas gris, ils commençaient à se clairsemer ; ses muscles, don divin, étaient toujours fermes, mais son estomac s'arrondissait. Il était au seuil du vieil âge, et pourtant son cœur détestait cette monotonie.

C'est ainsi que lui était venue l'idée de partir pour le Sud. Peut-être son *ka*[1] connaîtrait-il la paix, dans les provinces profondes. Cette contrée offrait juste assez de dangers et de défis pour rendre l'expérience passionnante. Il n'y était jamais allé, mais il avait entendu des récits captivants. Et là-bas, disait-on, la foi qu'il avait jadis adoptée, celle prônée par le pharaon Akhenaton, était restée vivace. Certains croyaient donc encore que le seul vrai pouvoir résidait dans la chaleur solaire, dispersant les ténèbres par sa lumière. Dans son immense majorité, le peuple craignait les démons et les morts-vivants, ces êtres sans sépulture ou victimes d'animaux nécrophages, et à jamais privés de cœur. Huy savait que cela n'était qu'affabulations, toutefois il commençait à perdre ses certitudes.

1. *Ka* : le double spirituel. Né avec l'homme, il grandit avec lui et le protège. Après la mort, il aspire à poursuivre dans la tombe la vie qu'il a menée sur terre. (*N.d.T.*)

Il n'avait pas l'intention de cultiver la terre de ses propres mains. Il trouverait une ferme et embaucherait des ouvriers expérimentés. Pour sa part, il aurait ses livres. Il chasserait, peut-être, et s'aventurerait en amont pour y faire commerce lorsqu'il aurait pris de l'assurance.

Le rebord de pierre était brûlant, bien que le jour fût encore jeune. On approchait du Nouvel An et, depuis la saison d'*akhet*, les eaux montaient lentement; déjà elles se teintaient de vert. On prédisait une mauvaise crue. Le nombre des petits nés parmi les chats des greniers ne serait pas contrôlé cette année, et malgré cela les rats prendraient plus que leur part.

« Oui, c'est un mauvais présage d'entreprendre l'exploitation d'une ferme en une telle année », murmura Senséneb, lisant dans ses pensées.

Tandis que, baigné par la lumière d'or pâle qui jamais ne faiblissait tout au long du jour, Huy contemplait pensivement le Fleuve, elle s'était livrée à ses propres réflexions. Songeuse, elle observa le scribe. Une petite ombre à l'arcade sourcilière révélait qu'il s'était coupé en se rasant — encore un mauvais présage. Mais elle était trop fine pour le lui faire remarquer avec grande insistance. Il avait des traits énergiques, auxquels manquait la délicatesse qui était la marque de la beauté; mais elle-même avait une ossature large. Ce qu'il ressentait importait davantage. Et bien qu'elle sût parfois deviner ce qui se passait en lui, tout aussi souvent il était pour elle une énigme. Ses yeux, d'un brun si foncé qu'à l'ombre la pupille et l'iris se confondaient en un seul disque noir, ne lui livraient rien de son âme. Certes, peu après leur première rencontre, elle et Huy s'étaient découvert un don en partage : il suffisait qu'elle l'appelle dans son cœur pour qu'il vînt à elle. Mais puisqu'ils vivaient ensemble, elle n'avait plus jamais eu besoin d'en faire usage, et lui, de son côté, ne l'avait jamais appelée. Elle se demandait si les dieux avaient repris ce don précieux, ou s'il ne pouvait être utilisé que dans la plus profonde détresse.

Mais si elle ne connaissait pas Huy, que savait-il, lui, sur lui-même ? Horaha avait dit un jour : « Un homme peut croire qu'il a beaucoup à apprendre sur son propre compte. Mais en vérité, au fond de la plupart d'entre nous, il n'y a que du vide. »

Du vide, pensa-t-elle, ou alors un miroir dans lequel nous n'osons nous regarder.

« Cette année, il se peut que la crue soit mauvaise, convint Huy, se détournant enfin de la fenêtre. Mais nous n'entreprendrons pas nos projets agricoles avant l'an prochain. De plus, l'Extrême-Sud formant un plateau, les conditions sont quelque peu différentes. Ne crois pas que nous partirons sans avoir pris toutes les dispositions nécessaires.

— Nous avons tant de choses, ici !

— Plus qu'il nous en faut.

— Tu ne sais strictement rien du travail de la terre. Tu n'as jamais vécu à la campagne. »

Un peu désemparé, Huy fit appel une fois de plus à ses meilleurs arguments :

« Nous ne serons pas livrés à nous-mêmes. Nous avons mis assez de côté pour payer généreusement des ouvriers. Nous pourrions charger un fermier de diriger l'exploitation pour notre compte. »

Il parcourut des yeux la pièce où ils se trouvaient. Indéniablement, il se sentait prisonnier dans la demeure splendide qu'ils occupaient désormais. Aux murs, des fresques décrivaient une existence idyllique, loin des villes : une coquette maison blanche, près d'un bassin bien entretenu où s'ébattaient des poissons. Des tamaris et des sycomores, aux cimes caressées par le vent du nord bienfaisant, Souffle d'Amon, suggéraient l'ombre et la fraîcheur. Huy savait que tout cela était fort éloigné de la réalité. Car la réalité, c'était l'hippopotame qui grimpait sur la berge et dévastait la récolte, c'était la souris et la sauterelle, le ver dans le grain et le passereau dans les champs. Néanmoins il s'obstina :

« J'ai besoin de changement. »

Les yeux baissés, Senséneb referma lentement le sarcophage de Miou. Si Huy éprouvait tant de lassitude à vivre ici, était-ce vraiment à cause de la routine ? Elle n'en était pas sûre. Pour sa part, elle était prête à tenter l'expérience, mais...

« Nous ne lâchons pas la proie pour l'ombre, raisonna le scribe, devinant un peu ce qu'elle ressentait. Et cela n'a rien d'irrévocable. Si nous n'essayons pas, nous ne saurons jamais...

— C'est si loin !

— Écoute, nous serons tout à côté d'une grande cité.

— Mais Méroé...

— Ankhsenamon y est heureuse.

— Je ne suis pas Ankhsenamon ! » riposta-t-elle sèchement.

Ils avaient eu cette discussion à maintes reprises, approchant chaque fois davantage d'une décision. D'ailleurs, tout était pour ainsi dire conclu. Ils avaient chargé un administrateur de biens de leur trouver une propriété, et celui-ci arriverait dans la capitale du Sud par la prochaine barge convoyant de l'or. Huy avait fait sa connaissance la dernière fois qu'il était venu dans le Nord pour affaires, et Senséneb soupçonnait l'homme d'avoir lourdement influé sur ses réflexions. Mais Réniqer — c'était son nom — semblait vivre dans le respect de la Vérité et du Silence. Il leur avait trouvé un lieu d'hébergement provisoire à Méroé, le temps qu'ils choisissent une ferme, de sorte que, non sans consternation, elle avait vu disparaître une autre de ses objections.

Elle rabattit les fixations sur le couvercle du sarcophage. Seulement alors, elle s'aperçut qu'elle n'avait pas eu un regard pour le petit corps emmailloté, et elle sentit des larmes brûlantes lui monter aux yeux.

Elle était aux prises avec ses propres sentiments. L'homme qu'elle aimait, même si quelquefois elle se demandait pourquoi, tenait absolument à ce départ. Et si la vie provinciale était réellement pire qu'un voyage dans la Barque de la Nuit, ils pourraient toujours revenir. Du moins Huy semblait-il assez confiant sur ce point, bien qu'elle-même éprouvât quelque méfiance devant la facilité avec laquelle le pharaon lui permettait de s'en aller. Cela ne ressemblait pas à Ay de laisser s'éloigner quelqu'un qui en savait trop. Or, non seulement il le laissait partir, mais il lui permettait de rejoindre Ankhsenamon. Ce détail troublait également le scribe, sans le dissuader pour autant.

« Le pharaon m'a donné un poste aussi prestigieux que vide de sens. Il sait qu'il ne pourra jamais m'acheter, et il ne me confiera jamais un réel pouvoir d'action. Pour une raison qui me dépasse, il ne m'a pas fait tuer. Peut-être me garde-t-il en réserve, au cas où il aurait encore besoin de mes services. Ou peut-être pense-t-il que je moisirai tout aussi bien à Méroé que dans la capitale ! avait-il ajouté en partant d'un grand éclat de rire. Je doute qu'il croie que j'ourdirai immédiatement de sombres complots contre lui avec sa petite-fille. Ankhsi sait qu'il a le bras long, que la plus grande chance de survie, pour elle et pour son enfant, consiste à se faire oublier. »

D'autant plus que, officiellement, Ankhsi et son enfant n'appartenaient plus au monde des vivants. Huy lui-même avait imaginé de fausses funérailles pour permettre à la reine de fuir la capitale du Sud alors que, Toutankhamon ayant péri, sa vie était menacée par le général Horemheb.

« Mais que sais-tu de ses ambitions ? Il y a longtemps que tu ne l'as pas vue, avait objecté Senséneb.

— Elle a refait sa vie. A-t-elle des amis assez puissants pour lui permettre de remonter sur le trône ? Elle n'a pas plus de droits que Ay à la couronne.

— Et son fils ?

— Comment prouver qu'il n'est pas l'enfant de Taschérit ? »

Senséneb avait renoncé à discuter. Elle aurait eu, en fait, au moins une très bonne raison d'approuver les projets de Huy. Bien que son père eût été un médecin éminent, directeur de la Maison de Vie de la capitale du Sud, elle ne pourrait progresser dans sa carrière sans sa protection et son appui. L'art de la guérison était essentiellement aux mains des hommes, dont trop s'en tenaient à des méthodes qu'elle jugeait extravagantes. Bien sûr, le cœur était au centre du réseau de canaux rouges qui irriguaient toutes les parties du corps ; bien sûr, le fluide vital émis par le pénis était sécrété par les os. Mais elle doutait que les remèdes répugnants administrés par ses collègues fussent efficaces du seul fait que leur goût infect chassait le démon du corps souffrant. Elle avait constaté qu'en général, ils étaient totalement inopérants. Et comment l'urine d'une femme grosse d'un enfant mâle pouvait-elle favoriser la croissance de l'épeautre ? Comment l'orge pouvait-elle être fertilisée par l'urine de la future mère d'une fillette ? Ses réticences étaient connues et ne facilitaient pas sa carrière, même si son talent la rapprochait davantage de ceux qui remettaient les os démis et réduisaient les fractures que des partisans des substances médicamenteuses.

Elle avait ouï dire qu'à Méroé, il y avait peu de médecins. Là-bas, elle pourrait apprendre et progresser dans son travail.

Or, son travail importait beaucoup à Senséneb. Elle n'avait pas le don d'enfanter. Toutes ses tentatives étaient restées vaines, bien qu'elle eût essayé chacun des remèdes spécifiques qu'elle connaissait. Elle avait été jusqu'à insérer des dattes de palmier-*doum* dans sa cavité natale, jusqu'à baigner son ventre et ses cuisses avec son sang menstruel... Mais elle avait déjà vu vingt-sept crues et, d'évidence, sa situation était sans espoir. Thouëris n'avait pas accédé à ses prières et même Hathor, si généreuse à tout autre égard, était demeurée sourde. Quelquefois, quand elle était seule, Senséneb en pleurait. Huy ne semblait pas désirer d'enfant. Était-ce pour cela qu'elle restait avec lui ?

Huy lui tendit un gobelet de lait au miel, la tirant de ses pensées mélancoliques. Ils eussent l'un comme l'autre préféré de l'alcool, toutefois l'usage l'interdisait jusqu'à ce que Miou reposât dans sa demeure d'éternité. L'heure approchant, en bas se formait un modeste cortège : deux serviteurs pour porter le défunt, et deux servantes représentant Isis et Nephtys. Hapou vint chercher le sarcophage. Il semblait à Senséneb qu'elle avait toujours connu le vieux serviteur, qui était déjà l'intendant de son père du temps de son enfance. Et, bien des années plus tard, quand elle était revenue au bercail dans la honte après un mariage raté, il avait su la consoler par des soins attentifs et sa présence réconfortante.

Hapou exprimait rarement ses sentiments, et elle n'était pas certaine de ce qu'il pensait de Huy. Bien entendu, ces problèmes ne le concernaient en rien et il n'y songeait peut-être même pas dans son cœur. Pourtant, elle aurait aimé se confier à lui. Mais qu'aurait-elle pu dire de Huy ? La cérémonie du mariage était simple : l'échange privé d'un serment entre deux personnes, voilà tout. Assurément, il y aurait un contrat, stipulant ce que chacun recevrait en cas de divorce. Pour quelle raison Huy hésitait-il ? De même qu'on pouvait remédier à ce départ pour Méroé si cela tournait mal. Était-ce à cause de son ancienne épouse, Aahmès ? D'elle, il parlait rarement. L'aimait-il toujours ? Elle savait quant à elle qu'une grande part de ses sentiments envers le scribe était liée à son besoin de sécurité. Et quel autre habitant de la Terre Noire se fût accommodé d'une femme stérile ?

En se détournant du caveau où Miou reposerait à tout jamais, Senséneb sut qu'elle ne pouvait plus reculer. Le soir même, elle accepta de partir.

Mais plus tard, couchée dans le noir, elle chercha vainement le sommeil. La peur de l'inconnu était-elle la seule cause de son insomnie ? Son cœur ne lui offrait pas le soulagement que l'on éprouve habituellement après avoir enfin pris une décision difficile. Elle ressentait au contraire une appréhension aiguë, contre laquelle il lui était impossible de se défendre.

2

Le pharaon Khéperkhépérourê Ay faisait les cent pas dans la longue salle aux fenêtres orientées vers le nord afin d'intercepter la fraîcheur bienfaisante. Il avait toujours été matinal, depuis l'époque où, Maître des Écuries, il supervisait personnellement le pansage des chevaux. Certes, même alors il aurait pu déléguer ses responsabilités, mais il avait toujours pris ses devoirs au sérieux — le pouvoir aussi. Il refusait de s'avouer que c'était la peur de perdre le pouvoir suprême qui troublait son sommeil, ces temps-ci. Il voyait dans son insomnie un des fléaux du vieil âge, et peut-être la conséquence de toute une vie passée à intriguer.

Maintenant qu'il avait ce qu'il voulait, il n'était pas près d'y renoncer. En contrepartie, cela supposait de ne jamais négliger la moindre faille, potentielle ou réelle, dans ses défenses. C'était une de ces failles qui tourmentait son cœur en cet instant : celle que le scribe Huy risquait de provoquer.

L'absence de toute ambition chez le petit scribe avait toujours sidéré Ay ; mais il avait prévu que, tôt ou tard, celui-ci serait frustré par le poste qu'il lui avait confié. Comment croire qu'il voulût aller dans le

Sud dans la seule intention de gratter la terre ? Le pharaon ne pouvait imaginer qu'un cœur aussi actif pût aspirer au repos. Sur ce point, il connaissait mieux Huy que Huy lui-même.

Ce dernier ne s'était pas mépris sur la raison qui poussait Ay à lui laisser la vie sauve : son utilité possible en cas de crise. Cependant Huy sous-estimait le poids de sa propre réputation. S'il avait cessé d'exercer la profession où l'avait jeté le hasard, il avait conservé des amis puissants dans la capitale du Sud et sa soudaine disparition eût suscité un grand émoi. Quoique l'éloignement d'Horemheb fût le gage pour le pharaon d'une relative sécurité, la capitale était remplie d'espions et Ay n'était pas à l'abri du scandale. Si jamais on le soupçonnait d'avoir fait assassiner Huy, les agents d'Horemheb tourneraient la situation à leur avantage. En lui-même le petit scribe était évidemment insignifiant, mais en politique on pouvait tirer grand parti d'un fétu de paille, si les circonstances étaient propices.

Tandis que, dans l'ombre, les serviteurs debout luttaient contre le sommeil, Ay allait et venait en triturant le collier-*ousekh* qu'il portait sur sa fine tunique de lin. Ce collier large, constitué de neuf rangs de perles cylindriques en turquoise alternant avec des grains d'or, avait été fabriqué, dix siècles plus tôt, par les orfèvres nains du roi Ouserkérê et lui avait été offert par sa Grande Épouse, Ti, pour célébrer sa première année de règne. Seule la prudence l'empêchait de conforter sa position en proclamant une fête *sed*[1] — à son âge, il ne pouvait attendre les trente ans requis par la coutume. Mais s'il vivait trois nouvelles crues, il en

1. Fête *sed* : cérémonie durant laquelle les rites de l'intronisation étaient renouvelés, et qui était censée rendre au pharaon vieillissant toute sa vigueur, gage de la stabilité du monde. (*N.d.T.*)

célébrerait une. Il fallait que le peuple se rappelle qui était Pharaon.

Ses pensées se tournèrent vers la femme d'Horemheb, Nézemmout, sa propre fille. Horemheb l'avait prise pour épouse parce qu'elle avait été la belle-sœur d'Akhenaton. Par cette union, le général s'était rapproché du trône et avait affiché clairement ses intentions. Après des échecs répétés et une naissance qui n'avait pas été bénie par Thouëris, ils avaient enfin un fils, auquel Horemheb avait donné un nom royal : Thoutmosis. Que son petit-fils pût un jour devenir pharaon ne procurait à Ay aucune joie. Il voulait un héritier issu de ses propres reins. Ti étant trop âgée pour concevoir, il avait pris des épouses plus jeunes capables d'enfanter, mais sa semence n'avait pas trouvé en elles de sol fécond. Pas encore.

Nézemmout résidait avec son fils dans la demeure d'Horemheb, dans le quartier palatial. Ay la voyait rarement. Il la savait malheureuse et espérait un jour tirer profit de cette situation. Mais le général la surveillait de près.

Ay en revint au problème qui le préoccupait pour l'heure : Huy. Pourquoi le scribe avait-il choisi Méroé ? Bien entendu, il avait là-bas des espions et sa petite-fille pouvait à peine faire un pas sans qu'il en eût connaissance; cependant, Méroé était loin. Comment avoir la certitude que ses gens n'avaient pas été subornés ? Ils occupaient des postes de confiance et les perdre l'aurait privé de positions clés.

Le doute le tourmentait, telle la piqûre d'un scorpion. Il pensa à la nouvelle famille de sa petite-fille, et une partie de son cœur regretta de ne pas l'avoir fait tuer lorsqu'il avait les coudées franches. Quant à son arrière-petit-fils, il avait depuis six mois connaissance de son existence. Mais le petit Imouthès, fils de Taschérit (âgé de un an à peine, tout comme le petit Thoutmosis), était à ses yeux de peu d'intérêt. La situation eût été différente si Ankhsi avait mis au monde l'enfant de Toutankhamon, qu'elle portait à la mort du jeune pharaon. Fort heureusement, Ay avait appris de ses espions qu'elle avait fait une fausse couche lors de sa fuite vers le Sud. S'il plaisait désormais à Ankhsi de végéter indéfiniment là-bas, avec son nouvel époux et leur fils, grand bien lui fasse ! Pour le moment, tout le portait à croire qu'elle y resterait. Néanmoins, la situation à Méroé laissait la porte ouverte au hasard.

Ay n'aimait pas le hasard.

Et voilà que Huy se rendait là-bas.

Cela faisait neuf jours que le scribe avait donné confirmation de son départ. Ay avait failli annuler son autorisation. Soupesant comme toujours le pour et le contre, il s'était demandé une fois de plus s'il valait mieux garder l'œil sur lui ou le laisser s'installer dans un lieu reculé, où sa disparition — dût-elle devenir souhaitable — ne pourrait être imputée au pharaon. A la fin, il avait donné son accord, mais le doute continuait à le ronger.

Pour y remédier, il avait formé un plan qui, croyait-il, lui permettrait de contrôler toutes les pièces sur le plateau du *senet*[1]. Comme il en allait souvent des meilleurs plans, celui-ci était simple et, dès qu'il l'eut mis au point dans son cœur, il sut qui choisir pour l'exécuter.

Sous peu, l'homme arriverait dans la capitale du Sud. Alors Ay lui donnerait ses instructions. Le pha-

1. *Senet* : littéralement, « passer ». Jeu se présentant sous la forme d'une tablette ou d'un coffret doté de trente cases sur une face et de vingt sur l'autre. On y jouait à l'aide de pions noirs et blancs et d'osselets. (*N.d.T.*)

raon contempla la lueur d'or blond annonçant l'arrivée de Rê se répandre sur le gris pâle de la voûte céleste, au-dessus des collines orientales.

Les doigts sur les perles de son collier, il se remit à faire les cent pas.

Au même instant, dans le quartier du port, Huy parcourait les rues tortueuses et les petites places de marché qui lui étaient si familières. A quai étaient ancrées trois grandes barges venues du port de To-Méhou ; un chaland de Keftiou[1], à coque de cèdre, s'engageait dans le courant, voiles ferlées, prêt à se faire haler durant le long trajet vers la Grande Verte. Huy distingua son nom, l'*Étoile de Memphis*, appellation quelque peu grandiose pour ce rafiot qui se frayait péniblement un chemin entre les petites nacelles de papyrus à proue relevée des commerçants, les bacs et les taxis d'eau qui déjà se pressaient par dizaines sur les eaux embrumées. Il perçut l'habituel concert de cris et de jurons aux abords de l'appontement. En face, par-delà la berge étroite, les falaises escarpées de la Place Parfaite miroitaient dans la chaleur naissante du matin. Là, les morts bien-aimés poursuivaient leur vie dans l'obscurité du tombeau, bien que pour eux l'obscurité n'existât plus : ils étaient nés à un jour nouveau, éternel.

Aucun navire ne semblait provenir du sud, mais les horaires d'arrivée pouvaient varier d'un quart de jour. S'il n'avait été si impatient de voir Réniqer, Huy aurait envoyé son jeune serviteur l'attendre seul. Il jeta un coup d'œil sur la demi-douzaine de tavernes et d'auberges qui venaient d'ouvrir, et qu'il connaissait pour avoir habité le quartier. Comme il décidait d'aller s'asseoir pour attendre plus à l'aise, il aperçut le capi-

1. Keftiou : la Crète. (*N.d.T.*)

taine du port qui s'avançait vers lui de sa démarche pesante. Impossible de ne pas reconnaître Paiestounef, l'homme le plus volumineux de la capitale du Sud ! Déjà sa tunique était trempée de sueur et sa luxueuse perruque tombait de guingois sur son crâne.

« Qu'est-ce qui t'amène par ici de bon matin ? s'étonna le capitaine. On ne te voit plus guère, depuis que tu fais ton chemin dans le monde. »

Contrairement à Téhouty, Paiestounef n'avait aucune acrimonie. Il était heureux de voir Huy, et n'aurait voulu jouer aucun rôle dans les manœuvres et les intrigues de la cour. Il se satisfaisait de sa réputation d'être, du côté du port, le seul homme capable d'avaler à la file quinze canards et autant de *hin*[1] de bière noire.

« Je viens accueillir un voyageur.

— Quelle provenance ?

— Le Sud.

— Pas de bateau de là-bas pour l'instant. Tu as pris ton petit déjeuner ?

— Oui, mais tu n'en aurais fait qu'une bouchée. »

Paiestounef en rit si fort qu'il s'étrangla. Voyant son regard affolé et son teint violacé, Huy eut peur qu'il perdît connaissance, mais il finit par se redresser, les yeux larmoyants.

« Il ne faut pas te mettre dans des états pareils, dit le scribe avec sollicitude.

— Je n'ai jamais pu résister à une plaisanterie. Et la chaleur n'arrange rien ! Je devrais demander mon transfert.

— Où trouverais-tu moins de chaleur, sur la Terre Noire ?

— A la cité de la Mer[2], peut-être, dit le capitaine

1. *Hin* : mesure équivalant à un demi-litre. (*N.d.T.*)

2. La cité de la Mer se trouvait sur les lieux de la future Alexandrie. (*N.d.T.*)

en haussant les épaules. Le vent du large rafraîchit l'atmosphère. Mais ce n'est pas ton petit serviteur, là-bas ?

— Si. »

Voyant l'expression fermée du scribe, Paiestounef n'insista pas. A cet instant, un homme de bord le héla.

« Bon, faut que j'y aille, dit-il. A la prochaine — peut-être pour un petit déjeuner plantureux ? »

Il éclata d'un rire jovial et, avant de s'éloigner, ajouta :

« Je guetterai l'arrivée de ton bateau. Où seras-tu ?

— Au Jardin de Sobek, répondit Huy, indiquant l'une des auberges en face d'eux.

— Excellent choix. »

Paiestounef partit en faisant osciller son énorme masse avec l'étonnante rapidité que montrent souvent les gens corpulents. Huy alla s'asseoir, espérant qu'il n'aurait pas à patienter longtemps. Dans sa lettre, le courtier avait annoncé qu'il arriverait à l'aube, et habituellement les retards ne se prolongeaient pas outre mesure. Une appétissante odeur de pain sortant du four flotta jusqu'à ses narines. Il prit place et commanda une bière légère ainsi que des gâteaux aux figues.

A peine s'était-il accordé cette petite gourmandise — Senséneb avait, plus d'une fois et sans nécessité, fait des réflexions sur son ventre arrondi — qu'il entendit une voix derrière lui.

« Huy, c'est bien toi ? »

Il se tourna, plissant les yeux pour distinguer les traits de celui qui venait de lui toucher l'épaule et qui se profilait sur le levant éblouissant.

« Réniqer ? »

Huy mit sa main sur l'épaule du nouveau venu et lui sourit. Réniqer avait longtemps vécu au sud. Sa mère était issue d'une tribu qui habitait au-delà de Méroé et, comme elle, il avait la peau de la couleur du bois dur venu des forêts. Il était grand, et luisait telle la statue d'un dieu que les prêtres ont aspergée d'eau à la Salutation du Matin. Il lui rendait son sourire, mais Huy, habitué à remarquer ce genre de détail, nota son regard furtif, sa contrariété manifeste d'être au-dehors et l'impatience de ses gestes.

« Où est ton bateau ?

— En amont. Pensais-tu que j'étais venu sur un de ceux-ci ? »

Il montra les barges amarrées à proximité. Malgré sa feinte décontraction, il n'avait pu s'empêcher de répondre d'un ton cinglant.

« Non, bien sûr. Même moi qui ai si peu l'habitude de naviguer, je sais qu'elles ne peuvent franchir les cataractes supérieures. Ces barges-là viennent du nord.

— Tu n'as jamais été marin ?

— Non, quoique cela m'aurait plu. On me prend souvent pour un batelier, du fait de mon physique. Mais je serais ingrat envers Thot si je me plaignais de la vie que je mène.

— Tu as pourtant l'intention d'y renoncer.

— A mon métier, pas à l'écriture. Thot comprendrait cela. Dans le Sud, il se peut que je trouve encore le temps d'écrire.

— Et qu'écrirais-tu ?

— Un ouvrage historique. »

Pendant cette conversation enjouée, Réniqer ne s'était pas départi de son sourire, ni ses yeux de leur inquiétude.

« Qu'est devenu ton navire ? demanda Huy.

— Il avait pris du retard. J'ai débarqué en amont et j'ai loué un âne.

— Et à quoi ce retard était-il dû ?

— A une avarie, causée par les rochers au passage de la cataracte proche de Soleb. On a réparé avec des moyens de fortune, mais le navire allait encore trop lentement à mon goût. Il fallait constamment le haler le long de la berge

— Dans ce sens-là, il n'existe qu'une seule vitesse pour le voyageur : celle du Fleuve », lui rappela Huy en souriant.

Rien dans l'attitude de Réniqer n'indiquait que les questions de Huy l'agaçaient. Toutefois, il lançait des regards nerveux de tous côtés.

« Où sont tes bagages ?

— Là-bas. »

Dans la direction indiquée, à l'ombre d'un mur en brique crue, un petit garçon vêtu d'un pagne blanc en lambeaux offrait des souchets à un âne roux, chargé de deux sacoches en toile.

« Tu n'as pas apporté grand-chose, constata Huy, tâchant de ne pas montrer sa surprise.

— Je ne reste pas longtemps. Et, ajouta-t-il après une hésitation, je pense avoir le plaisir de ta compagnie au retour. Du moins, j'espère qu'il vous sera possible de venir dans le Sud au plus vite. A présent tout est prêt, et les amis que vous avez là-bas attendent de vous voir avec impatience. La princesse vous adresse son salut.

— Alors il faut nous hâter. Mais tu as sûrement de bonnes nouvelles pour nous.

— Je vous ai trouvé à Méroé un lieu de résidence où vous serez très bien. Et j'ai également trouvé, non loin de la ville, quelques terrains que tu pourras visiter et qui te plairont, je le souhaite sincèrement. »

Il venait d'aborder l'affaire qui les occupait, mais il semblait distrait, comme si son cœur songeait à autre chose.

« Tu as mené tes recherches avec diligence !

— Oui, je l'avoue, dit Réniqer, passant une main maigre sur son front.

— Et moi qui t'oblige à causer au soleil ! Viens ! »

Comment Senséneb réagirait-elle à l'annonce d'un départ précipité ? A voir ses maigres bagages, Réniqer ne comptait rester que quelques jours. A nouveau, celui-ci avait l'air hésitant.

« Nous feras-tu le plaisir d'être notre hôte ? lui demanda Huy.

— Non. Vous serez très occupés et j'ai d'autres transactions à régler pendant mon séjour. Pardonne-moi, mais je logerai au Parfum de Néfertem. C'est une petite auberge proche du quartier du palais ; je connais la famille qui la dirige et j'y ai mes habitudes. Eh bien, maintenant que nous avons repris contact, si tu veux bien m'excuser, je dois partir.

— Permets-moi de t'accompagner. »

Le scribe devinait que Réniqer eût préféré être seul, mais il ne lui laissa pas le choix. Connaissant l'auberge indiquée, il s'interrogeait sur les raisons qui poussaient le courtier à préférer un établissement aussi modeste et discret. C'était le dernier endroit où l'on se serait attendu à le trouver.

« Je t'offrirai une bière avant de te quitter, proposa-t-il, pris de remords.

— Il est trop tôt.

— Pour une bière noire, assurément, mais pas pour une bière rouge. Elle est à peine alcoolisée. Tu dois avoir la gorge sèche après ce long chemin depuis le bateau, et tu ne peux refuser l'hospitalité. Où as-tu débarqué, au juste ? »

Réniqer n'avait rencontré Huy qu'une fois auparavant. Si tant de curiosité lui déplaisait, il ne le montra pas.

« Quelque part en aval, près d'un village. Je ne me rappelle pas. »

Pourtant, il lui faudrait restituer l'âne qu'il avait loué. Huy s'apprêtait à l'interroger sur ce point quand il ajouta, très vite :

« J'ai emmené un garçon du village avec moi. Il ramènera l'âne une fois que j'aurai déchargé mes affaires. »

Comme pour prouver la véracité de ses dires, un adolescent mince, en pagne crasseux, s'encadra dans la porte basse d'une taverne près de l'endroit où l'âne était attaché. Il cligna des yeux, ébloui, tourna la tête et, apercevant Réniqer, leva alors le bras pour lui faire signe. Il alla ensuite s'accroupir près du tas de feuillage que l'âne continuait à brouter d'un air placide, nourri par le petit garçon. L'adolescent dit quelques mots à l'enfant, provoquant un rire joyeux qui résonna dans l'air clair du matin.

Le courtier semblait pressé de se mettre en route. En compagnie de Huy, il traversa le quai où les dalles étaient déjà brûlantes afin de les rejoindre.

« On peut lui demander le nom de son village, si tu le souhaites », suggéra-t-il.

Peu après, pendant que les deux hommes remontaient les ruelles rougeâtres vers la cité, Paiestounef vit le premier navire en provenance du Sud manœuvrer pour se ranger le long d'une des jetées. Un petit groupe de passagers débarqua, dans la bousculade et le tohu-bohu habituels pour récupérer les bagages. Paiestounef les passa en revue : des paysans, pour la plupart, et un couple d'âge mûr, aux vêtements de meilleure qualité ; l'homme et la femme paraissaient fatigués, toutefois ils furent vite accueillis par un autre couple arrivé peu avant dans deux grandes chaises à porteurs, ornées de filets blanc et or.

« Pas d'autres passagers à bord ? demanda-t-il au capitaine, un homme trapu, vêtu d'une tunique bleue toute tachée de graisse.

— Deux ou trois hommes voyageant seuls. L'un d'eux est descendu en aval — à mon avis, ça ne valait pas le coup de prendre un bateau pour si peu, après avoir payé toute la traversée. Le plus bizarre, c'est qu'il a débarqué en pleine nuit, quand tout était désert.

— Rien d'autre ?

— Non, rien de particulier, dit le capitaine en se grattant la panse. Les eaux sont hautes et cela facilite la navigation, même au passage des cataractes supérieures. Vois ! Pas une éraflure sur la coque. »

Tandis qu'ils bavardaient, un dernier voyageur descendit discrètement la passerelle et se mêla à la foule, plus dense à mesure que l'activité s'accélérait sur la place du port. Les traits crispés, il examina brièvement les bâtiments alentour puis s'élança au pas de course dans une des rues menant vers la cité, et qu'il avait choisie apparemment au hasard.

Paiestounef se dirigea vers le Jardin de Sobek pour informer Huy que le passager attendu n'était pas arrivé. Il se disait que le scribe était un homme généreux, et qu'il était devenu riche. Il ne refuserait pas de payer quelques verres à qui lui proposait de guetter son invité et de veiller à ce qu'il arrive sain et sauf au quartier du palais.

Mais Huy avait certainement perdu patience, car il avait disparu.

Un autre jour passa ; le Fleuve monta et se para d'un vert plus intense. On vit des hippopotames se vautrer dans les marais tout proches de la cité et l'on interdit aux enfants de se baigner, par crainte des crocodiles tapis dans les eaux opaques.

Le cœur ailleurs, Senséneb avait supervisé les préparatifs de départ avec l'aide d'Hapou. L'intendant, arborant sa bedaine arrondie avec plus de dignité encore que d'habitude, ne laissait pas de répit aux esclaves de louage et parvenait à être partout à la fois, de sorte que tout fut empaqueté avec une étonnante rapidité. Les statuettes des gardiens du foyer — la petite figurine usée du nain-lion Bès, en bois, et l'Horus en schiste, qui tous deux étaient venus avec Huy de la cité de l'Horizon — étaient encore sur leur étagère, protégeant les lieux jusqu'au moment du départ. Les sacs d'orge, de blé et d'oignons se trouvaient déjà dans un entrepôt près des quais, dans l'attente du navire qui les transporterait jusqu'à Méroé, et les meubles ne tarderaient pas à les suivre. Ceux-ci n'étaient pas nombreux, mais de bonne qualité. Les deux lits d'ébène incrustée d'or seraient bientôt emballés avec soin, de même que les tabourets pliants, les coffres à linge, les supports du four, les mortiers, les tables et les chaises basses ainsi que toutes leurs autres possessions, qui avaient fait que cette maison était la leur.

Ils n'y vivaient pas depuis assez longtemps pour que Senséneb s'y fût profondément attachée, mais la quitter n'en était pas moins un déchirement. Elle ne pouvait se défendre de penser qu'ils avaient tort de s'en aller, que quelque chose, là-bas, se produirait qui les blesserait et peut-être les détruirait. Face à ses objections, Huy s'était armé de fermeté comme si, la décision prise, il ne voulait plus y prêter l'oreille, même s'il admettait qu'elles pouvaient être fondées. La tension qui régnait entre eux n'arrangeait rien.

Si seulement, se disait-elle, ils avait gardé au moins un refuge, un lieu vers lequel revenir, cela n'eût pas semblé si terrible ; pas comme si tous les ponts étaient brûlés derrière eux. Mais comment aurait-ce été possible ? Leur résidence, située dans le quartier du palais, dépendait des Archives Royales, et la petite maison du port avait été vendue.

Mais elle fut au moins soulagée de ce dernier souci. Au coucher du soleil, Huy revint, fatigué et couvert de poussière, mais souriant. Ce sourire était prudent, comme toujours. Nul homme ayant vécu ce qu'il avait vécu n'aurait été capable de se détendre. Comme il le disait quelquefois lorsqu'il était ivre, quiconque parvenait à survivre à cette vie-là ne craignait plus la mort. Les Champs d'Éarrou étaient vastes et ensoleillés, et l'avenir d'un homme y restait radieux de toute éternité.

Donc, il avait vu Ay. C'était inhabituel qu'il revînt d'un de ces entretiens le sourire aux lèvres.

« Que t'a-t-il dit ?

— Il m'a annoncé une bonne nouvelle.

— Eh bien ? demanda-t-elle, blessée qu'il ne l'eût pas complimentée sur l'avancée des préparatifs.

— Ay s'est montré généreux.

— Il te le devait bien, après tout ce que tu as fait pour lui.

— Mais il m'a récompensé au-delà de mes espérances. Tant de largesse n'était pas nécessaire.

— Cela ne te ressemble pas d'être vénal. »

Huy se maîtrisa, comprenant qu'elle lui cherchait querelle mais ne sachant pourquoi. Peut-être la nouvelle la calmerait-elle.

« Il a exaucé un de tes vœux.

— Sur ta requête ?

— Non. Il m'a assuré qu'il nous conservait un lieu de résidence dans le quartier du palais, au cas où tu... où nous souhaiterions revenir.

— Une maison ?

— Un appartement.

— Sans jardin ?

— C'est un appartement, Senséneb. »

Elle qui adorait les jardins sut qu'elle devait pourtant s'estimer heureuse. Ils disposaient désormais d'une issue possible en cas d'échec.

« Tu auras un grand jardin à Méroé. Comme celui peint ici, dit-il, lui montrant la fresque peinte sur le mur.

— Ay est bien bon. Je me demande pourquoi. »

Le sourire de Huy s'épanouit.

« Tu es devenue presque aussi soupçonneuse que moi. Mais il est vrai que je me suis posé la question.

— C'est à cause des amis que tu as ici, dit-elle, haussant les épaules. Taheb, Ipouky...

— Ay est un homme qui se ménage toujours une possibilité d'agir quoi qu'il arrive.

— Et qui protège ses arrières avec une vigilance sans faille. Qu'y a-t-il ? s'inquiéta-t-elle, voyant Huy se rembrunir.

— Je me fais du souci pour Réniqer... Je comptais le trouver au Néfertem, mais il n'y était pas. »

La remarque de Senséneb l'avait mis mal à l'aise. Réniqer devait regagner le Sud deux jours plus tard. Il leur restait encore certains détails à mettre au point, cependant le visiteur était de plus en plus réticent à le voir — lui ou tout autre, à ce que Huy avait pu constater. Pourtant, il devait avoir nombre d'affaires en cours dans la capitale. Réniqer ne se contentait pas de gérer des biens immobiliers. Il y avait l'or. Il y avait aussi les petites esclaves du Sud, qui atteignaient de très bons prix en ce moment. Les peaux noires exerçaient de l'attrait, et ces filles passaient pour être dures à la tâche et dociles en amour.

Oui, Réniqer aurait dû avoir beaucoup à faire. Toutefois, il dissimulait soigneusement sa présence.

« T'avait-il laissé un message ?
— Il était parti à l'aube et n'était pas rentré.
— Tu crois qu'il y a là un motif d'inquiétude ?
— Je ne vois pas en quoi cela devrait nous concerner, dans la mesure où cela n'a pas d'incidence sur l'affaire que nous lui avons confiée. Mais je ne m'explique pas son attitude. »
Huy resta silencieux quelques minutes, néanmoins il était trop préoccupé pour en rester là.
« Pourquoi se cache-t-il ainsi ? Il devrait mener grand train, se divertir, relancer sa clientèle !
— Peut-être ne conçoit-il pas son métier de la sorte ?
— C'est un homme d'affaires. Tous ses confrères agissent ainsi.
— Il se peut que, comme toi, il ait déjà sa clientèle privée.
— Oui, c'est possible, admit Huy, sans paraître rasséréné pour autant.
— Et il ne reste pas longtemps.
— Justement ! Pourquoi parcourir une telle distance pour un si bref séjour ?
— Écoute ! le raisonna-t-elle en souriant. Tu sais combien nos bateaux sont rapides. Aujourd'hui, on se rend dans la capitale du Nord et même dans la cité de la Mer pour conclure une seule affaire. »
Huy ne répliqua pas. Il pensa aux navires du Fleuve, dotés d'une proue relevée et de cabines en hauteur, qui, tels des postes de vigie, permettaient de scruter les berges aussi loin que s'étendaient les terres cultivées. Leur poids léger leur permettait d'être halés pour franchir les cataractes turbulentes et parsemées d'écueils, et leur faible tirant d'eau, d'éviter les multiples bancs de sable ; à leur plus grande vitesse, ils pouvaient couvrir plus de cent kilomètres par jour. Sous le souffle

fidèle du vent du nord, la progression vers l'amont était parfois aussi rapide que vers l'aval, où les navires étaient entraînés par le courant.

« Il se pourrait qu'il ait une maîtresse ici, suggéra Senséneb.

— En effet.

— Quitte ce ton lugubre et cet air soupçonneux. Dis-moi plutôt, sait-on qui sera ton successeur ?

— Oh, ça oui ! »

Riant sous cape, il attendit quelques instants, ne pouvant résister à produire son petit effet.

« Allons ! Qui est-ce ?

— Téhouty.

— Quoi ? Le frère d'Aahmès ? Ce sombre crétin ?

— Il est bien digne de ce poste futile. Non, sérieusement, c'est un excellent archiviste, et en réalité il est loin d'être bête. C'est simplement qu'il laisse ses désirs gouverner son cœur. Cet avancement le libérera.

— Et il habitera cette maison ? demanda-t-elle avec une pointe de jalousie, connaissant d'avance la réponse.

— Oui.

— Qui a parlé en sa faveur ?

— Moi, dit Huy, retrouvant le sourire.

— Toi ! Mais pourquoi ?

— C'est un bon archiviste.

— Mais... »

Consternée et pleine de regret, Senséneb parcourut la pièce des yeux. Hormis Horus et Bès au regard solennel, tout avait été empaqueté. Cette nuit-là, ils dormiraient sur des nattes. Toutefois, Hapou avait laissé du vin sur un plateau, sur l'une des caisses. Elle se servit, puis demanda, après avoir bu :

« Sait-il qu'il te doit son poste ?

— J'espère bien que non ! Sa haine ne connaîtrait plus de borne. »

Il restait à Senséneb un devoir à accomplir. Elle descendit rejoindre Hapou dans la cour d'entrée de leur demeure. Ce n'était pas un jardin, mais elle avait réussi à remplir cet espace frais de palmiers sombres qui transformaient la courette en un havre de paix. Le vieil intendant se leva à son approche, repoussant le bol de canard rôti et de caroubes qui constituait son repas, avec de la bière à l'orge dans un long gobelet posé à côté.

« Maîtresse...

— Nous n'avons pas encore parlé de ce que tu aimerais faire, lui dit-elle.

— Souhaites-tu que je reste avec toi ? »

L'expression qu'elle vit dans le regard du serviteur lui révéla son cœur.

« Et toi, souhaites-tu venir à Méroé ?

— Je préférerais rester ici.

— Alors tu quitteras mon service ? »

Hapou était beaucoup trop soucieux des convenances pour sourire à sa patronne, mais il se permit de la regarder brièvement dans les yeux.

« Je suis trop jeune pour prendre ma retraite et trop vieux pour changer de maître.

— Donc, tu viendras avec nous.

— Oui, dit-il en soupirant. Je préfère vivre avec toi, même dans les provinces. »

Senséneb savait que Hapou se considérait comme son protecteur depuis qu'elle avait perdu son père. Huy ne lui avait jamais offert autant que cet homme, dont l'affection lui procurait un sentiment de sécurité.

« Merci », répondit-elle.

Elle en aurait dit davantage — peut-être plus qu'il n'était convenable — sur la gratitude que lui inspirait ce dévouement, mais ils furent interrompus par un serviteur de la maison. Hapou avait déjà entendu le bruit de la porte principale et tournait la tête dans cette direction. Derrière le domestique apparut un homme de haute taille, à la peau foncée, qu'elle ne connaissait pas mais qu'elle identifia sans peine.

« Réniqer ! »

Lorsqu'il se trouva en pleine lumière, ellc vit que l'ocre rouge sur sa tunique n'était pas un ornement, mais du sang.

3

Il était fort comme un bœuf et on l'eût dit taillé dans le granit. Il ne portait pas de perruque, arborant sa chevelure naturelle — des cheveux drus, taillés en brosse. Sa tête semblait posée tel un monolithe sur ses épaules, voûtées mais dotées d'une musculature puissante où le cou disparaissait, comme enfoncé dans le torse large et court. Impassible, il se tenait au milieu de la pièce, solidement campé sur ses jambes massives qu'il gardait écartées en une posture trahissant son ancien métier.

Si une émotion animait cet homme, c'était la gratitude ; mais il semblait que toute la gratitude qu'il avait en lui, destinée à être dispensée peu à peu en retour des bienfaits dont il ferait l'objet au cours de sa vie, était concentrée sur un seul homme, en reconnaissance d'un seul geste. Dix ans plus tôt, alors qu'il était encore capitaine sur une barge fluviale, il avait été accusé de meurtre. Que l'accusation eût été fondée ou non, l'affaire était parvenue aux oreilles d'Ay, qui avait alors veillé à ce que l'homme fût acquitté. Le tribunal de marins s'était laissé convaincre sans difficulté et, peu de temps après, Henka était entré au service d'Ay. C'est ainsi, se rappela pensivement le pharaon, qu'il avait trouvé en cet homme le remède à tous ses maux, et par des procédés certes plus expéditifs que ceux de Huy. En outre, Henka était totalement dépourvu de l'indépendance d'esprit qui caractérisait le scribe. Il lui devait la vie. Pour mieux l'impressionner, Ay n'avait accordé la grâce qu'à l'instant fatidique où, un sac sur la tête, Henka était hissé au-dessus du pal — et sa reconnaissance s'exprimait par une loyauté absolue qui s'était avérée utile en maintes occasions. Henka était un *oushabti*[1] vivant. S'il avait un défaut, c'était de n'accepter d'ordre que d'Ay. Une fois lancé, seul le pharaon pouvait l'arrêter. Jusqu'alors, celui-ci n'avait eu qu'à s'en féliciter. Néanmoins, il recourait à ses services avec modération. Hormis Kenna, son secrétaire particulier, nul ne connaissait le lien qui existait entre eux. Henka travaillait toujours en solitaire.

« Comprends-tu mes instructions ? lui demanda le pharaon.

— Je les comprends. »

Même cette voix sans timbre semblait surgir d'outre-tombe. Avec une égale placidité, Henka prendrait soin d'un nourrisson ou éventrerait la mère, pourvu que Ay le commandât. C'était son indifférence impénétrable au bien ou au mal, tant qu'il s'agissait d'une besogne dictée par son bienfaiteur, qui le rendait précieux. Il montrait une obéissance aveugle, comme s'il avait tué son propre cœur, oublié son propre nom. Qu'arriverait-il si cet équilibre était rompu ? Le pharaon lui-même frémissait à cette idée.

« Alors, il vaut mieux que tu partes. »

Sans un mot, Henka s'apprêta à se retirer.

1. *Oushabti* : statuette en bois, en terre cuite ou en faïence, représentation magique des serviteurs chargés de veiller sur le mort dans l'au-delà. (*N.d.T.*)

« Non, attends ! »

Henka se figea sur place. Ay hésita : ce serait la première fois qu'il compliquerait un ordre direct donné à cet homme.

« Il se peut que mon cœur change, dans cette affaire. »

S'il y avait peut-être une circonstance où une expression passerait sur le visage d'Henka, c'était celle-ci ; pourtant il ne marqua aucune réaction, même fugitive. Avait-il compris ?

« En ce cas, poursuivit Ay, je t'enverrai Kenna. Quoi qu'il arrive, n'agis pas avant le moment que je t'ai fixé. Si, alors, tu n'as pas eu de mes nouvelles...

— Comment saurai-je que Kenna transmet tes ordres fidèlement ? Je n'obéirai que si je sais que ce sont tes ordres véridiques. C'est la première fois que j'aurai à recevoir des ordres de lui. »

Ay resta songeur, puis fut pris d'une inspiration.

« Attends », dit-il pour la seconde fois.

Henka attendit, immobile, tandis que le soleil sombrait lentement à l'occident, empourprant la pièce de ses derniers feux. Ay prit sa propre palette, dilua l'encre, et traça un message sur un petit papyrus.

« Regarde bien ceci. »

Henka obéit. Alors, à l'aide d'un poignard de bronze, Ay coupa le papyrus en deux et en remit une moitié à l'ancien capitaine.

« Conserve-le. Kenna t'apportera l'autre moitié si je change mes plans. Tu as vu le message entier. Tu m'as vu l'écrire. Tu connais Kenna. Acceptes-tu ? »

Il se tut, conscient de l'étrangeté de cette situation, où il attendait l'approbation d'un simple subordonné, pour qui ses paroles avaient toujours fait force de loi.

Henka inclina la tête, puis sortit pour de bon.

De sa fenêtre, Ay le regarda se fondre dans la foule

moins dense à l'approche du crépuscule, pour se diriger vers le Fleuve. Il ne pouvait imposer silence à une vague inquiétude. Mais on ne revenait pas sur ce qui était fait, et même s'il était impossible d'arrêter Henka à temps, cela ne serait guère qu'un inconvénient mineur. Le pharaon choisit une datte dans le plat posé sur la table, près de la fenêtre, et la dégusta en contemplant le couchant.

« Et voilà comment cela s'est passé », conclut Réniqer.

Ils étaient assis dans le bureau de Huy, tout en haut de la maison. A cette heure de la nuit régnait une agréable fraîcheur. Au-dehors, seules les étoiles trouaient l'obscurité, et le silence n'était percé que par l'aboiement occasionnel des chiens.

Senséneb avait baigné et pansé la blessure superficielle que Réniqer avait reçue à l'épaule droite. Son assaillant était certainement grand, car le coup de couteau avait porté de haut en bas, or le courtier mesurait trois coudées et demie[1] — une demi-tête de plus que la plupart des habitants de la capitale du Sud. Toutefois, il était tombé au cours de l'attaque et ne pouvait se rappeler exactement à quel moment le coup avait porté. Un verre d'alcool de figue entre les mains, vêtu d'une tunique propre — Huy avait envoyé un domestique chercher les effets de Réniqer au Parfum de Néfertem —, il se remettait lentement de ses émotions.

« Penses-tu que ce soit l'homme que tu avais remarqué à bord ?

— C'est possible. Mais il faisait trop sombre et tout s'est déroulé trop vite pour que je puisse en être sûr. Évidemment, c'était stupide de ma part de débarquer

1. Environ 1,80 m. (*N.d.T.*)

au village. Si cet homme me suivait, il a compris que ma seule destination possible était la capitale.

— Mais tu es bien sûr, en revanche, de l'avoir vu rôder près de ton auberge ?

— Oui, dit Réniqer, fier de faire si objectivement la part des choses. C'est pourquoi je ne suis pas venu à notre rendez-vous. Je ne voulais pas risquer qu'il nous voie ensemble. »

Huy n'avait pas observé de présence inquiétante lorsqu'il s'était rendu au Parfum de Néfertem. Il est vrai qu'il n'avait pas été particulièrement attentif.

« Ce risque, tu viens pourtant de le prendre, objecta-t-il.

— Que pouvais-je faire d'autre ? Je n'ai pas l'habitude de ce genre d'affaire. Je ne suis pas le garçon de courses de Taschérit. C'est pour leur rendre service que j'ai accepté de te transmettre leur message, puisque de toute façon je venais te voir. A présent, je veux repartir sans tarder, dit-il en regardant nerveusement autour de lui. Pour moi, l'aube ne viendra jamais assez vite. Prends tes dispositions et suis-moi dès que possible. Tout est prêt pour votre arrivée.

— Pourquoi as-tu prétendu que ton navire avait subi une avarie ?

— Nous ne nous étions vus qu'une seule fois, répondit le courtier en haussant les épaules. Je préférais ne pas te faire trop de confidences. De plus, j'aurais pu me tromper, à propos de cet homme.

— Et ton plus cher désir était de quitter le quartier du port au plus vite.

— Bien entendu. »

Huy s'adossa contre son siège et tapota du doigt sa lèvre inférieure.

« Je n'avais aucune idée que tu travaillais pour Taschérit et Ankhsenamon.

— Ils ont été ravis d'apprendre que tu projetais de t'établir au Sud. Comme je te l'ai dit, j'ai voulu leur faire une faveur. Et, comme je te l'ai également dit, insista-t-il, agacé et mal à l'aise, je ne suis pas à leur service. Ils sont confrontés à certaines difficultés et recherchent ton aide. J'ai délivré leur message. J'aurais voulu n'avoir jamais entrepris pareille mission, mais je l'ai remplie et, en ce qui me concerne, elle est terminée. Je suis un homme d'affaires, pas un homme d'intrigues.

— Je n'ai pas l'intention de reprendre mon ancien métier, affirma Huy, quoiqu'il sentît en lui un léger frémissement à l'idée d'un nouveau mystère à éclaircir.

— Cela ne me regarde en rien. Mais nous sommes liés à notre destin. Nul ne lui échappe. »

Huy ne pouvait qu'abonder en son sens. La force de l'habitude reprenant le dessus, déjà il était contrarié que ce courtier trop timoré ne lui eût pas communiqué directement son message, au lieu d'hésiter, de perdre du temps à surveiller le terrain, à vérifier — vainement ! — qu'il n'était plus suivi, pour venir le trouver alors que ses adversaires, quels qu'ils fussent, le sauraient à coup sûr. Le seul espoir était qu'ils croient que Réniqer n'était venu chez lui que pour une raison simple et connue de tous : lui proposer une propriété cultivable. Le désir de Huy de s'installer dans le Sud n'était pas un secret. Toutefois, il avait conscience que cet espoir-là était bien faible. Si seulement Réniqer était venu le trouver tout de suite, au grand jour, au lieu d'avoir peur de son ombre ! Se livrait-on à des transactions foncières au plus noir de la nuit ?

Un des chiots émit une longue suite d'aboiements qui culminèrent en un glapissement. Un voisin dérangé dans son sommeil lâcha une bordée d'insultes qui contrastaient singulièrement avec sa voix distinguée.

Réniqer étira ses jambes. Ils parlaient depuis longtemps et le froid nocturne l'avait transi.

« Je dois partir.

— Repose-toi encore. Tu ne tiens pas à passer plus de temps que nécessaire au port.

— C'est vrai, admit Réniqer en frissonnant.

— N'aie crainte. Ils ne t'ont pas tué lorsqu'ils en avaient la possibilité.

— Seulement parce que j'ai résisté ! J'ai rendu coup pour coup et je me suis échappé. L'homme était seul. Ce n'était peut-être qu'un voleur. La capitale en est pleine, m'a-t-on dit. Ce sont des choses qui arrivent. Ce n'était sans doute qu'une coïncidence. »

Peut-être, pensa Huy. A moins que ceux qui surveillaient Réniqer, pris d'impatience, n'eussent voulu l'affoler, le pousser à conclure rapidement sa mission afin de voir vers qui il les mènerait. Huy aurait aimé l'accompagner au port ou, tout au moins, le faire escorter par Hapou. Mais il ne voulait pas risquer davantage d'être associé à lui. Si le mal était fait, ce n'était pas une raison pour l'accroître en abandonnant toute prudence. Et à quoi bon inquiéter davantage le pauvre Réniqer ?

Huy observa le courtier qui s'était assoupi sur son siège bas, le verre d'alcool sur ses genoux. Dans son cœur, il récapitula ce qu'il venait d'apprendre. L'idée essentielle était simple : quelqu'un cherchait à tuer Ankhsenamon et son fils de un an. Du moins le pensait-elle. Huy avait cru comprendre que Taschérit, pour sa part, tendait seulement à y voir de fâcheuses coïncidences. Il se pouvait qu'il eût raison. La forteresse de Méroé, construite en brique crue, était vétuste et, depuis que l'on avait entrepris des travaux de rénovation, des pierres pouvaient choir à tout instant de l'ouvrage de maçonnerie. Dans le cas du premier événement malencontreux relaté par Réniqer, tout un échafaudage s'était effondré, manquant de peu la princesse et son fils qui, selon leur habitude, se promenaient avec la nourrice à l'ombre des murailles après le repas de midi. Personne ne travaillait de ce côté de l'édifice à cette heure-là, ou alors, personne n'avait voulu l'avouer. Toutefois, les registres du contremaître indiquaient que la réfection de cette partie n'était pas encore programmée. On n'avait découvert aucun indice et l'enquête de la police mézai locale piétinait. Dans la capitale du Sud elle-même, les Mézai étaient tout juste capables d'opérer des rondes nocturnes dans les rues, et de pincer un criminel, à condition de le prendre sur le fait. Mais en dehors de cela...

Le second accident s'était produit sur le Fleuve et paraissait sans rapport avec le précédent, sinon qu'il s'agissait là encore de travaux de maçonnerie. Luxe exceptionnel, on avait importé de Toura, située bien loin au nord, du fin calcaire blanc destiné au revêtement des murs intérieurs du palais. Sur les quais et sur les jetées provisoires construites au sud des appontements, les cargaisons étaient déchargées sans répit. Comment une des barges encore pleines avait pu rompre ses amarres à l'une de ces jetées, cela demeurait un mystère. Les rares témoins ne pouvaient s'accorder sur la présence d'un inconnu à bord, qui, disaient certains, l'avait manœuvrée de manière à provoquer une collision avec la frêle nacelle en papyrus transportant Ankhsenamon et son fils vers la rive occidentale. A coup sûr, on n'avait vu personne regagner la berge à la nage, mais dans la confusion qui avait suivi ce n'était guère surprenant.

Pour insuffisants qu'ils fussent, ces éléments ne manquaient pas d'intriguer Huy. Il se disait en outre qu'il ne pouvait refuser secours à Ankhsi. Il se remémora les jours qui avaient suivi la mort du pharaon Toutankhamon, son époux.

Alors — et ce souvenir n'était pas si lointain, bien qu'il semblât enfoui dans le passé —, c'était vers lui que la jeune reine s'était tournée. Elle était enceinte, mais seules six personnes surent que la grossesse avait été menée à terme. Parmi celles-ci, la sage-femme qui l'avait assistée durant la délivrance — cousine de la reine, et digne de toute confiance — était morte depuis. Huy et Senséneb étaient du nombre. Il y avait également deux servantes de la reine, dont l'une était devenue la nourrice du petit garçon. La sixième et dernière personne dans le secret était Taschérit. Ankhsi et lui s'étaient rencontrés à temps pour qu'il pût reconnaître l'enfant, ce qu'il avait fait afin de le protéger. Le bébé était né seulement deux mois après le mariage et, bien qu'il n'y eût pas à jaser, d'aucuns s'étonnaient qu'Ankhsi eût partagé la couche d'un autre homme si vite après la mort de son royal époux. Mais puisque personne ne se souciait plus d'elle dans la capitale du Sud — et pour cause, songea Huy, puisqu'on l'y croyait morte ! —, la vague réprobation ressentie dans une lointaine province ne trouvait pas d'écho auprès du centre du pouvoir. En ce qui concernait Ay, l'attachement rapide de l'ancienne reine pour un roturier tendait à apaiser ses craintes. Il avait pris ses renseignements sur Taschérit et avait trouvé en lui un serviteur loyal, zélé, et dénué de prétentions démesurées. Il avait conféré un rang élevé au gouverneur militaire de son avant-poste le plus reculé, et l'affaire en était restée là.

Quant au monde, Ankhsi n'y avait plus sa place.

Même Huy ne savait avec certitude si elle conservait quelque ambition, en dépit de sa fierté et de son courage d'antan. Il y avait, après tout, une sage vertu dans la recherche de la sérénité ; si fort qu'un être humain luttât, la vie ne suivrait jamais le cours qu'il désirait. Officiellement, le petit garçon portait le simple prénom d'Imouthès afin de ne pas éveiller les soupçons. Mais, secrètement, sa mère avait insisté pour le doter également d'un nom royal, et il en avait été fait selon sa volonté. Ainsi, Imouthès était aussi Aménophis. Seule Ankhsi savait si c'était en mémoire du grand-père de l'enfant ou si cela trahissait de plus hautes espérances. D'ailleurs, le savait-elle elle-même ? Mieux valait attendre que le *khou*[1] de son fils se révèle : alors elle comprendrait comment le guider. D'ici là, il était en sécurité.

D'ici là... Bien des choses pouvaient aussi se produire.

Deux accidents, cela faisait beaucoup pour une simple coïncidence, se disait Huy. Mais si ce n'était pas une coïncidence, qui donc essayait de supprimer Ankhsi et Imouthès ? Et pourquoi maintenant ?

Cela soulevait un autre problème. Senséneb répugnait déjà à vivre à Méroé. Comment réagirait-elle en apprenant qu'il comptait renouer avec son ancien métier, même le temps d'une seule enquête ? Et même si Ankhsi était une amie ? Il résolut de n'en rien dire tant que ce ne serait pas absolument nécessaire.

Réniqer s'agita, puis grogna. Soudain il se redressa, effaré, les blancs des yeux semblables à des lunes jumelles. Huy se pencha et rattrapa de justesse le verre qui allait se renverser sur les genoux de son hôte.

1. *Khou* : l'intelligence. Avec le *khat* (le corps), le *ren* (le nom), l'*ab* (le cœur), le *khaibit* (l'ombre), le *ba* (l'âme), le *sahou* (la momie) et le *ka*, il constituait les Huit Éléments qui formaient l'être humain. (*N.d.T.)*

« En veux-tu un autre ?

— Non, merci, dit Réniqer, faisant la grimace. La gorge me brûle déjà ; c'est que je ne bois pas, en temps normal... Je viens de faire un rêve étrange.

— De quoi as-tu rêvé ?

— Que j'étais assis dans un arbre et que je tombais. »

Un mauvais rêve, pensa le scribe sans faire de commentaire.

« Il est temps que je parte », soupira Réniqer, dont l'impatience semblait avoir fait place à la réticence.

Huy comprit dans quel état d'esprit il se trouvait et éprouva de la compassion pour lui, qu'attendait un voyage solitaire, exposé à toutes sortes de périls — réels ou imaginaires. Pour le courtier, ce voyage d'affaires banal s'était transformé en cauchemar, et s'il avait eu d'autres contrats à conclure par ailleurs, il en avait été incapable.

« Il faut te sustenter avant de partir.

— D'accord. Merci. L'alcool... »

Huy sourit. Il y avait de longues années que l'alcool ne lui faisait plus d'effet, mais c'était un motif de regret plus que de fierté.

« Viens », dit-il en se levant.

Peu après, Réniqer avait un peu recouvré ses esprits. Huy, qui n'avait pas veillé jusqu'à l'aube depuis longtemps, se sentit pris de vertige en le raccompagnant jusqu'à la rue. Dans le petit jour gris, les passants étaient rares. Un homme vêtu de la livrée royale, et que le scribe connaissait, dépassa la maison en tirant un âne ployant sous son faix. La charge de la bête produisait un craquement à chacun de ses pas, lents et pénibles.

« Es-tu sûr que tu ne préfères pas attendre et faire le voyage avec nous ? »

Malgré son souci de prudence, Huy avait pitié de cet homme en plein désarroi.

« Non. Je me sentirai plus en sûreté à Méroé. Là-bas j'ai mon foyer, mes amis, et je connais mes ennemis.

— Nous nous reverrons donc à Méroé. »

Réniqer scruta sans enthousiasme la rue déserte. Il faisait un froid glacial et une brume fine s'accrochait à la surface de toute chose.

« La voie est libre, dit le scribe. Que la Vérité t'accompagne. »

Réniqer éleva les mains en un geste d'adieu et s'éloigna. Huy ne s'attarda pas pour le suivre des yeux.

« Crois-tu que tout ira bien pour lui ? demanda Senséneb lorsqu'il rentra dans la maison.

— Je le pense. A la porte de l'enceinte, il trouvera une voiture à porteur ou une litière pour descendre au port, et, une fois à bord, il sera en sécurité.

— De quoi avez-vous parlé ? Vous avez passé toute la nuit dehors.

— Nous avons discuté de Méroé. »

Elle resta impassible. Voyait-elle qu'il mentait ? Et si Ankhsi se confiait à elle avant qu'il ait pu tout lui raconter ? Il jugea qu'à chaque jour suffisait sa peine et qu'il trouverait bien une occasion de lui apprendre la vérité avant d'atteindre le Sud. Le dos réchauffé par le soleil, il s'assit pour le petit déjeuner et battit des paupières lentement, avec lassitude, pensant à Réniqer qui lui aussi était exténué, et qui avait devant lui un long voyage.

Dans l'enceinte du palais, tout au bout du Quartier Sud où logeaient les palefreniers et le personnel extérieur, Henka avait sa chambre. La pièce contenait un lit bas ordinaire, fait de bandes entrecroisées de lin empesé ; bien qu'élimées et souillées, elles étaient encore assez solides pour supporter son poids. Il y avait aussi une petite table en bois d'acacia et, à côté, un pliant en cuir, vieux et usé mais de bonne qualité. Les murs grossièrement passés à l'enduit laissaient voir par endroits les vestiges d'un badigeon ocre, mais, de même que le sol poussiéreux jonché de roseaux desséchés et que les meubles, ils ne révélaient guère qu'une morne négligence. On eût dit que le dernier occupant de cette chambre était parti de nombreuses années plus tôt, et c'était la vérité, mis à part que Henka l'habitait depuis que Ay était devenu pharaon, soit assez longtemps pour que quatorze fois Khonsou s'élève dans le ciel noir, passant d'un mince reflet d'argent à la rondeur parfaite.

Henka ne voyait rien de cette solitude misérable. Son seul apport au décor était un coffre en bois, modeste et bon marché, fabriqué pour lui à partir de déchets de tamaris par un charpentier à façon, où se trouvait réuni ce qui constituait tous ses biens de ce côté de la Nuit. Le coffre était d'assez petite dimension pour être porté par un seul homme. Il renfermait deux pagnes de rechange, une sacoche, une ceinture de cuir, une paire de sandales en fibres de jonc, le couteau de bronze qui ne l'avait jamais quitté sur les barges, un *khepech*[1], et un fer de lance pour chasser l'hippopotame. Il recelait encore un manteau en laine rude, mais chaud et épais, et une amulette — un minuscule appui-tête taillé dans la dent du grand animal qui vivait dans les lointaines forêts du Sud. Elle était jaunie par le temps, ayant appartenu à sa mère. D'elle, il conservait le souvenir d'une présence douce et tiède, d'une odeur réconfortante. Il n'était pas dans

1. *Khepech* : arme à large lame recourbée en croissant et montée sur un manche court. (*N.d.T.*)

sa nature de revenir sur son passé, toutefois Ay eût été surpris de découvrir que, dans les méandres secrets de sa mémoire, cet homme chérissait un unique souvenir de bonté et de tendresse.

Cela n'avait pas duré longtemps. Henka venait du Nord, et sa mère avait été tuée par une bande de Khabiris quand il était petit. C'était au temps de l'ancien pharaon — le Grand Criminel, comme on l'appelait désormais. Ce n'avait été que justice de le priver de son vrai nom : il avait laissé le pays en ruine. Pas étonnant qu'il y ait eu le Grand Fléau ! Pas étonnant que le Nord fût perdu ! S'il avait choisi d'exhumer ses souvenirs, il aurait vu un petit garçon de trois ans terrorisé, recroquevillé derrière le four à pain, incapable de voir ce que faisaient à sa mère les pillards qui avaient fondu sur le village ce matin-là, saccageant systématiquement toutes les maisons, pareils à des serpents parmi des rongeurs pétrifiés. Incapable de voir, mais capable d'entendre — oh ! oui, capable d'entendre. Et plus tard de découvrir ce qu'ils avaient fait, et d'en ressentir l'horreur sans la comprendre. Les survivants, ceux qui lors de l'attaque travaillaient aux champs et s'y étaient cachés, l'avaient trouvé blotti contre sa mère dans le sang encore tiède. Une vieille femme l'avait pris dans ses bras et avait prononcé les Paroles contre le Démon de la Nuit. Il se les rappelait. Il y croyait, tout comme les gens de son village qui, même après que l'ancien roi eut décrété qu'il n'y avait d'autre dieu que la lumière solaire, continuaient de déposer une miche de pain et une jarre d'eau au pied du vieux figuier, au bout de la route, pour se concilier la déesse qui l'habitait.

On lui avait dit que son père était un batelier. La nouvelle du raid lui était forcément parvenue, où qu'il se trouvât, pourtant il n'était jamais venu chercher son fils. Il n'était jamais revenu au village. Peut-être n'existait-il même pas, ce père qu'il n'avait pas connu. Les villageois avaient attendu deux cycles de saisons complets, puis avaient envoyé Henka travailler sur les bateaux. Leste et déjà robuste, il avait cinq ans et était donc en âge de gagner sa vie. C'était toujours mieux que dans les mines d'or, où l'on avait besoin d'enfants en raison de la petitesse de leurs mains. Ceux-là s'en allaient tôt vers Osiris Peut-être était-ce une bénédiction. Mais la douceur de la vie tenait aussi à ce qu'elle était ce que l'on connaissait.

Il avait survécu. Il avait à son tour envoyé des hommes rejoindre la Barque de la Nuit. Pirate, il avait écumé le Fleuve, jusqu'au jour où son sens inné de la navigation avait été remarqué par un agent du directeur de la flotte fluviale, Ramosé. Pour la première fois, on lui avait donné sa chance. Puis Ay l'avait sauvé, alors qu'en vérité cette fois-là il n'avait rien fait pour mériter la mort.

La mort, il l'avait à maintes reprises méritée depuis, mais lui voyait la chose sous un jour différent. Il se considérait comme un instrument entre les mains du pharaon, au même titre que le *khepech* entre les siennes. Le cœur qui guidait était le seul coupable. Il avait ainsi trouvé un mode de vie à sa convenance, ignorant que l'homme tranquille est celui que menace le plus grand péril.

Il retourna l'appui-tête dans sa main carrée. Il savait ce que l'amulette symbolisait, il savait qu'elle le protégeait aussi sûrement que si sa mère, telle Isis, l'avait enveloppé de ses ailes. C'était inscrit dans le *Livre de Sortir au Jour*[1], et autrefois elle contenait un minuscule rouleau de papyrus. Il en avait appris les mots :

1. Ou *Livre des Morts*. (*N.d.T.*)

Voici que ton corps est exhaussé.
Tu es tiré du sommeil.
Ta tête relevée regarde vers l'horizon,
Lentement, tu te redresses sur ton séant.
A présent, grâce aux bienfaits que les dieux t'ont accordés,
Tu peux triompher des obstacles.
Voici que Ptah culbute tes ennemis.
Car tu es Horus, le fils d'Hathor, l'Enflammé de l'Enflammée qui restitue la tête après le massacre.
Sache-le! Ta tête ne te sera pas ravie après le massacre.
Elle aura été sauvée, pour toute éternité.

Une petite bourse en lin était destinée à recevoir l'amulette. Il l'y rangea, noua le cordon coulissant et la passa soigneusement à son cou. Il avait déposé des aliments d'argile dans la tombe de sa mère afin que son *ka* fût nourri à tout jamais, même quand lui serait loin. Il n'y aurait personne pour lui rendre à lui-même ce dernier devoir.

Il alla se laver au puits, dans la cour. Ensuite il rentra dans sa chambre, ouvrit le coffre et, sortant la sacoche, entreprit d'empaqueter ses affaires.

La barque *matet* déployait très tôt ses voiles sur la Terre Noire, et quand la voiture à porteur déposa Réniqer au port, il faisait grand jour. Sur les quais, il se fraya précipitamment un passage à travers la foule, bousculant des gens aussi pressés et impatients que lui. Déjà il apercevait la proue bleu et jaune de son bateau et avait hâte de monter à bord, où enfin il se sentirait en licu sûr. Deux marins aux épaules carrées, au dos couleur terre cuite, se penchaient pour carguer les voiles. La plupart des autres passagers étaient déjà installés, à en juger par la masse de bagages et de caisses arrimés dans la soute. Réniqer avait fait en sorte d'arriver peu avant le départ — moins il attendrait, et mieux cela vaudrait. En dépit de sa longue nuit de veille, il se sentait plus lucide et alerte qu'il ne l'eût espéré. Quoique déjà lourd et chargé de poussière, l'air conservait l'âpreté de l'aube et aiguisait ses sens.

Sa blessure lui faisait mal, mais bizarrement l'agression lui semblait s'être produite en rêve. Pas un mot n'avait été échangé... Finalement, ce n'avait été qu'un détrousseur. Il avait été le jouet de son imagination en se croyant suivi par l'homme du navire. Toutefois, se disait-il, il avait été sage de prendre ses précautions.

Mais en dépit des dénégations de son *khat*, il savait dans son cœur que l'agression n'avait pas eu le vol pour mobile et qu'il avait été suivi. On n'avait pas besoin de raisons pour sentir ces choses-là.

Le navire, *Khépri-prend-son-essor-au-soleil*, était de taille imposante. Cinquante coudées de long, estima Réniqer, mais large et à faible tirant d'eau. Les plis lâches de la voile jaune claquaient comme dans l'attente du retour au pays. Sous la brise, l'eau léchait impatiemment la coque en cèdre massif. Tout cela était de bon augure.

Il indiqua son nom au marin qui se tenait à côté de la passerelle et, ayant remis ses bagages à un matelot, monta à bord. Cette fois, il était sauf. Il leva la tête vers le sommet du mât et les aigrettes qui tournoyaient dans l'azur. Il jubilait de soulagement. Il était pour ainsi dire déjà chez lui.

Il fut encore ragaillardi en apercevant le capitaine à l'arrière, près de la cabine. Quel plaisir de découvrir que Téta assurait le commandement du bateau ! Réniqer avait voyagé maintes fois avec lui. Téta l'avait également reconnu et s'approchait, souriant non sans fierté. Être nommé aussi jeune commandant d'un navire de cette taille était un privilège.

« Que de changements, pendant ma brève absence ! dit Réniqer en souriant. Depuis combien de temps est-il à toi ?

— C'est mon premier voyage sur le *Khépri*.

— C'est donc un jour mémorable !

— Au moins, je te promets un voyage paisible. Sois assuré que je serai le dernier à risquer d'échouer contre les récifs. Nesptah me l'enlèverait immédiatement.

— Je n'avais aucun doute à ce sujet. Mais tu travailles donc pour Nesptah ?

— Seulement depuis que j'ai reçu ce commandement.

— Je me souviens d'avoir vu ton navire sur le chantier. Je ne pensais pas que la construction était si avancée.

— Nesptah n'attendait plus que le mât. On lui en avait déjà livré un par le Fleuve, mais il n'était pas assez long. Dès que celui-ci est arrivé il l'a fait poser, et il a mis le *Khépri* en service aussitôt. Il a dit qu'il avait déjà perdu assez d'argent !

— Je le reconnais bien là.

— C'est un bon vaisseau, maniable et rapide. Nous pourrons même voyager de nuit, de temps en temps.

— Ah ! Quel bonheur de rentrer chez soi ! »

Le courtier se dirigea vers la cabine, où l'officier lui montra la plate-forme réservée aux passagers masculins pour la nuit. Quatre nattes y avaient été préparées.

« Nous sommes très peu nombreux, s'étonna Réniqer.

— Il n'y aura pas de femmes à bord durant cette traversée. Nous avons attribué leur plate-forme aux cinq autres passagers. Ainsi, chacun aura plus d'espace.

— Voilà qui est parfait.

— Il n'est jamais bon de ne pas avoir de femme.

— Est-il jamais bon d'en avoir ?

— La félicité et le tourment sous la même apparence... »

Les deux hommes sourirent poliment de cette vieille plaisanterie et l'officier remonta sur le pont. Réniqer remarqua avec gratitude qu'on lui avait attribué la natte la plus éloignée de l'entrée, accolée à la cloison de bois de la cabine arrière. Ses bagages avaient été rangés dans le coffre voisin. Téta ne lui avait pas dit combien de nuits ils passeraient à terre. Il y aurait au moins quatre escales : Soleb, Kerma, Napata et Atbara. Pour le reste, Réniqer espérait que ses compagnons de chambre seraient des dormeurs silencieux. Il appliqua de l'huile sur son visage et sur ses mains pour se protéger du soleil, ferma les rideaux de lin autour de sa natte et, comme l'officier, regagna le pont.

Trois hommes flânaient près de la cabine en regardant l'équipage s'affairer. Ils échangèrent un salut avec Réniqer, qui reconnut en l'un d'eux un négociant en turquoises dont il avait fait la connaissance à Soleb. Les autres lui étaient inconnus. L'un avait sur les doigts les taches d'encre que les scribes se gardaient de nettoyer complètement, en signe de leur statut et de leur profession. Le second avait l'allure martiale du soldat. Quatre autres passagers, par groupes de deux, se tenaient un peu plus loin sur le pont. Tous jeunes, ils voyageaient visiblement de compagnie car ils échangeaient des remarques d'un ton animé. Ils étaient très maquillés et lourdement parés de bijoux. Ils avaient les muscles secs et les reins cambrés des acrobates. Probablement une troupe de comédiens ou de danseurs remontant le Fleuve jusqu'à Napata, pensa le courtier. L'un d'eux gênait en permanence les allées et venues de l'équipage.

Réniqer avait parfaitement choisi son heure pour embarquer. Les ordres se faisaient plus pressants, les manœuvres s'accéléraient. Deux matelots avaient sauté sur la jetée et larguaient les amarres, sous les regards curieux d'un groupe de badauds. Ils remontèrent d'un bond au moment où le *Khépri* se détachait du quai, guidé par deux petits remorqueurs crasseux dont les rameurs avaient les bras épais comme des troncs d'arbre. Au milieu du Fleuve, le courant commença à les emporter et le *Khépri* domina de toute sa masse les deux embarcations. Les rameurs dégagèrent les cordes de halage et Téta commanda à l'équipage de jeter l'ancre de dérive, le temps de hisser la voile. Les hommes tirèrent en psalmodiant une mélopée monotone et la grande voile jaune s'offrit au vent avec une grâce nonchalante. Pendant quelques instants, le *Khépri* resta immobile puis, alors qu'un marin ramenait l'ancre de bois, le vent du nord commença à le pousser à contre-courant. La coque craqua faiblement, une très légère brise contraire, engendrée par le mouvement, caressa le visage des passagers, et ceux restés à quai lancèrent des derniers au revoir.

A nouveau, Réniqer passa en revue ses compagnons de route. Sa grande terreur avait été que le voyageur de l'aller les rejoigne pour le trajet du retour, mais jusqu'alors rien n'indiquait sa présence et, surtout, Réniqer n'avait aucun mauvais pressentiment.

Néanmoins, il n'avait encore vu que sept passagers.

Il haussa les épaules, sentant soudain le poids de la fatigue. De toute façon, tout le monde se réunirait pour le repas de midi ; alors il verrait le neuvième passager.

Senséneb fit une fois de plus le tour des pièces vides. Déjà elles avaient cessé de faire partie de sa vie, bien que les derniers préparatifs eussent été terminés le jour même. A peine une heure plus tôt, au terme d'une matinée pleine de remue-ménage et d'exaspération, Hapou était parti accompagner le convoi de mules chargées de leurs bagages jusqu'au bateau, afin de faire monter à bord leurs dernières possessions.

Le temps avait passé vite ! Deux jours s'étaient écoulés depuis que Réniqer les avait quittés, mais elle n'avait pas eu un instant à elle pour se faire à l'imminence du départ. Un vague sentiment d'attente était entré dans son cœur, compensant la tristesse, et elle avait fait taire l'anxiété première à laquelle la portait son instinct. Elle ne parvenait pas à croire qu'ils s'engageaient vraiment dans cette nouvelle vie. Elle avait reçu d'Ankhsi des lettres rassurantes : Méroé n'était pas cet abîme de l'enfer qu'elle avait imaginé dans ses pires cauchemars. On y faisait commerce d'or et d'ébène, on y vendait les défenses jaunes de l'animal gris des forêts, et même le félin tacheté que l'on dressait pour la chasse. Toutes ces denrées précieuses provenaient du Sud lointain et étaient apportées par des hommes couleur de basalte, descendus par le Fleuve d'une contrée mystérieuse. Méroé était une cité prospère, c'est pourquoi Ay tenait tant à la garder. Là où était la richesse, il fallait le poids de l'autorité.

La première lettre décrivait la vie dans la cité ; la deuxième, d'une importance extrême pour Senséneb, confirmait ses espérances : Méroé lui offrirait un bien meilleur départ dans sa carrière que la capitale du Sud. La propre femme-médecin d'Ankhsi était morte peu après l'accouchement. Ankhsi était habituée à se faire suivre par une femme et en cherchait une autre. Il y avait en outre une nouvelle Maison de Vie à Méroé, or la cité ne comptait pas assez de gens instruits dans les vertus des plantes médicinales et l'art de les cueillir.

Son autre motif de consolation, c'était le changement qui s'était opéré en Huy. Il s'était départi de cet air poussiéreux que lui avaient communiqué les Archives Royales. Il émanait de lui une énergie dont elle avait le souvenir, mais qu'elle ne lui avait pas vue depuis longtemps. Elle n'était point sotte, et elle le connaissait trop bien pour attribuer ce regain de vitalité à leur départ ; elle y voyait plutôt une conséquence de la visite de Réniqer, même si elle n'en savait pas la raison. Consciente que cette impression était trop floue pour qu'une conclusion se forme dans son cœur, elle décida de ne pas compliquer ces dernières heures par de vaines interrogations. Peut-être préférait-elle ne pas savoir. Il lui restait à trouver sa propre voie. Elle tenait à Huy, mais elle n'avait nul désir de s'imposer si ce sentiment n'était pas réciproque.

Comme ces pièces paraissaient froides ! Il leur manquait l'empreinte d'un autre être humain pour revenir à la vie. Elle essaya de les imaginer encombrées par les meubles prétentieux — surchargés de dorures, d'incrustations de turquoise et d'ébène — qu'achetait à grand prix l'épouse principale de Téhouty, indifférente aux privations infligées par contrecoup à leurs quatre enfants survivants. Ils avaient eu de la chance. Quatre enfants viables sur huit, c'était plus que la plupart des couples ne pouvaient espérer. Senséneb baissa les yeux vers son propre ventre, plat et réprobateur. Mais elle songea alors avec un sourire amer que bien du temps s'écoulerait avant qu'elle dût recourir à l'huile très pure et très coûteuse dont s'enduisaient les mères et les vieilles femmes, pour tenter d'effacer les cicatrices laissées dans la chair par la grossesse et l'enfantement.

Huy lui avait raconté, non sans amusement, que Téhouty se pavanait depuis qu'il avait appris sa toute prochaine nomination et ne lui adressait plus la parole. Huy était certain que son ex-beau-frère l'évitait et n'en était pas surpris. Il espérait seulement que personne ne lui révélerait à qui il devait cet avancement. Téhouty ne se réjouirait pas d'occuper un poste que lui laissait volontairement Huy, même si cela lui permettait de s'élever dans la hiérarchie. Le poison s'était trop infiltré dans son sang pour pouvoir un jour en disparaître tout à fait.

Au loin dans l'enceinte du palais, du côté du nouveau temple d'Amon, monta le son métallique des sistres et des tambourins tandis que les prêtres accomplissaient les ablutions matinales sur le dieu, derrière les hauts murs dissimulant leurs rites à la vue des non-initiés. Senséneb adressa un adieu silencieux à la maison et partit sans se retourner.

Une fois à bord elle se sentit mieux, mais elle ferma son cœur à Huy en regardant la capitale du Sud s'évanouir dans un halo de brume. Ces pensées-là n'étaient qu'à elle, et le responsable des quelques regrets qu'elle nourrissait encore était la dernière personne avec qui elle avait envie de les partager. Debout à côté d'elle, Huy sentait pour la première fois un mur entre eux. Il contemplait la silhouette lointaine de la cité, rouge sur l'onde verte qui peu à peu envahissait les marches monumentales taillées dans la berge pour mesurer la hauteur de la crue. Si peu d'entre elles suffisaient à marquer la différence entre la sécheresse et l'inondation, la famine et l'abondance : deux ou trois seulement. La montée des eaux avait ralenti et se stabilisait dangereusement au-dessous de la limite requise. On n'avait pas connu de mauvaise crue depuis l'accession au trône de Nebpehtyrê Ahmosis, deux cent cinquante cycles de saisons plus tôt. Toutefois, Ay était un homme prudent, et son mérite résidait en ce que sa prévoyance protégeait aussi bien son peuple que lui-même. Huy songea qu'en cela le pharaon n'était peut-être pas si désintéressé qu'il y paraissait : qui néglige sa mule, qui l'affame et la frappe, finit toujours par chèrement s'en repentir. Ay était un administrateur trop avisé pour ignorer qu'un peuple négligé et maltraité ne s'acquitterait jamais de ses devoirs envers son souverain. Non, les greniers seraient pleins, on chanterait les louanges de Pharaon, et Ay conserverait ce qui lui était le plus précieux — son pouvoir — sans trop avoir à le défendre.

Ils naviguaient sur une de ces embarcations petites et larges qui voguaient haut sur les flots, ne transportant que des charges légères et peu de passagers. Pour le moment, Huy et Senséneb étaient les seuls. La nuit, ils faisaient relâche près de villages où, à la lueur du feu, le badigeon blanc des maisons paraissait terne à cette époque de l'année. Les terres brûlées aspiraient à la résurrection, au nouvel essor de l'oiseau-*benou* [1]. Alors reverdiraient les champs, alors au milieu des moissons les fermes se pareraient d'un éclat éblouissant. Chaque soir avaient lieu des danses et des festins, cependant Huy remarqua la prudence des fermiers : s'il y avait, bien sûr, du *shemshemet* [2] en abondance, le pain offert était à base de farine d'orge, non de blé, et la viande, lorsqu'il y en avait, était de la chèvre. Le

1. Oiseau-*benou* : le héron, incarnation du soleil levant à la création du monde et symbole d'un éternel recommencement. (*N.d.T.*)

2. *Shemshemet* : plat ordinaire des pauvres, à base d'épinards, de chou et autres légumes verts. (*N.d.T.*)

plus souvent, on leur servait des darnes de poisson. Huy, qui avait pris goût à la bonne chère, avait hâte d'arriver à Soleb, où il espérait pouvoir au moins commander du *ferik*[1] et des gâteaux au miel dans leur auberge.

Ils croisèrent de nombreux bateaux durant le voyage vers le sud. Certains remontaient jusqu'au grand port Pérou-néfer, où leur cargaison de granit, d'améthystes, de calcaire et d'or serait transférée sur des vaisseaux en partance pour les terres situées au-delà de la Grande Verte. Nostalgique, Senséneb suivait des yeux ceux qui avaient la capitale du Sud pour destination.

Le navire faisait bonne route, mais il n'était ni aussi large ni aussi rapide que le *Khépri* et, quelquefois, le trajet semblait interminable. Grâce à la crue, ils franchirent sans encombre la Première Cataracte, mais à l'approche de la deuxième, où les falaises du désert commençaient à se refermer sur le Fleuve, on déplaça la cargaison et les bagages afin de faire porter tout le poids sur la poupe. Le timonier penché sur son gouvernail ne quittait pas des yeux la vigie à l'avant qui, le cou tendu, guettait les hauts-fonds et indiquait la direction à suivre par des gestes du bras et parfois par des cris. Une fois, la coque à fond plat rencontra un banc de sable. Une autre, tout le bateau faillit virer de bord ; deux matelots se jetèrent sur le gouvernail pour aider le timonier à revenir à contre-courant, et enfin ils se retrouvèrent en eaux calmes.

Sous le soleil de plomb, la terre était plus rouge, plus inhospitalière. Huy ôta la perruque qu'il avait pris l'habitude de porter depuis qu'il était redevenu fonctionnaire et, comme les bateliers, s'enveloppa la tête dans un turban de lin. La plupart du temps, Senséneb

1. *Ferik* : blé concassé. (*N.d.T.*)

restait sous l'auvent tendu pour eux au milieu du pont. Elle avait trop de mal à se concentrer pour lire et, le plus souvent, elle restait absorbée dans la contemplation des rives qui glissaient lentement. Entre les hameaux blancs perchés sur leur colline, à l'abri de l'inondation, on apercevait dans les roseaux poussant près des berges des hippopotames aux paupières lasses, vautrés dans l'eau ou s'ébrouant. Sur les talus, les Enfants de Sobek lézardaient au soleil dans une immobilité de pierre.

Les jours s'écoulaient; les passagers devenaient plus minces, plus hâlés. Et puis enfin, sur la rive occidentale s'incurvant vers l'est, apparut une ville basse et brune.

« Soleb, annonça Huy.

— Combien de temps y resterons-nous?

— Une nuit.

— Cela paraît amplement suffisant.

— Soleb n'est pas Méroé. »

Senséneb soupira sans répondre.

Soleb était un comptoir commercial, presque à mi-distance de leur destination. En dépit de sa faible superficie, elle souffrait d'une criminalité élevée car elle servait de repaire aux contrebandiers, et le bras du Fleuve où elle était située était infesté de pirates. Aussi le général Horemheb y avait-il installé une garnison, et les soldats recevaient une solde assez généreuse pour ne pas être tentés de fermer les yeux sur ces activités criminelles.

Quoique petite, Soleb était active. Ses temples n'avaient pas la majesté de ceux de la capitale du Sud, mais elle n'en était pas moins distinctement une ville de la Terre Noire, sur son tertre artificiel né de l'accumulation de détritus, qui s'élevait au-dessus du niveau maximal d'inondation. Elle était coupée par deux grands axes perpendiculaires, l'un orienté d'ouest en est et l'autre du nord au sud. A la périphérie, les fermes étaient plus petites et plus disséminées qu'au nord du pays. Il y avait au port une énorme affluence, avec, omniprésentes, de petites embarcations à voile triangulaire qui faisaient la navette entre la rive et les gros navires ancrés dans le cours principal du Fleuve.

Mais avant tout, Soleb était une ville frontière. On le voyait rien qu'à l'aspect des gens, au corps émacié et à la peau foncée. Au-delà s'étendait Ouaouat et, plus loin encore, le pays de Kouch.

Ils trouvèrent l'auberge à peu de distance sur la grande artère est-ouest. C'était un bâtiment bas, dont l'étroite porte ouverte, en tamaris, donnait sur une cour ombragée où se restauraient plusieurs autres voyageurs. Les auberges, nombreuses dans cette rue, ne désemplissaient pas. Néanmoins l'inquiétude assombrissait toute cette animation, car les eaux du Fleuve refusaient de monter.

Ils changèrent de vêtements, s'oignirent d'huile et déjeunèrent avant d'aller se promener en ville. Ni Huy ni Senséneb n'aimaient l'inactivité forcée et tous deux étaient nerveux. La ville offrait peu de distractions et, pendant quelque temps, ils furent suivis par un prêtre au crâne rasé dont la contenance n'indiquait pas un équilibre harmonieux entre les Huit Éléments. Il lançait des regards concupiscents à Senséneb qui, pour son bonheur et son malheur, possédait les attributs aptes à susciter l'admiration masculine : des seins fermes, des fesses musclées et de longues jambes fuselées. Pour finir, le prêtre pénétra dans un petit temple de Khnoum, à la limite de la ville.

« Ce n'est pas Méroé, répéta Huy.

— Rien de ce qui peut être fait ne peut être défait, répondit-elle d'un ton résolument enjoué.

— Rien, sauf la vie à l'instant où elle est donnée et à l'instant où elle s'en va », dit-il, terminant le proverbe à sa place.

Il se voulait rassurant et, si son cœur commençait à changer, il ne le montrerait pas.

Au bout de chaque voie, le désert rouge s'étendait à perte de vue. Dans les rues populeuses, des ânes cheminaient laborieusement, des chiens et des chats somnolaient dans des flaques de soleil et, près d'une entrée, un babouin enchaîné bondit vers eux en leur montrant les dents. L'air bruissait de bribes de conversations et de cris.

Peut-être l'inquiétude de Réniqer s'était-elle communiquée à Huy car, pendant qu'ils marchaient, il eut la sensation grandissante qu'on les observait. Il regarda alentour, distraitement d'abord, se demandant si le prêtre débile avait recommencé à les suivre, mais celui-ci n'était pas dans les parages. La plupart des gens étaient des marchands ambulants, des commerçants d'un genre ou d'un autre. Des Kouchites maigres, aux jambes fines comme des baguettes, drapés de couvertures bariolées, allaient d'étal en étal où des dattes, des figues, des haricots, des graines de *nebes*[1] et des noix d'arec en piles bien nettes étaient proposés aux chalands. Les boutiquiers étaient principalement des hommes de Ouaouat, au teint plus sombre et aux traits plus épatés que ceux des habitants de la Terre Noire. Quant à ces derniers, ils étaient vêtus avec simplicité, les hommes en pagne blanc, les femmes en robes moins ajustées et moins richement ornées que dans la capitale du Sud. Les sandales en fibres de roseau s'usaient sans doute vite sur le sol rocailleux, car on en vendait à tous les coins de rue.

1. *Nebes* : le jujubier. (*N.d.T.*)

Des soldats en permission se mêlaient à la foule, par petits groupes, l'air désorienté. Horemheb avait enrôlé des gens du Nord afin de limiter encore les risques de conspiration.

« Continue un peu toute seule, dit Huy.

— Que se passe-t-il ?

— Je crois avoir aperçu quelqu'un de connaissance.

— Non, dis-moi la vérité, dit Senséneb en l'observant. Pourquoi es-tu inquiet ?

— Ce n'est rien. Fais ce que je t'ai dit, je t'en prie, insista-t-il en lui caressant la joue.

— Tu n'as pas parlé que de Méroé avec Réniqer, n'est-ce pas ? »

Huy fut incapable de soutenir son regard.

« Et alors ! leur lança une grosse mégère en les bousculant. Vous croyez que la rue est à vous ? Allez régler vos comptes ailleurs ! »

Et elle poursuivit son chemin en maugréant.

« De quoi avez-vous parlé ?

— Je te le dirai, mais pas ici. Regarde, nous gênons le passage. »

Ils durent se ranger sur le côté pour éviter un petit homme rabougri, ridé comme une caroube, qui balayait tout sur son chemin en poussant une charrette à bras où un grand tas de grenades, en équilibre précaire, semblait tenir par la seule force de sa foi.

Rê avait commencé sa lente descente vers l'occident et redoublait d'intensité et d'ardeur avant d'entamer ses pérégrinations dans les régions de la Nuit.

« Ce n'est probablement rien de grave, mais je dois m'en assurer », dit Huy à contrecœur, confus comme un écolier pris en faute.

En quoi était-il blâmable de vouloir porter secours à

Ankhsi et à Taschérit s'ils avaient besoin de son aide? Elle aurait dû l'approuver. Elle le ferait peut-être. Ce serait la dernière fois. Il ne recommencerait pas à gagner sa vie en élucidant des énigmes. Il en avait eu plus que son compte!

« Dis-le-moi! exigea-t-elle, gagnée par la colère.

— Plus tard je t'expliquerai tout, je te le promets. »

Elle le défiait des yeux, pareille à une panthère noire; et à cet instant, tout en sentant combien il la désirait, il céda lui aussi à la colère. Il ne comprenait pas cet étrange dédoublement qui survenait dans son cœur et, pour l'heure, il n'avait pas le temps de l'analyser car, par-dessus l'épaule de Senséneb, il avait perçu un mouvement rapide dans la foule — celui d'une silhouette qui s'éloignait prestement, mais pas assez vite — et il savait qu'il avait vu juste.

Il la saisit par les coudes, leur imprima une brève pression en la regardant gravement, puis il la dépassa et s'élança dans la foule.

Il alla tout droit vers l'endroit où il avait vu l'homme disparaître et découvrit que c'était l'entrée d'une allée étroite qui descendait en pente, menant vraisemblablement hors de la ville. Dès qu'il s'y engagea, le brouhaha de la rue principale cessa comme si l'on avait fermé une porte derrière lui, et la fraîcheur le saisit avec presque autant de force que s'il avait plongé dans l'eau. Les murs n'avaient ni porte ni fenêtre, et étaient trop hauts, trop lisses pour être escaladés. L'allée décrivait plusieurs crochets sans croiser aucune voie. Huy avançait prudemment. Il n'était pas improbable que ce chemin débouchât sur un atelier gardé par un molosse, qui ne serait pas forcément attaché. Mais il n'entendait pas d'aboiements et il savait qu'il talonnait le fuyard de près.

Il craignait surtout d'aboutir à une brèche dans l'enceinte de la ville, d'où peut-être un sentier conduisait à une décharge ou à une fosse à fumier. Mais pour finir il arriva sur une place exiguë et sombre avec de part et d'autre de lourdes portes closes. Au milieu de cette place, l'air penaud, se trouvait un jeune homme de haute taille que Huy reconnut pour l'avoir déjà vu, sans se rappeler où.

« Elles sont toutes verrouillées », dit le jeune homme en le regardant d'un air piteux.

Huy l'empoigna par sa tunique et le plaqua violemment contre le mur.

« Attends ! protesta l'autre. Que fais-tu ?

— Je comptais précisément te poser cette question.

— Je suis scribe, comme toi. Lâche-moi. »

Huy vit qu'il l'avait effrayé pour de bon et que, même si l'autre avait l'avantage de la taille, il avait les bras flasques et le ventre mou, à l'instar de la plupart des scribes, qui, non sans mépris, considéraient les muscles comme le propre de l'ouvrier. S'ils en venaient aux mains, Huy aurait le dessus. Toutefois, l'homme était leste et mieux valait rester sur le qui-vive.

Il le reconnaissait bien, à présent. Il s'appelait Pinhasy et était un des sous-adjoints de Kenna, le scribe royal. Avec ses grosses mains tachées d'encre et son air dépité, il ne semblait guère dangereux.

« Que fais-tu ? dit Huy d'une voix moins dure, en le lâchant.

— Je me promène, rétorqua le scribe subalterne, affectant un air de bravade.

— T'ont-ils muté ? Es-tu en congé ?

— Non, je...

— Allons ! Pinhasy ! »

Le jeune homme perdit toute velléité d'arrogance et l'anxiété se peignit sur son visage.

« Il ne faut pas que tu fasses de rapport là-dessus. Je t'en prie, ne fais pas ça.

— A qui ferais-je ce rapport ? Et à quel propos ?

— Peut-on sortir d'ici ? implora le jeune scribe, complètement effondré. Je me suis égaré. »

Il considérait d'un œil lugubre la cour mélancolique où ils se trouvaient, comme accablé par tous les malheurs du monde.

« Pas question.

— Bon, très bien. Kenna m'a envoyé ici pour que je te précède.

— Sur ordre du roi ?

— Je ne sais pas. Je le suppose. »

Pour quelle raison Ay avait-il choisi cet homme-là ? Peut-être s'en était-il remis à Kenna, qui avait désigné celui dont il pouvait le plus facilement se dispenser. Ce n'était pas flatteur pour Huy, mais, du moins, cela minimisait l'importance de la mission confiée à Pinhasy, quelle qu'elle fût.

« Pourquoi t'ont-ils envoyé ici ?

— Ils voulaient s'assurer de ta venue. J'étais censé le leur confirmer par un rapport dès ton départ.

— Eh bien, rien ne t'en empêche. Je n'irai pas leur raconter que je t'ai repéré. »

Huy se détendait. Quant à Pinhasy, son visage exprimait une gratitude pathétique.

« Cela pourrait me valoir de l'avancement...

— Je t'en félicite. Mais pourquoi tenaient-ils tant à s'assurer que je partais ? Il y a longtemps que j'en ai l'intention.

— Je ne sais pas. Ils ont peut-être pensé que tu ne viendrais pas.

— Cette explication m'a également effleuré, répliqua Huy, sarcastique. Mais pourquoi ? »

Il songea involontairement à Réniqer.

« Ils ont peut-être cru que tu irais au nord, suggéra le jeune homme.

— Quoi ? Pour me rallier à Horemheb ?

— On dit que tu as un fils, là-bas.

— C'est vrai, convint Huy en se troublant. Mais il est à présent un étranger pour moi. »

Comme chaque fois qu'il parlait de cet enfant jadis tant aimé, il eut un serrement de cœur. Il s'aperçut que Pinhasy le regardait sans comprendre.

« Je n'ai rien à voir dans leurs rivalités et leurs machinations, lui expliqua-t-il. C'est pourquoi je pars pour le Sud. Je vais trouver une petite oasis et cultiver la vigne. Je produirai le meilleur vin qu'on ait jamais goûté sur la Terre Noire. »

Il vit que Pinhasy ajoutait foi à ses propos, du moins en ce qui concernait la seconde partie. D'ailleurs, son désir de cultiver la vigne était plus proche de la vérité que son absence de tout rôle dans la vie politique du pays. Les doutes qui ne quittaient jamais les replis de son cœur et qui toute sa vie l'avaient taraudé se réveillaient, il le savait. Si vraiment il découvrait un vignoble qu'il pouvait exploiter, alors peut-être trouverait-il la paix. Ses projets se bornaient à cela. Il était parti parce qu'un changement s'imposait. Cela ne concernait que lui — et Senséneb, bien sûr. La décision, pour difficile qu'elle eût été, avait été prise à deux.

« Tu pourras le leur répéter, Pinhasy.

— Je ne peux leur révéler que je t'ai parlé. Tu ne devais pas être informé de ma présence.

— Alors ne dis rien. Demain, je reprends la route jusqu'à Kerma. Puis Napata, et enfin Méroé. Mais je suppose que Ay aura envoyé un agent dans chaque ville. Il aurait pu s'épargner cette peine.

— Je pense qu'il voulait avoir l'absolue confirmation que tu allais vers le sud. Tu n'aurais pas parcouru tout ce chemin si tu avais eu l'intention de faire demi-tour.

— Et si maintenant je faisais demi-tour ? Tu serais bien avancé ! »

Pinhasy n'y avait pas pensé. Lentement, il commençait à comprendre qu'il n'était qu'un sous-ordre. A le voir si humilié, Huy en fut presque peiné pour lui.

« N'aie crainte, tu peux faire ton rapport. J'espère que tu auras de l'avancement. »

Plus il y aurait de benêts comme Pinhasy dans l'administration, mieux il se porterait. Mais il ne croyait pas que le jeune scribe s'élèverait très haut.

Ce qui importait davantage, c'était que Ay continuait à s'intéresser à ses faits et gestes, même insignifiants. Qu'il avait été stupide de ne pas s'en douter ! Il retourna les faits dans son cœur après avoir quitté Pinhasy à l'entrée de l'allée. Le soleil était descendu vers l'horizon et la rue était moins animée, la chaleur moins accablante. Huy regarda le jeune scribe s'éloigner vers la garnison. Il serait trop tard pour envoyer un pigeon voyageur le jour même. Mais, dès l'aube, les oiseaux transmettraient le message de garnison en garnison, jusqu'à Kenna. Combien de temps cela prendrait-il ? Cela n'avait pas vraiment d'importance. C'est alors qu'une idée le fit tressaillir.

Et s'ils avaient envoyé intentionnellement un espion inexpérimenté à Soleb, sachant que sa maladresse ne manquerait pas de le faire repérer ? Dans ce cas, quelles manœuvres cela dissimulait-il ?

Le temps de baisser la garde n'était pas encore venu. Mais il avait perdu la main. Son séjour aux Archives Royales avait émoussé ses réflexes plus qu'il ne s'en était douté.

Finalement, il réussit à exposer à Senséneb la mission secrète de Réniqer sans provoquer de nouvelle querelle. Elle admit elle-même que c'était une requête difficile à refuser.

« Tu aurais dû m'en parler avant.

— Je ne le pouvais pas. Ce n'aurait pas été prudent. Même ici, Ay me fait surveiller. Enfin, ce n'est pas très important, ajouta-t-il, préférant ne pas relater en détail sa conversation avec Pinhasy.

— Nous ne sommes au courant de rien, sur le Fleuve. D'autres accidents ont pu survenir.

— Si un événement grave s'était produit à Méroé, nous en aurions eu des échos.

— En tant que futur médecin de la reine douairière, j'espère vivement qu'il ne lui est rien arrivé. C'est que je tiens à ce poste !

— Parfois je me demande ce qui réside dans ton cœur, lui dit-il en souriant.

— Elle est notre amie, Huy. Je plaisante ainsi parce que je suis nerveuse.

— Je sais. »

Installés dans leur petite chambre, ils prirent un peu de vin après le dîner. Le menu avait été de choix : caille et pigeon accompagnés de pain de seigle et de fromage. Comme toujours lorsqu'il avait un peu trop bu, Huy était détendu. Le monde était régi par Seth et, afin qu'il fût supportable à l'homme, les autres dieux lui avaient donné la vigne pour faire le vin, l'orge et le blé pour faire la bière.

Senséneb lui tapota le ventre, taquine :

« Tu engraisses. Tu ressembles au prêtre Ka-aper. L'obésité te guette ! »

Huy n'appréciait guère ce genre d'espiègleries, mais il se dit qu'il réglerait ce problème un autre jour. La peau de Senséneb avait un éclat soyeux sous la douce lumière de la lampe à huile, près du lit. Assis l'un contre l'autre, ils contemplaient la flamme régulière.

« C'est mieux que sur le bateau, soupira-t-elle.
— Infiniment mieux.
— Me désires-tu ? »
Il lui lança un regard éloquent.
« Autant que dans la rue, tout à l'heure, quand j'étais si furieuse ?
— Je me doutais bien que tu l'aurais remarqué. »
Il caressa ses bras dorés, ses seins si tendres, frotta doucement son nez au sien. Ils s'embrassèrent, se cherchèrent de la langue et des dents. Elle entoura son pénis de sa main fraîche tandis qu'il glissait les doigts vers la Grotte aux Doux Mystères. Des chambres alentour montaient des bruits feutrés, les autres voyageurs se préparant à dormir.
« Les murs sont fins, chuchota Senséneb.
— On le dirait.
— Nous allons les empêcher de dormir.
— Tant pis pour eux. »
Mais ensuite, alors qu'ils étaient allongés dans l'obscurité et le silence, sentant les perles de sueur refroidir sur leurs corps, elle se souleva sur un coude et lui demanda :
« Quand me l'aurais-tu dit ? »

Deux jours plus tard, les eaux avaient encore monté. Grâce à cette bénédiction d'Hapy, qui maintint le navire au-dessus des écueils et des hauts-fonds, ils franchirent aisément la Troisième Cataracte pourtant si périlleuse, au sud de Kerma. Comme le dit un des matelots, le dieu était sorti de son assoupissement ; repoussant de sa poitrine généreuse le limon fertile, il produisait la crue dans sa nage. A Kerma, les habitants soulagés faisaient liesse en son honneur.
Trois autres voyageurs avaient embarqué à Soleb. A cette nouvelle escale, il n'y en eut qu'un seul. Un

homme trapu, à la musculature puissante et à la démarche chaloupée. Il avait au cou une petite bourse contenant une amulette et, jetée sur son épaule massive, une sacoche en cuir.

4

Deux aubes plus tard, ils avaient contourné le coude que le Fleuve décrivait vers l'est et, au soir, sur la rive nord devant eux, ils virent la cité de Napata dresser ses hautes murailles de torchis nimbées de rose au crépuscule. Deux garnisons fortifiées se nichaient contre l'enceinte protectrice. En approchant, les passagers purent observer du bord les manœuvres des troupes auxiliaires noires, qui faisaient l'exercice sur une immense esplanade juste au-delà du port.

Le port lui-même était encadré par deux jetées, plus longues et plus élevées que de coutume, et terminées chacune par une haute tour de garde. Même la nuit, quand régnaient les ténèbres, des hommes y restaient postés, et tout le long des rives jusqu'à la petite cité sœur de Nouri, juste en amont, des balises restaient allumées. C'étaient de pauvres feux, car même la bouse séchée utilisée comme combustible était rare sur cette terre rouge aride, mais leur lueur ocre et maussade suffisait à repousser l'obscurité ; elle tremblotait au bord de l'eau longtemps après que le soleil eut cessé de s'y refléter.

« Connais-tu cette ville ? demanda à Huy l'un de ses compagnons de voyage, un homme d'affaires de Kerma au teint fleuri.

— Non.

— Moi non plus. Elle semble bien protégée. C'est bon pour le commerce. Es-tu négociant ?

— Pas encore.

— On se lance, hein ? Moi, je préconiserais les bois durs. Ils sont lourds sans être volumineux. Un matériau d'avenir.

— Merci du conseil. »

Maintenant leur parvenait l'odeur de la ville, une odeur de friture à l'huile de ricin ou de lin montant de centaines de poêles à l'approche du dîner. Et aussi une odeur de poisson séché, et d'ordures. Les relents habituels, mais quelque peu atténués par la sécheresse de l'air. Les hommes d'équipage carguèrent la voile et se mirent aux rames pour opérer la dernière manœuvre, celle de l'entrée au port.

Ils débarquèrent avec les autres passagers et empruntèrent une courte jetée jusqu'au quai. La zone qui s'étendait au-delà rappelait celle de la capitale du Sud, en plus petit et avec une présence militaire beaucoup plus marquée. Les officiers étaient originaires de la Terre Noire, mais la plupart des hommes de troupe étaient des indigènes, le corps sec et la peau foncée, des lèvres charnues dans un visage maigre. Huy remarqua un petit groupe à l'écart, près d'un quai où des bacs légers étaient amarrés. Les hommes arboraient l'emblème de la charrerie, troupe d'élite de l'armée impériale. Hapou, qui aux autres escales était resté à bord pour garder les bagages et les meubles entreposés dans le ventre du navire, paya un des marins pour le remplacer, comptant rendre visite à un ami d'enfance qui était au service du vice-roi. Emboîtant le pas aux autres voyageurs, Huy et Senséneb franchirent un portail étroit dans l'enceinte de la ville et suivirent une rue qui montait en lacet vers la grand-place.

La principale auberge de la cité occupait presque tout un côté de la place. Le long de la devanture, quelques commerçants avaient dressé des étals où ils proposaient des dattes, des gâteaux, des sandales, des besaces en toile de lin et autres marchandises susceptibles de tenter les voyageurs, mais ils n'eurent aucun client.

Ici aussi il y avait des soldats, et à l'intérieur de l'auberge tout le monde discutait d'une récente attaque lancée sur Nouri par une petite tribu kouchite. Les assaillants avaient été repoussés et avaient fui vers le désert du Sud, mais nul n'était sûr qu'ils ne recommenceraient pas. La sensation d'être dans une ville frontière où la chance et le danger allaient main dans la main excitait et inquiétait tout à la fois le cœur de Huy. Mais il savait que sur le Fleuve et à l'intérieur des villes, l'insécurité était minime. Des temples de la Terre Noire avaient poussé parmi les édifices coniques en brique crue de l'antique Napata. L'élite de Ouaouat avait adopté le costume et la langue de la capitale du Sud. Peu à peu, entre colonisateurs et indigènes, le commerce remplaçait la guerre. C'était un mode d'existence plus profitable à tous. Néanmoins, de même que les soldats, les vaisseaux de Pharaon étaient plus nombreux qu'au nord, protégeant les marchands et leurs navires dans cet avant-poste riche mais vulnérable du royaume.

Car sous le vernis de la nouvelle culture, dont le caractère était en grande partie reconnaissable, ce lieu conservait son essence distincte. Les parfums n'étaient pas tout à fait familiers, car il y avait là des épices et des fleurs inconnues, et les cris qui résonnaient au loin comme les bribes de conversation surprises en passant s'exprimaient dans un langage incompréhensible. Même le silence, même la poussière en suspension dans l'air possédaient une qualité différente.

L'obscurité aussi semblait plus profonde, quoique cette impression fût peut-être renforcée par le fait que la ville était moins éclairée que la capitale du Sud. L'entrée de l'auberge et sa cour centrale, où une chèvre rôtissait sur les braises d'un énorme fourneau, étaient inondées d'une lumière jaune, mais au-delà s'étendaient les ténèbres, d'autant que cette nuit-là, dans la voûte céleste, Khonsou conduisait son char noir. Dès le crépuscule, soldats et marchands s'étaient dispersés et sur toute la ville planait le silence, ponctué de temps à autre par l'appel des sentinelles ou les cris des bateliers. Le Fleuve montait toujours et virait au rouge. Il produisait un murmure qui n'était qu'à lui, paisible, constant, rassurant, mais pour avoir écouté les conversations des fermiers, Huy savait qu'en dépit des présages encourageants, on n'avait pas encore la certitude que la crue serait propice.

L'auberge était le principal lieu de rencontre de la ville, mais des réunions plus raffinées avaient sans doute lieu chaque soir au palais du vice-roi. Tout à ses pensées, il croisa par hasard le regard d'un homme vigoureux, à la barbe bouclée et ointe d'huile, qui était luxueusement vêtu d'un pagne de lin brique gansé d'or. L'homme se leva et vint vers eux.

« Mon nom est Samout, dit-il à Huy, et il adressa gravement un signe de tête à Senséneb.

— Fais-nous l'honneur de ta compagnie », répondit-elle poliment.

Il approcha un tabouret et prit place à leur table, s'asseyant avec un peu d'effort, bien que, comme Huy le nota, il parût encore souple et dans la force de l'âge.

« Vous rendez-vous très loin ? leur demanda-t-il, après qu'ils eurent commandé du vin et bu ensemble.

— Jusqu'à Méroé.

— Je m'y rends également. Si je ne m'abuse, c'est sur votre navire que j'embarque demain.

— Nous reprenons en effet la route demain.

— J'espère avoir le plaisir de votre compagnie.

— Nous de même », répondit Huy.

Ils gardèrent le silence. Samout fixait pensivement la viande qui dorait sur le fourneau.

« Pardonnez-moi mais, à en juger par votre apparence, vous devriez être les hôtes du vice-roi au lieu de passer la nuit à l'auberge. »

Huy savait que sa tunique, par sa coupe et sa qualité, indiquait qu'il était au service de Pharaon. Il exposa brièvement leurs projets à Samout.

« Mais toi, tu as sûrement ta place parmi les convives du vice-roi », dit-il, lui renvoyant le compliment avec courtoisie.

Assurément, Samout avait fière allure pour un simple client de l'auberge, toutefois Huy ne voulait pas manifester trop de curiosité. Si cet homme travaillait pour le vice-roi, il était peut-être venu observer les voyageurs nouvellement arrivés et apprendre la raison de leur visite, mais, loin de procéder selon la voie officielle et un peu brusque, il adoptait une ligne de conduite plus discrète. En tout cas, Samout ne se comportait pas à la manière d'un fonctionnaire. Huy savait que le vice-roi jouissait d'une grande indépendance dans cette région méridionale du royaume, et gouvernait une cour qui était, pour l'essentiel, une version miniature de celle d'Ay. Néanmoins, il demeurait le serviteur de Pharaon et se devait de recueillir des informations pour son compte. Huy n'avait pas oublié Pinhasy et, depuis Soleb, il s'était montré peu loquace avec ses compagnons de route. Cependant, ceux-ci semblaient tous conclure leur voyage à Napata. Le batelier musclé qui s'était joint aux passagers à Kerma gardait ses distances et ne lui avait pas adressé un mot.

« Le vice-roi me connaît, bien sûr, dit Samout. Je suis négociant, spécialisé dans le commerce de l'or. Mais depuis dix jours, je viens ici chaque soir pour avoir des nouvelles de mon associé, qui avait une affaire à traiter dans la capitale du Sud et devrait être de retour. Je ne t'ai pas demandé ton nom mais, d'après tes paroles, je suppose que tu es le scribe Huy.

— Je suis Huy, confirma celui-ci, sous le regard attentif de Samout. Et voici Senséneb.

— Je suis honoré de te revoir, dit le marchand, souriant, à la jeune femme.

— Nous nous connaissons ? s'étonna-t-elle.

— Mais oui. J'ai très bien connu ton père du temps où tu étais toute petite et où ta mère vivait encore. Hathor a souri sur ta croissance. »

Charmée du compliment, Senséneb avoua néanmoins :

« Pardonne-moi, mais je ne me souviens pas de toi.

— Tu étais très jeune. J'ai quitté la capitale du Sud bien avant que tu sois une femme. Vingt ans ont passé depuis que je me suis installé ici.

— Avais-tu gardé des liens avec mon père ?

— Tu sais comment est la vie ! Nous nous sommes écrit, mais nous étions tous deux absorbés par de nombreuses occupations. Toutefois, en souvenir de lui, j'accéderai au moindre désir de sa fille. La nouvelle de sa mort m'a beaucoup affligé. Pour en revenir à mon associé, dit-il se tournant vers le scribe, il a une affaire en cours avec toi. Il se nomme Réniqer. »

Huy et Senséneb échangèrent un coup d'œil.

« Réniqer nous a précédés, expliqua-t-il. Nous devions le retrouver à Méroé. C'est lui qui a tout organisé pour nous.

— Il devait me rejoindre ici, afin que nous fassions route ensemble, dit Samout sans dissimuler son inquiétude. J'ai différé mon propre départ pour l'attendre.

— Il ne t'a fait parvenir aucun message ?

— Aucun. Le navire sur lequel il voyageait l'a laissé à Soleb. J'ai envoyé un de mes hommes en aval afin qu'il découvre ce qu'il pourra. Je ne peux m'attarder plus longtemps. »

Il se tut puis, regardant Senséneb, lui sourit à nouveau et ajouta :

« Toutefois, je me réjouis de notre rencontre. Je veillerai aussi bien que Réniqer lui-même à ce que tout soit à votre convenance à Méroé. Vraiment, cela ne lui ressemble pas. Mais tout espoir n'est pas encore perdu. »

Tous trois gardèrent le silence. Les accidents n'étaient pas rares sur le Fleuve. Huy se demanda si Samout était au fait de la mission secrète de son associé. Il effleura l'œil-*oudjat* qu'il portait sur la poitrine pour se protéger.

« Tu n'as pourtant pas l'air d'un homme superstitieux, remarqua Samout.

— Que veux-tu dire ? demanda Huy, surpris de cette réflexion.

— N'aie crainte. Les prêtres de la capitale du Sud n'ont pas grande influence ici. Il y a parmi nous des hommes qui continuent à vénérer Aton, le dieu de la lumière solaire. »

Et le dieu du pharaon déchu Akhenaton. Si Huy savait que les adorateurs d'Aton avaient conservé de l'importance au Sud, il ne s'attendait pas à tant de franchise à ce sujet.

Mais le marchand semblait lire dans son cœur.

« Je connais ton histoire, scribe Huy », dit-il, esquissant un sourire.

Ce sourire-là était dénué de chaleur ; c'était le sourire de celui qui mesure son pouvoir. Que savait-il d'autre ? Et pourquoi parlait-il ainsi, tout à coup ? Huy avait l'impression qu'il cherchait à le sonder, mais à quelle fin ? Une pensée lui vint : certes, Ay avait des espions au Sud, et Horemheb y avait non moins certainement les siens. Les deux hommes tenaient à se concilier le clergé des anciens dieux, et en premier lieu les tout-puissants prêtres d'Amon. Si l'on tolérait l'existence d'un culte d'Aton dans cette région, c'était donc qu'on ne le considérait pas comme une menace. Néanmoins...

Huy empêcha son cœur de continuer sur cette voie, et répondit :

« Je crois que tous les dieux sont dignes de respect. Nous serions stupides de ne pas admettre au moins la possibilité de leur pouvoir. Cela ne peut aucunement nous nuire, alors que dans le cas contraire, nous courons un énorme risque.

— Crains-tu les morts-vivants ?

— Oui, je l'avoue, je crains ceux qui ont été dépossédés de leur cœur. »

Dans l'obscurité qui entourait Napata, les tribus rebelles étaient probablement plus à redouter que les âmes errantes, mais Huy ne se laisserait pas entraîner dans une discussion conçue pour lui en faire dire plus qu'il ne voulait.

« Il est tard, dit Senséneb.

— Il est vrai. J'ai néanmoins une dernière question à vous poser avant que vous ne partiez, si tu veux bien me pardonner. Comment était Réniqer lorsque vous l'avez vu ? »

Il souriait à la jeune femme, mais sa question s'adressait à Huy. Senséneb dissimula son agacement en portant sa coupe à ses lèvres.

« Il allait bien.

— Était-il soucieux ?

— Il était préoccupé comme peut l'être un homme d'affaires, je présume. Comment le saurais-je, moi qui suis fonctionnaire ?

— Tu ne l'es plus.

— Tu dis vrai.

— Et donc, tu viens vivre parmi nous pour cultiver la terre ?

— Je n'ai pas d'idée bien arrêtée à ce sujet. »

Samout détendit l'atmosphère par un rire plein de bonne humeur et dit à Senséneb :

« Tâche de persuader ton époux de se lancer dans le commerce. On en retire plus de bénéfices et beaucoup moins de courbatures. Il y a de multiples possibilités et de la place pour tous. Tout le monde ne peut être un Nesptah, mais du moins tout le monde peut rêver d'en devenir un.

— Qui est Nesptah ? demanda-t-elle.

— Est-il possible que sa renommée ne se soit pas encore étendue jusqu'à la capitale du Sud ? Il serait affligé de l'apprendre. Nesptah a même l'oreille du vice-roi. C'est un marchand, mais de grande envergure, et il a pour beau-frère le gouverneur militaire de Méroé. Il est marié à la sœur de Taschérit, Takhana. Vous ferez leur connaissance. »

Des rires bruyants éclatèrent à une table occupée par une bande de jeunes gens, près du passage voûté donnant sur la cour. Huy tourna la tête vers eux et, à travers la fumée qui montait du fourneau, il distingua l'étrange passager qui avait embarqué à Kerma. Leurs regards se croisèrent fugitivement, et à cet instant Huy se sentit glacé par le souffle de Seth. Ces yeux-là avaient la couleur grise du granit et aussi peu d'émotion qu'une pierre. Ils fixaient Senséneb, qui leur rendait leur regard avec une fascination hébétée, comme malgré elle, les lèvres entrouvertes. Remarquant son expression, Samout se tourna sur son siège en direction du passage. Quand Huy en fit autant, l'homme avait disparu.

« Qui était-ce ? demanda le marchand.

— Il était sur notre bateau.

— Ses yeux étaient pareils à ceux d'un crocodile, murmura Senséneb en frissonnant. Il me regardait comme un crocodile fixe sa proie.

— Je dois partir, dit Samout. Il se fait tard, et je dois encore faire mes adieux au vice-roi. Je n'en aurai pas le temps demain. Nous partons au lever de la barque *matet*, je suppose ? »

Huy le lui confirma. Samout devait pourtant le savoir, lui qui voyageait régulièrement sur cette partie du Fleuve.

« Un jour, comme Nesptah, je posséderai ma propre flotte.

— Puisse Noun sourire sur ton projet ! »

Samout prit les deux mains de Senséneb en s'inclinant, puis franchit le passage d'un pas vif.

« Eh bien ? A quoi penses-tu ? demanda-t-elle à Huy après avoir vidé sa coupe.

— A Réniqer. »

Alors même qu'il prononçait ce nom, Samout réapparut, l'air grave, en compagnie d'un homme échevelé qui exhalait l'odeur du Fleuve. Huy se leva pour aller à leur rencontre.

« Voici Nioui, que j'avais envoyé à Soleb et qui en revient à l'instant. »

A voir l'expression de l'homme, Huy comprit qu'il y avait du nouveau et que ce n'était rien de bon.

« Répète-lui ce que tu m'as annoncé, et relate-nous en détail ce que tu as appris », ordonna Samout.

Nioui hésita, sachant que l'infortune accompagne le porteur de mauvaises nouvelles.

« Réniqer est mort. »

Huy soupira, attristé de voir ses craintes ainsi confirmées. Il lança un coup d'œil pénétrant à Samout, qui écoutait imperturbablement.

« En arrivant à Soleb il débarqua, paraissant préoccupé, dit Nioui. Au matin, le capitaine du *Khépri* l'attendit aussi longtemps qu'il put, mais pour finir il fallut bien appareiller sans lui. Réniqer n'était pas à son auberge, aussi pensa-t-on que quelque affaire l'avait retenu en ville.

« Puisqu'il n'y avait plus trace de lui à Soleb, je résolus de poursuivre mes recherches en amont. Personne ne put m'indiquer s'il avait pris un autre navire, mais... »

Il s'interrompit et regarda son maître, qui venait de pousser un soupir impatient.

« Je m'enquis de Réniqer à chacun des villages sur la route de Kerma. Là enfin, au poste mézai, j'obtins des informations. Trois jours plus tôt, un pêcheur avait découvert dans l'eau des restes humains. Les crocodiles n'en avaient pas laissé grand-chose, mais les embaumeurs du Lieu Pur avaient préservé le peu qui en restait, car les lambeaux de vêtements dénotaient la richesse et ils espéraient que, tôt ou tard, des parents réclameraient la dépouille. »

Il grimaça, révélant de vilaines dents gâtées.

« C'est à ses vêtements que j'ai identifié Réniqer. Ses membres avaient disparu, ainsi qu'une grande partie de sa tête.

— Où le pêcheur a-t-il trouvé le corps ? interrogea Huy.

— Je ne sais pas. Il était pris dans les roseaux.

— Cependant, ce pêcheur vivait à Kerma.

— Dans un proche village, en aval. »

Huy regarda dans son cœur, puis poursuivit :

« T'es-tu enquis de Réniqer à Kerma même ?

— Non, dit Nioui, ébahi.

— Pourquoi l'aurait-il fait ? demanda Samout, étonné lui aussi.

— Le corps avait dérivé au fil du courant. Il est donc possible que Réniqer ait atteint Kerma avant d'être victime de cet accident.

— Réniqer n'a jamais atteint Kerma, affirma Nioui. J'ai trouvé le navire qu'il avait pris à Soleb. J'ai parlé au capitaine. Voici ce qui s'est passé : Réniqer, ayant manqué le départ du *Khépri*, avait pris le navire suivant vers le sud, jusqu'à Kerma. La nuit précédant leur arrivée, alors que déjà s'élevait la barque *matet*, il tomba par-dessus bord.

— Savait-il nager ?

— Non, dit Samout.

— T'es-tu renseigné sur son comportement ?

— Non...

— Personne n'a indiqué que son *khou* était agité ? Personne n'a remarqué qu'il était nerveux ?

— Personne n'a rien dit de la sorte. Au contraire, d'après le capitaine qui l'a pris à Soleb, il paraissait soulagé. Sûrement parce qu'il avait pu réembarquer si vite après le départ du *Khépri*.

— Oui. Sûrement. »

Le groupe resta silencieux. Alors Samout frappa des mains en cherchant un serveur des yeux. La plupart des clients étaient partis ou s'étaient retirés dans leur chambre, et l'auberge était empreinte de cette atmosphère lugubre qui s'installe dans un lieu que la vie a déserté. Un serveur exténué traînait près du comptoir. Les reliefs de la chèvre rôtie grésillaient encore sur le feu mourant. Huy revit dans son cœur l'image de Réniqer, silhouette solitaire s'éloignant dans la rue du quartier palatial.

« Qu'on nous apporte du vin ! ordonna Samout, qui s'adressa ensuite à Nioui : Après, tu iras te reposer. Je veux que tu m'accompagnes, demain. »

Ils se rassirent à la table qu'ils occupaient précédemment pendant que le serveur débouchait une cruche de vin de grenade et la leur apportait, accompagnée d'une assiette de dattes et de petits pains à l'orge. Samout attendit qu'il se fût éloigné, puis dit ironiquement à Huy :

« On dirait que ton ancien métier s'attache à tes pas. A moins qu'il n'essaie de te faire trébucher ? »

Senséneb regarda Huy, qui baissa les yeux vers sa coupe de vin. Cette remarque fut suivie d'un silence que rompit à nouveau le rire jovial de Samout.

« Allons ! Je ne m'immiscerai pas dans ce qui ne me regarde pas. On m'a souvent fait observer que j'avais le nez trop long. Parle-moi de ton père, Senséneb. Je me souviens très bien de l'amour qu'il portait à son jardin, et des moments agréables que nous avons passés chez lui, dans le domaine de la Maison de Vie. Sa collection de plantes curatives était une merveille. J'espère que son successeur l'entretient avec soin. »

La conversation s'orienta alors, anodine, sur la capitale du Sud et sur la prime enfance de Senséneb, dont Samout connaissait quantité de détails. En bavardant avec lui, elle oublia sa colère et Huy remarqua avec quel entrain, quelle nostalgie elle parlait de sa cité. Mais le sort en était jeté, et s'il éprouva quelques remords, il lui suffit de se rappeler l'ambiance torpide qu'il fuyait pour les dissiper.

Enfin Samout prit congé ; il était vraiment plus que temps pour lui d'aller présenter ses respects au vice-roi. Il ne les invita pas à se joindre à lui — peut-être en raison de l'heure tardive, pensa Huy. Si Senséneb en fut froissée, elle ne le montra pas ; mais elle n'avait jamais été de celles qui se souciaient des mondanités et n'avait exprimé qu'une vague curiosité au sujet du vice-roi.

Quand ils se furent retirés pour la nuit, elle lui demanda :

« Que dis-tu de la mort de Réniqer ?

— Je ne sais qu'en penser, répondit-il franchement. Je ne puis imaginer pour quelle raison on l'a assassiné pendant le voyage du retour. Il m'avait déjà communiqué son message. Ceux qui le surveillaient le savaient.

— Mais qui sont-ils ?

— Oui, qui sont-ils ? Toute la question est là, dit-il avec un mince sourire. Et qu'a donc Ankhsi à l'esprit ? Tu pourras peut-être le découvrir, remarqua-t-il, en la regardant se préparer pour le coucher.

— Et si la mort de Réniqer était un accident ?

— La possibilité existe. »

Elle détestait qu'il lui ferme son cœur, et à cet instant elle en décela les signes. Huy était un homme qui allait depuis longtemps son propre chemin. Il avait du mal à ne plus agir en solitaire, et elle savait que perdre cette habitude représenterait pour lui un sacrifice, non qu'il aimât cela, mais parce qu'il ne connaissait que ce mode de vie. La situation n'était pas moins pénible pour elle, mais elle se réjouissait en le voyant réfléchir, les yeux brillant avec plus d'éclat que pendant toute la morne période où il travaillait aux Archives.

« Et si Ankhsi nourrissait des ambitions pour son fils ? suggéra-t-il.

— Il faudrait alors savoir qui d'autre les connaît.

— Est-il possible qu'elle ait de tels projets ?

— Ce n'est qu'un nourrisson qui n'a pas encore quitté les bras de Rénoutet.

— Ce n'est qu'un détail.

— Tu supposais toi-même qu'elle attendrait que le *khou* de l'enfant s'épanouisse.

— Elle lui a donné un nom royal.

— Oui, mais personne ne le sait.

— Du moins, pas à notre connaissance.

— Voyons ! Crois-tu qu'elle serait allée crier sur les toits qu'elle a donné à Imouthès le nom d'Aménophis ? Même avec l'appui de Taschérit, elle n'est pas de taille à se protéger contre Ay. Horemheb est le seul qui puisse lui tenir tête. D'ailleurs, ajouta-t-elle pensivement, il a infligé à Ay un véritable camouflet en donnant à son propre fils un nom royal. Songe que le pharaon n'a toujours pas d'héritier direct.

— Quelle famille ! On a parfois du mal à se rappeler que Ay est le beau-père d'Horemheb.

— Pouvoir et amour ne font pas bon ménage. Mais je me demande comment Ankhsi réussirait à prouver qu'Imouthès est bien le fils de Toutankhamon.

— En tout cas, Taschérit n'aurait pas à rougir d'avoir élevé l'héritier légitime. Un honneur immense rejaillirait sur lui. »

Taschérit se verrait sans doute offrir le poste de commandant en chef à la place d'Horemheb, songea Huy. L'ascension d'Ankhsi entraînerait à coup sûr la chute du général. Quant au pharaon... Eh bien, il aurait fondé une dynastie, même sans le fils né de ses entrailles auquel il aspirait. Ay n'était pas homme à préférer la mort au compromis.

Mais un tel renversement ne pourrait s'accomplir sans une conjoncture propice, le soutien du tout-puissant clergé et une cause d'une totale légitimité.

Peut-être, à tout prendre, n'était-ce là qu'une hypothèse intéressante, telle une suite imaginaire de coups sur le plateau du *senet*, au cours d'une partie disputée aux confins du cœur.

« Et que penses-tu de Samout ? lui demanda Senséneb, l'interrompant dans ses méditations.

— Dis-moi plutôt ce que toi, tu en penses. »

Elle ôta ses boucles d'oreilles puis sa perruque, et passa les doigts dans ses cheveux noirs presque ras. Huy avait eu de la peine lorsqu'elle avait renoncé à porter sa chevelure naturelle. Mais, quand ils s'étaient installés dans le quartier palatial, tous deux s'étaient pliés aux conventions de la mode, imposées avec une sévérité rigoureuse dès l'avènement d'Ay. Désormais, Huy se dispenserait de sa propre perruque et il espérait que Senséneb ferait de même.

« Je pense que c'est un homme qui vit dans le respect de la Vérité, répondit-elle.

— Mais tu n'as vraiment aucun souvenir de lui ? »

Elle disposa la perruque sur le reposoir avec maladresse, étant habituée à ce que des domestiques accomplissent pour elle ce genre de tâche. Mais ils avaient vendu la fille du pays des Deux Fleuves à Téhouty, car elle les avait suppliés de lui permettre de rester dans la capitale. Hapou était le seul serviteur qui voyageait avec eux ; les quelques autres qu'ils avaient gardés les rejoindraient sitôt qu'ils auraient trouvé un foyer. En attendant, ils projetaient de louer ou d'acheter leur personnel sur place. Huy était opposé à l'idée d'avoir des serviteurs. Il avait appris à s'en passer et préférait tout faire lui-même.

« Non, je ne me souviens absolument pas de lui. Mais mon père et ma mère avaient de nombreux amis que je voyais rarement. Je restais auprès de ma nourrice lorsqu'ils recevaient des visiteurs.

— Il semble avoir bien connu ta famille.

— Il en a assurément parlé comme par expérience. Mais... Je ne sais pourquoi, on aurait dit qu'il décrivait une scène peinte. Il est vrai que ce temps est pour lui aussi depuis longtemps révolu.

— Plus on vieillit, moins le passé paraît lointain.

— J'éprouve de la sympathie pour lui. Faut-il toujours que tu gâches tout ? »

Agacée, elle se pencha sur la bassine en faïence préparée par les servantes de l'auberge et s'aspergea le visage. Elle se démaquilla à l'aide d'une serviette de lin trempée dans de l'huile, puis se rinça la bouche avec de l'eau additionnée de natron.

« Tu redeviens comme avant. Il n'aura pas fallu longtemps ! lui reprocha-t-elle, de plus en plus furieuse.

— Ce n'est pas ça.

— Ah non ? Qu'est-ce que c'est, alors ? »

Un peu désemparé, Huy tenta de trouver des mots qui ne l'offenseraient pas. Ils se ressentaient des fatigues du voyage, et le but approchant, l'attente et la crainte de ce qu'ils trouveraient étaient exacerbées. S'ils étaient déçus, ils ne pourraient faire demi-tour immédiatement sans risquer de perdre la face.

D'ailleurs, le travail ne manquerait pas, à commencer par le problème dont Ankhsenamon lui avait fait part par le truchement de Réniqer. Ils n'étaient pas encore à Méroé que déjà la vie simple dont il rêvait se compliquait. Il aurait dû savoir, désormais, qu'il était futile de combattre le destin. « Sois une feuille qui va au fil du Fleuve, lui avait jadis enseigné son père, alors que, au seuil de la vieillesse, il voyait approcher le temps d'entrer dans les Champs d'Éarrou. Laisse-toi porter par le courant, ne résiste pas. Il t'emportera là où tu vas de toute façon. Toute vie s'écoule d'amont en aval, jusqu'à la Grande Verte. »

« Samout lui-même ne ressemble-t-il pas à une belle image ? demanda-t-il enfin.

— Je ne comprends pas ce que tu veux dire.

— On ne discerne pas l'homme au fond de lui. Et

as-tu déjà vu quelqu'un se remettre aussi vite en apprenant la mort d'un proche ?

— Et pourquoi pas ? Réniqer et lui étaient des associés, non des amis.

— Des associés se font des confidences.

— Quelquefois.

— Crois-tu qu'il connaissait la mission secrète de Réniqer ?

— Si c'est le cas, il n'en a rien montré.

— Il m'a parlé d'Aton très ouvertement.

— Il connaissait ton passé, répliqua-t-elle en haussant les épaules. Ce n'est un secret pour personne. Pas plus que la persistance du culte d'Aton dans le Sud.

— Mais pourquoi y faire allusion ? Je ne suis pas un fanatique religieux.

— T'a-t-il donné l'impression d'en être un ?

— Je pense qu'il essayait de me sonder.

— Alors il s'y est pris bien maladroitement.

— Mais pourquoi en a-t-il parlé, si c'était pour en rester là ? »

Senséneb dégrafa sa robe plissée à manches courtes.

« A mon avis, tu te compliques inutilement la vie. Si tu tiens absolument à te faire du souci, pense donc à cette espèce de monstre qui ne détachait pas ses yeux de moi. Je n'oublierai jamais ce regard. »

La voyant triste et pensive, Huy lui sourit pour la réconforter.

« Tu as sans doute raison. Je suis trop enclin à me méfier de tout et de rien. »

Il la rejoignit sur le lit, trop étroit pour qu'ils y fussent à l'aise à deux. De toute manière, le sommeil le fuyait et il resta étendu, écrasé par la chaleur, à fixer le plafond, à écouter au loin les bruits intermittents de la nuit et, tout proche, le souffle doux de Senséneb. Son cœur, refusant le repos, tournait et retournait mille hypothèses avant de les écarter une à une, ne se satisfaisant d'aucune.

Le lendemain matin, il se sentait engourdi et ankylosé, et souffrait d'une violente migraine. Il alla trouver Hapou et lui donna l'instruction d'acheter des provisions pour la suite du voyage, puis, après être remonté à bord, nonchalamment accoudé à la rambarde près de la proue, il observa Samout qui supervisait le chargement d'un grand nombre de caisses de toute taille. Au soleil, le teint du marchand semblait moins éclatant de santé. Peut-être avait-il lui aussi passé une mauvaise nuit.

Samout devait être le seul passager à embarquer à Napata. Mais au dernier moment, alors même que les hommes d'équipage s'apprêtaient à ramener la passerelle, la silhouette massive de l'homme de pierre — ainsi que Huy le surnommait secrètement — apparut sur le quai et, sans hâte, monta jusqu'au pont.

Seul à la poupe, Henka offrait son visage à l'âpre vent du nord qui gonflait la voile ondoyante, tandis qu'ils suivaient rapidement la longue courbe du Fleuve vers Méroé. Il gardait les yeux fixés sur les aigrettes qui planaient derrière le navire et sur les vagues formées par le sillage, mais il ne les voyait pas, pas plus qu'il ne sentait la douce chaleur du soleil levant ou le vent dans ses cheveux courts et grisonnants. Comme toujours, son expression était impénétrable, mais son cœur était la proie du chaos.

Il chercha dans les plis de son pagne la demi-feuille de papyrus que Ay lui avait remise. Pour la centième fois, il regarda le message, non pour tâcher de le comprendre — séparément, celui-ci n'avait de toute façon aucun sens —, mais comme si, à force de volonté, il pouvait faire en sorte qu'il fût rejoint par son autre moitié. Tuer ou ne pas tuer n'avait jamais fait de différence pour lui, auparavant. Cela revenait au même. Mais il avait perdu toutes ses certitudes et son indépendance était anéantie.

Il avait résisté, bien sûr; désormais il ne le pouvait plus. Lorsque pour la première fois il l'avait vue, à Kerma, un sentiment inconnu s'était emparé de lui, avait pris racine au plus profond de son être et n'avait depuis cessé de croître. Et ce sentiment l'avait dompté. Il ne devinait que trop ce que c'était. Il en avait entendu parler sans jamais le rechercher — en fait, il l'avait évité, certain d'avoir dressé un rempart infranchissable autour de son cœur.

Or le dernier pan de ce rempart s'était écroulé, la veille, pendant qu'il la contemplait à l'auberge. Leurs regards s'étaient croisés et il n'avait pu détourner le sien, malgré la terreur qu'il lisait dans ses yeux à elle. Pour la première fois de sa vie, son cœur était aux prises avec le problème de son apparence. Il n'y avait jamais accordé une pensée, ne se souciant que des petits objets dont il ne voulait pas se séparer. Et voilà que cette femme, par sa seule présence, donnait vie aux pierres. Que lui arrivait-il? Lui avait-elle jeté un sort? Le soupçon lui en était venu; toutefois, il s'était prémuni contre la sorcellerie, et le sentiment qu'elle faisait naître en lui suscitait un plaisir très doux, en même temps qu'une souffrance. Cela ressemblait à une drogue envoûtante, et il y était d'autant plus vulnérable qu'il s'était fermé à l'expérience même qui, avec le temps, l'aurait aguerri.

Les pensées s'enchaînaient maladroitement dans son cœur. Ay avait donné des ordres, ces ordres étaient de tuer le scribe et la femme. Mais pas tout de suite. Henka devait les suivre jusqu'à Méroé. Il attendrait que le char de Khonsou eût accompli un tour complet, sous chacune de ses apparences noir et argent, et agirait uniquement si Kenna ne s'était pas présenté muni du contrordre. Donc, circonstance sans précédent, son maître avait des doutes.

« J'ai mes ordres », se répéta Henka. Il articula silencieusement son nom pour se rassurer, cherchant le réconfort en lui-même, là où il n'en avait jamais espéré ni réclamé. Le réconfort était un souvenir lointain, une illusion. Oui, il avait ses ordres. Mais comment s'y soumettre quand cela signifiait qu'il devait la tuer ?

Le vent brûlant faisait larmoyer ses yeux. Il était seul sur cette partie du pont et il continuerait à se tenir à l'écart. Il se passerait de nourriture pendant le reste du voyage afin de ne pas avoir à s'asseoir en compagnie des autres. Plus il la voyait, plus il se sentait perdu, plus il avait la certitude qu'une fois qu'il aurait posé les yeux sur elle, il n'aurait plus la force de les en détacher. Avait-elle déjà conscience du pouvoir qu'elle exerçait sur lui ?

Les idées rebelles s'infiltraient par d'infimes fractures. N'existait-il pas un moyen de la sauver ? Il pouvait toujours tuer le scribe mais l'épargner, elle. Pouvait-il la mettre hors d'atteinte et prétendre qu'il les avait tués tous les deux ? Ay lui faisait confiance et n'exigerait pas de preuve. Il n'aurait pas à exhiber les deux têtes tranchées. Sa parole suffirait. Ay n'avait jamais eu l'occasion de la mettre en doute.

Pour la première fois, il s'interrogeait sur les motifs qui poussaient son maître à ordonner pareille chose. Les pensées jaillissaient brutalement, tel le Fleuve à travers une digue fissurée. En quoi ces morts conforteraient-elles la sécurité du pharaon ? Et si elles n'y contribuaient pas, en quoi sa propre désobéissance nuirait-elle à son maître ? Méroé était loin de la capitale, bien trop loin pour constituer une menace.

Restait une solution plus sombre. Il pouvait tuer le scribe, la tuer elle, puis mettre fin à ses jours. Il la rejoindrait dans les Champs d'Éarrou ; et s'il arrachait le cœur du scribe, celui-ci errerait à jamais sans pouvoir y accéder.

Une partie de lui-même détestait ces tergiversations. Pendant de nombreuses crues, il n'avait pas eu à faire de choix. Son meilleur bastion contre la vie, contre sa propre solitude, résidait dans l'obéissance. Que les autres décident, du moment qu'ils lui évitaient la douleur et la responsabilité de penser ! Mais il était trop tard. Les portes d'airain qui protégeaient son cœur s'étaient soudain ouvertes, avec une violence qui en avait tordu les gonds. Jamais plus il ne pourrait les refermer.

C'étaient les derniers jours du voyage. Dans la chaleur torride, les falaises désertiques qui encaissaient le Fleuve flamboyaient d'un rouge ardent. Enfin ils dépassèrent la ville d'Atbara, où le Fleuve était rejoint par une sœur du sud-est, et peu après ils distinguèrent Méroé, s'étirant basse et blanche sur la rive orientale.

Le vent soufflait paresseusement et le navire se laissa pousser vers le port. Huy et Senséneb observaient la ligne du rivage, dont les détails se dessinaient progressivement avec plus de netteté. Sur le quai, une grande chaise à porteurs était arrêtée. A côté, outre un groupe de serviteurs reconnaissables à leur livrée bleue, deux personnes attendaient. La première était un homme de haute taille dont le teint avait pris une nuance pain brûlé sous le soleil du Sud. Il portait un simple pagne blanc plissé et une coiffure blanche. Près de lui se tenait une jeune femme gracile, vêtue de blanc et d'argent, et coiffée d'un diadème surmonté de l'uræus[1]. Il était clair que Ankhsenamon n'avait pas

1. Uræus : emblème des pharaons ; représentation d'un cobra dressé, portant sur la tête un disque solaire. (*N.d.T.*)

renoncé à ses prérogatives. Comme le navire faisait son approche, Huy eut l'impression que ses traits s'étaient durcis — mais cette expression figée était peut-être due à l'anxiété. Néanmoins, elle sourit et leur adressa un signe de la main dès qu'elle les aperçut.

« On vous tient en haute estime, observa Samout, qui se trouvait tout près.

— On le dirait.

— Je n'oublierai pas ma promesse. Si vous le souhaitez, vous demeurerez chez moi jusqu'à ce que votre maison soit prête. »

Huy perçut une note de respect tout neuf dans la voix de son compagnon et sourit intérieurement. Finalement, tout irait peut-être au mieux.

5

La maison était surélevée par rapport au jardin. Une pente en terre cuite où des marches douces avaient été taillées permettait d'accéder à la porte d'entrée, massive et surmontée d'un linteau aussi imposant que celui d'un temple, en cèdre brut huilé. Les murs avaient été plâtrés et peints en blanc, et l'embrasure des quatre hautes fenêtres s'ornait d'un réchampi de couleur jaune. Des ouvertures étaient ménagées dans le toit afin d'intercepter la douce caresse du vent du nord.

De part et d'autre de la porte poussaient un figuier et un dattier; des fougères et des lotus entouraient un bassin ovale, où flottaient des nénuphars. Senséneb avait sauté au cou de Samout lorsqu'ils avaient fait ensemble le tour du propriétaire, et même Huy, qui se souciait peu du cadre où il vivait, découvrit qu'en un rien de temps son idée de cultiver la terre était devenue plus que lointaine. Il avait opposé une résistance de pure forme dont Senséneb était facilement venue à bout. Elle avait décrété que s'il s'entêtait, il irait vivre dans sa ferme tout seul. Une de ses premières visites à Méroé avait été pour la nouvelle Maison de Vie, et elle avait la certitude qu'elle pourrait y exercer comme elle l'entendait.

Samout également avait su se montrer persuasif, et une rapide visite du quartier commerçant avait à demi convaincu Huy de rester. Son ingéniosité trouverait là des défis stimulants et des occasions telles que même un homme dépourvu du sens des affaires pourrait difficilement se fourvoyer.

Mais il faudrait remettre à plus tard les négociations avec les caravaniers apportant les marchandises du Sud. Ce n'était pas uniquement par amitié qu'Ankhsi les avait accueillis dès leur arrivée, et l'ancienne reine avait dû faire appel à toute sa civilité et son sens de l'hospitalité pour les laisser s'installer avant d'aborder avec eux le problème qui la tourmentait. Naturellement, Senséneb était désormais son médecin personnel, toutefois une cérémonie officielle de nomination s'imposait et servirait de prétexte au premier entretien de Huy. Le scribe avait hâte d'aborder cette affaire, d'autant qu'il avait noté dans l'attitude de Taschérit une froideur qui n'était pas sans le troubler. Il n'avait aucun désir d'entreprendre une enquête sans le consentement de l'époux d'Ankhsi.

La nomination de Senséneb fut brève et eut lieu devant une assistance réduite, mais avec un cérémonial digne des grandes occasions. Huy put de nouveau juger de l'opulence de la cité, car tous les vêtements, depuis la peau de chat moucheté portée par le prêtre-officiant jusqu'aux ceintures incrustées de pierreries des *chemayt*, les musiciennes qui psalmodiaient leurs hymnes en s'accompagnant de sistres à poignées d'or qu'elles faisaient sonner de la main droite, étaient d'exquise qualité. C'était une richesse sans ostentation, bien loin de celle que Huy se rappelait avoir vue dans la capitale du Nord, où souvent elle s'étalait presque comme un défi à sa puissante rivale.

Quand il avait interrogé Samout à ce propos, le marchand avait pris un air modeste.

« Pour l'essentiel, ce qui transite par ici poursuit sa route vers le nord. Mais il arrive en effet que quelques miettes tombent au passage, et ces miettes, quel mal y a-t-il à les ramasser ? »

Huy jugea préférable de ne pas insister. Il se doutait qu'avec le temps il en apprendrait davantage ; pour l'heure, il était à la fois impressionné et curieux. Ay mesurait-il exactement combien les richesses de la Terre Noire étaient concentrées à Méroé ? Bien sûr, c'était une petite ville. Peut-être était-ce justement là où le bât blessait : le pharaon n'apprécierait pas qu'un simple comptoir commercial, perdu aux confins d'une obscure province, pût offrir le même déploiement de splendeur que sa propre capitale. Une des principales mesures introduites dans le pays après son accession au pouvoir avait consisté en une réforme rigoureuse du système de l'impôt. Maints en avaient chèrement payé le prix, et l'on voyait dans les rues de la cité et dans les fermes des estropiés témoignant du sort réservé à ceux qui osaient s'opposer aux collecteurs.

Ay était sur le trône depuis un an. On ne remédiait pas en si peu de temps à deux décennies de décadence, ainsi qu'il les eût qualifiées, sans quelques sacrifices.

Réfléchissant toujours en silence, Huy leva les yeux vers le tertre où les travaux de reconstruction du palais fortifié, destiné au pharaon s'il visitait un jour sa cité la plus méridionale, semblaient suspendus. Était-ce en raison de l'accident dont Ankhsi avait failli être victime ? L'idée traversa son cœur que des dépenses somptuaires pourraient être imputées à la réfection, même si celle-ci n'avait pas lieu.

La Résidence, demeure du gouverneur militaire, était fastueuse, flambant neuve et ornée de peintures murales soutenant la comparaison avec les plus belles fresques des Grands Tombeaux. Quand il fut introduit dans la salle d'audience privée, il trouva Taschérit étendu sur une couche basse en ébène. Une jeune fille penchée sur son visage lui ôtait le maquillage raffiné qu'il avait arboré pour la cérémonie. Pendant qu'ils s'entretenaient, elle réappliqua de l'huile sur son front et du *mesdemet*[1] noir autour de ses yeux. Huy remarqua qu'ici on accentuait le trait de kohol, probablement parce que le soleil était plus fort. Il remarqua aussi que Taschérit s'était déjà changé. Il jeta un coup d'œil sur ses propres vêtements. L'air était plus chaud et plus poussiéreux dans cette région, mais peut-être pourrait-il remettre son premier changement de tenue au moment où la barque *seqtet* lèverait la voile.

Taschérit avait des traits vigoureux. Son menton était glabre, mais sa lèvre supérieure s'ornait d'une moustache noire soigneusement taillée. Ses cheveux, courts et épais, semblaient emboîter son crâne telle une calotte noire. Il fit signe à Huy de s'asseoir près de lui. Sur une table toute proche de la couche, du vin et des dattes étaient disposés, cependant le scribe refusa poliment ce rafraîchissement. Il s'était trop accoutumé à l'alcool, au fil des années, pour se risquer à boire avant le soir. Les deux hommes échangèrent les salutations d'usage, qui, de la part de Taschérit, semblaient étranges formulées dans une position aussi peu digne, et Huy se demanda s'il n'y avait pas là un affront délibéré. On ne lui accordait pas l'honneur d'être reçu par un gouverneur siégeant dans son fauteuil, imposante incarnation de sa fonction. Taschérit le questionna sur ses projets et ses ambitions, puis lui demanda avec courtoisie s'il était satisfait du lieu où il logeait dans la cité, mais la conversation ne prit pas un

1. *Mesdemet* : fard à base de galène. (*N.d.T.*)

tour plus personnel. Huy pensait qu'ils en viendraient sous peu à la mission de Réniqer — il ignorait si le gouverneur avait appris sa mort —, mais, très vite, Taschérit indiqua que l'entretien était arrivé à son terme. Pas un instant il ne s'était départi de sa froideur et de sa réserve. Parfaitement remaquillé, il se leva et ajusta sur ses poignets les bracelets d'or propres à sa fonction. Se levant également, Huy constata que le gouverneur le dominait de toute sa taille. Il penchait légèrement la tête, et ses yeux avaient cette expression distraite qu'ont les hommes qui ne sont pas libres de leur temps en pensant aux affaires qui les attendent. L'humiliation était flagrante, toutefois Huy ravala sa colère. Il prenait congé quand il fut interrompu par l'arrivée d'Ankhsenamon.

Le voyant sur le point de partir, elle lança un bref coup d'œil à son époux, et ce regard suffit à Huy pour savoir qui dans le couple commandait. Après tout, Ankhsi avait été Grande Épouse royale et demeurait la petite-fille de Pharaon.

« Qu'a-t-il dit? demanda-t-elle à Huy, de but en blanc, dès que Taschérit fut parti suivi de ses domestiques.

— Rien. Nous n'avons échangé que des banalités.

— T'a-t-il parlé de chasse?

— Non.

— C'est chez lui une véritable passion. Je ne crois pas qu'il en soit de même pour toi?

— Non. Je suis plus à mon aise dans les villes.

— Pourtant, tu es venu ici. Réniqer disait que tu voulais te faire fermier.

— C'était une idée.

— Une idée qui ne te séduit plus?

— Je n'en suis plus aussi sûr. Et Senséneb y est opposée.

— Tant mieux ! J'ai besoin de vous avoir auprès de moi. Je pense que mon message t'a été transmis ?

— Oui. Je suis surpris que le gouverneur n'y ait pas fait allusion.

— Pourquoi donc ? demanda-t-elle, levant un sourcil.

— Au dire de Réniqer, vous l'aviez tous deux chargé de cette mission.

— Je suppose que, ne te connaissant pas, il croyait donner plus de poids à son message. Je lui avais dissimulé tout ce que je te dois déjà, Huy. »

Il inclina la tête.

« D'ailleurs, je ne suis pas sûre que j'aurais eu le courage de te convoquer, ou, plutôt, de te demander de venir dans le Sud, si je n'avais appris que tu en avais l'intention. Que tu travailles pour Ay posait aussi un problème. Mais j'ai besoin d'aide et tu es le seul vers qui je puisse me tourner. »

Ankhsenamon se mit à faire les cent pas, et ses suivantes reculèrent jusqu'aux murs bordés de piliers pour la laisser passer. Elle n'était pas grande et, depuis la naissance de son enfant, ses hanches s'étaient un peu arrondies, mais elle n'avait rien perdu de sa vitalité, et son agitation prêtait une énergie accrue à ses mouvements. Elle portait une longue robe à plis, moulante et nouée sous ses seins que voilait une tunique légère. Sa perruque était courte, à tresses fines comme le voulait la mode, et ses bijoux d'argent et de turquoise alliaient l'élégance à la simplicité. Fidèle à l'habitude des dames de la capitale du Sud, elle avait préservé la pâleur de son teint en fuyant le soleil.

« Réniqer t'a-t-il parlé des accidents ?

— Oui.

— Taschérit n'y voit que des coïncidences. Il est furieux que je t'aie fait appeler — aussi furieux qu'il ose se le permettre. »

Il y avait dans sa voix un léger mépris que Huy se borna à constater, en attendant d'en mieux comprendre la raison.

« Réniqer m'a parlé de la chute de l'échafaudage et de la collision avec la nacelle. S'est-il produit autre chose depuis ?

— Non, admit-elle à contrecœur.

— Mais Réniqer a connu un bien triste sort.

— Oui. Pauvre Réniqer ! »

Il avait tâché de lui annoncer la nouvelle avec ménagement, mais visiblement elle était déjà au courant.

« Quand l'as-tu appris ?

— J'ai conservé auprès de moi quelques personnes fidèles.

— Moi, je l'ai appris à Napata par un homme de Samout. »

Elle resta de marbre. Huy songea qu'elle avait vraisemblablement la même source d'information. Il ajouta :

« Et sais-tu que Réniqer avait été victime d'une agression dans la capitale du Sud ? »

Cette fois, elle laissa paraître sa stupéfaction.

« Les deux accidents auraient pu être simplement le fruit du hasard, poursuivit-il. Pour infortunée qu'elle soit, la mort de Réniqer aurait pu être imputable au destin. Il était certain d'avoir été suivi jusqu'à la capitale — peut-être se trompait-il. Quant à l'attaque, il pouvait s'agir d'un vol de rue banal, comme il s'en produit encore trop souvent. Mais tu comprends comme moi que ces cinq faits, survenant de façon si rapprochée et touchant deux personnes liées de si près, ne peuvent avoir été concertés que par un cœur humain.

— Tu dis qu'il était sûr qu'on le suivait ?

— Oui. Qui était au courant de son départ pour le Nord ?

— Toute la ville, éluda-t-elle avec un geste impatient.

— Certes. Mais qui savait qu'il était porteur d'un message de ta part ?

— Personne, dit l'ancienne reine, soudain hésitante.

— Pas même Taschérit ?

— Je l'en ai informé seulement après. Il était furieux, comme je te l'ai dit.

— Pour quelle raison ? »

Ankhsi lui lança un regard étrange, celui qu'une prisonnière eût adressé à l'homme en qui elle croyait voir sa dernière chance de salut.

« Il ne veut pas que j'attire l'attention sur moi. Il pense que cela serait néfaste. Il veut que nous restions ici éternellement et... »

Sa voix se brisa, comme si en dire plus était au-dessus de ses forces. Mais Ankhsenamon savait qu'elle était allée trop loin pour reculer.

« Je le crois totalement dénué d'ambition.

— A-t-il de l'affection pour Imouthès ?

— Il l'adore, dit-elle en souriant avec orgueil — un sourire de propriétaire, non celui d'une mère.

— Est-ce ainsi qu'il l'appelle ?

— Bien entendu ! Personne ici ne lui donne son nom royal.

— Quelqu'un sait-il qu'il a reçu cet autre nom ?

— Bien sûr que non ! Me prends-tu pour une sotte ? »

Il baissa les yeux.

« Très bien, Huy, lui dit-elle en s'asseyant. J'avais oublié que tu ne peux m'aider sans m'interroger.

— Pardonne-moi car, de mon côté, j'avais oublié la distance qui nous sépare.

— Laissons cela. Vois-tu un autre détail ?

— Une dernière chose, mais capitale. Aussi, je t'en prie, réfléchis bien. Es-tu absolument sûre que Ay ignore qui est le véritable père de ton enfant ? »

Elle resta longtemps silencieuse, puis dit enfin, un peu sur la défensive :

« Je ne vois pas comment il le saurait. Aucune des rares personnes qui connaissent la vérité n'aurait intérêt à le lui révéler. Et Taschérit considère l'enfant comme son propre fils. Il rêve de voir Imouthès lui succéder au poste de gouverneur ! »

Huy se faisait-il des idées, ou ce mépris qu'il croyait déceler était-il bien réel ? Taschérit désirait sans doute avoir des enfants de son propre sang. Il n'osa pas la questionner à ce sujet.

« Que vas-tu faire ? » lui demanda-t-elle.

La question même qu'il redoutait. Il n'eut pas d'autre choix que de répondre, en toute honnêteté :

« Attendre.

— Attendre ? Que veux-tu attendre, un autre accident ?

— Que puis-je faire ? Tu ne soupçonnes personne en particulier...

— C'est à toi de découvrir qui est derrière tout cela ! Cela ne peut venir que d'Horemheb ou d'Ay.

— Es-tu bien protégée ?

— Taschérit y veille et a renforcé la garde depuis qu'on s'en est pris à moi. Même s'il croit que ce ne sont que des accidents, il me passe mes caprices.

— Il faut que je lui parle plus sérieusement.

— Je le lui demanderai. Mais tu sais que je ne peux plus ordonner.

— Je n'en suis pas si sûr », dit Huy en ébauchant un sourire, prudent toutefois, car elle n'avait rien perdu de sa superbe.

Elle lui rendit son sourire, mais il y sentit une amertume infinie.

« Tu n'as pas encore rencontré le reste de la famille. Ma belle-sœur Takhana et son époux Nesptah.

— Il faudra également que je les interroge.

— Tu le pourras, je t'en donne l'assurance. Mais il est trop tôt. Tu ne dois rien leur dire de mes soupçons.

— Et Taschérit ? Ne leur en parlera-t-il pas ?

— Peu importe.

— Il connaît la raison de ma présence. Il sait de quoi nous parlons en ce moment même.

— Je le répète, il croit mes inquiétudes sans fondement. Je n'aurais qu'à prétendre que tu te montres sceptique. Je feindrai le découragement.

— Redoutes-tu Takhana et Nesptah ?

— Non, dit-elle, les yeux pleins de tristesse. Mais je ne veux pas m'attirer leurs sarcasmes. Quoi qu'il en soit, Nesptah se trouve actuellement dans le Nord, pour affaires.

— Et Takhana ?

— Elle est extrêmement proche de son frère et ne ferait rien qui puisse lui nuire.

— Si tu souhaites garder le secret, alors la meilleure tactique est d'attendre la suite des événements, tout en restant vigilant. N'aie crainte. Tu es sous bonne garde. Il ne t'arrivera rien. »

Il la quitta peu après. De la fenêtre de la salle d'audience privée, elle le regarda s'éloigner. Dans la rue, il sembla hésiter. Il lui faudrait encore un ou deux jours pour se repérer dans la ville. Néanmoins, elle connaissait assez bien le petit scribe pour savoir que, passé ce laps de temps, il aurait gravé dans sa mémoire chaque ruelle sinueuse, chaque allée poussiéreuse et chaque mur aveugle. Cela faisait partie de son travail, et elle avait vu dans ses yeux que celui qu'elle lui offrait était un plaisir dont il avait été privé trop longtemps.

Elle se sentait moins solitaire, pourtant elle ne lui avait pas dit la moitié de ce qui brisait son cœur.

Quand Huy regagna sa propre demeure, qui, comparée à celle qu'il venait de quitter, paraissait fort modeste en dépit de l'immense amélioration matérielle qu'elle représentait pour eux, il entendit des éclats de rire dans la cour.

« Y a-t-il un visiteur? demanda-t-il au serviteur noir, totalement inconnu, qui prit son cache-poussière.

— Oui, maître, c'est Samout. Il a apporté des présents.

— Et toi, qui es-tu ? »

L'homme répondit en s'inclinant :

« Pardonne-moi. Mon nom est Psaro. Dame Senséneb a eu la bonté de m'engager aujourd'hui.

— Et d'où viens-tu ?

— De Kouch. Mais il y a longtemps que je vis ici. Nesptah m'a ramené du Sud, puis je suis entré au service de Samout.

— Annonce-leur que je me joindrai bientôt à eux, veux-tu, ordonna Huy, refrénant sa curiosité. Je vais me rafraîchir et me changer. »

Il trouva Senséneb et Samout au jardin, en compagnie d'Hapou. Une des joies de la jeune femme, du temps où elle habitait la maison de son père dans la capitale du Sud, était la petite ménagerie qu'il avait constituée. Samout en avait sans doute gardé le souvenir, car il avait apporté deux oies-*ro*[1], qui inspectaient leur nouveau logis en couple circonspect, ainsi que deux chatons et deux jeunes chiens de chasse. Senséneb, ravie, était resplendissante.

1. Oie-*ro* : oie commune, très répandue en Égypte. *(N.d.T.)*

« J'ai pensé qu'un souvenir de son ancien foyer lui serait doux, expliqua Samout à Huy. Et j'ai vu à vos sourcils rasés que vous pleuriez un chat.

— J'ai dû si longtemps me passer d'animaux ! » soupira-t-elle.

Huy s'étonna de cette soudaine aversion pour les grandes cités. Mais il savait que la vie dans le quartier du palais lui avait paru étouffante, en dépit de la fascination qu'elle exerçait.

« Un nouveau travail, et maintenant de magnifiques présents... Je suis comblée. Cette journée est doublement bénie par Bès.

— Elle fera la connaissance de ses collègues demain », confia Samout au scribe.

Par-delà les murs en brique crue du jardin, les collines basses du désert semblaient d'or pur sous la caresse du soleil sombrant à l'horizon. Le Fleuve n'était pas visible mais, à en juger par la quantité d'eau que l'on détournait pour entretenir toute cette verdure, la crue s'annonçait bonne.

« On dirait que vous savez vivre, à Méroé, remarqua Huy.

— C'est un secret. Mais même si nous le clamions à tous vents, personne ne nous croirait.

— Inutile de chercher plus loin. Nous restons dans cette maison ! annonça Senséneb à Huy d'un air radieux.

— Réniqer pensait que vous recherchiez seulement un logement temporaire en ville, dit le marchand. Si vos projets ont changé, et puisque ses affaires m'incombent désormais, je ne vois aucune raison pour que vous ne restiez pas ici aussi longtemps que vous le souhaitez. Et, précisa-t-il en s'inclinant légèrement, vous êtes mes hôtes jusqu'à ce que vous soyez tout à fait installés. Nous parlerons affaires à ce moment-là. »

Huy protesta, puis lui exprima sa gratitude. Il ne pouvait s'empêcher de penser qu'il faudrait un jour payer le prix de cette sollicitude — s'ils n'étaient pas déjà en train de le faire. Il se rappela qu'il n'avait pas abordé le sujet de ses honoraires avec Ankhsenamon pour la mission dont elle l'avait chargé. Il eût été difficile d'en prendre l'initiative.

« Samout a aidé Hapou à engager des serviteurs, reprit Senséneb, passant son bras sous celui du marchand à l'éternel sourire.

— C'est ce que j'ai appris, dit le scribe avec calme. J'ai fait la connaissance de Psaro.

— Rien que quelques personnes dont je connais la compétence, pour vous aider à vous installer. Mais si cela te déplaît... »

Huy était agacé de toutes ces améliorations domestiques qui lui étaient brutalement imposées. Il eût préféré se charger lui-même du choix des serviteurs, même dans cette ville inconnue. Cependant il respecta scrupuleusement les règles de la bienséance et, surprenant le regard insistant de Senséneb, dit à Samout :

« Fais-nous la joie de partager notre dîner.

— Grand merci, mais j'ai déjà pris du vin. Je dois rentrer chez moi. Mon absence n'a que trop duré, et maintenant que Réniqer n'est plus, mes responsabilités ont doublé. Je crains qu'elles ne soient trop lourdes pour un seul homme. Des associés se soutiennent mutuellement. »

Était-ce une invite indirecte ? Quoi que cela sous-entendît, Huy préféra faire la sourde oreille.

Samout se dirigeait déjà vers le portail étroit. Un des chiots gambada après lui sur ses pattes mal assurées, et fut rudement repoussé du pied. Vexé, il revint vers sa maîtresse d'un pas moins enthousiaste. Senséneb, qui n'avait rien remarqué, se pencha pour le caresser.

« Je vous laisse apprécier à votre aise votre nouvelle demeure, dit Samout pendant que Hapou tirait le loquet d'ébène. Nous nous reverrons sous peu.

— Il va falloir trouver des noms pour tout ce petit monde, dit la jeune femme quand il fut parti. D'après Samout, les chiens et les chats sont en âge d'être dressés pour la chasse.

— Que chasseraient-ils ? Les oies ?

— Comment s'est passée l'entrevue ? s'enquit-elle, refusant de se laisser entraîner dans une dispute.

— La reine a besoin d'aide.

— Ses inquiétudes sont donc fondées ?

— Je le pense.

— J'espérais qu'elle se trompait, dit Senséneb en détournant la tête.

— Je ne cherche pas à renouer avec une activité que je n'exerçais que par la force des choses.

— Si, dit-elle un peu tristement. Mais j'ai la conviction que ce n'est pas là la main du hasard, et que Horus t'a donné ce talent afin que tu protèges Ankhsi. Il s'assure que tu en feras bon usage.

— De même que Imhotep[1] a veillé à ce que tu deviennes médecin ici ?

— Peut-être cela répond-il aussi à un dessein », convint-elle en souriant.

Assis dans le jardin baigné par le crépuscule, ils dégustèrent du vin, conscients de l'étrangeté des bruits autour d'eux et du silence nocturne, tellement plus profond que dans la capitale du Sud. Huy entreprit de lui relater sa conversation avec l'ancienne reine. A mesure que l'heure avançait, les appels d'oiseaux inconnus se firent plus rares. Un ibis solitaire passa à

1. Imhotep (vers 2800 av. J.-C.) : ministre du pharaon Djéser, il était tout à la fois architecte, astronome, magicien et « grand patron » des scribes et des médecins. Après sa mort, il resta vénéré à l'égal d'un dieu. (*N.d.T.*)

tire-d'aile au-dessus d'eux, regagnant les joncs qui frangeaient le Fleuve. Huy n'en avait encore jamais vu, car cette espèce vivait beaucoup plus au sud que les villes où il avait passé son existence. Même ici, il se trouvait à la limite septentrionale de son habitat. C'était l'oiseau de Thot, dieu de l'écriture, et celui qu'il vit passer lui sembla envoyé en guise de reproche pour avoir abandonné sa profession.

Son cœur se serra. Sa profession, dont il avait été si fier et à laquelle il avait tant aspiré à retourner... Elle représentait la sécurité, la respectabilité. Et pourtant, Senséneb avait raison. Il savourait la difficulté des problèmes épineux qu'on lui soumettait, même s'il n'avait jamais de réel pouvoir sur leur issue. Qu'était-ce exactement qu'il aimait ? Il n'aurait su le dire, pas plus qu'il ne savait pourquoi, dans ce jardin enchanteur dont la plupart des habitants de la Terre Noire n'auraient osé rêver tandis qu'ils traînaient leurs existences dans des logis exigus, au cœur d'étroites ruelles toujours grouillantes, sa tristesse ne le quittait pas, même auprès de cette femme, envoyée par Hathor tel un cadeau immérité.

Horus lui avait-il donné la faculté d'aider les autres tout en le laissant incapable de résoudre, ou même de comprendre ses propres problèmes ? Il éprouvait une souffrance qui refusait l'apaisement. Était il voué à être éternellement en quête d'un but qui toujours lui échapperait, si jamais il existait ? Pourquoi la sérénité était-elle si difficile à apprendre ou à acquérir ?

« Que comptes-tu faire ? » lui demanda Senséneb.

Il dissimula de son mieux son état d'esprit. Personne plus que lui n'eût désiré fuir cette mélancolie pour se plonger dans l'action.

« Je ne peux rien pour le moment. Il faut attendre. »

Il se demanda une fois de plus qui étaient les instigateurs de ces attaques, et pour quelles raisons ils avaient choisi ce moment plutôt qu'un autre pour agir, alors qu'Imouthès n'était qu'un nourrisson. Il paraissait évident qu'on avait découvert sa véritable identité. Mais Ay aurait pu envoyer ses soldats accomplir cette sinistre besogne au grand jour. N'était-il pas Pharaon ? Tout sur la Terre Noire était à lui et il n'avait de compte à rendre à personne pour justifier ses décisions.

« Tu auras trop à faire pour chercher une ferme ?

— Dois-je te jurer que ma vie de cultivateur est finie avant d'avoir commencé ? dit-il en souriant. Même moi, je vois bien quel dur labeur ce doit être de rendre productive cette terre aride. »

Il songea aux barges chargées d'orge et de blé, protégées par des armées de chats, qu'il avait vues dans le port de Méroé, en provenance du Nord où les champs étaient bénis plus généreusement par Rénoutet.

« D'après Samout, dit-elle, ils ont de grands projets pour accroître la surface des terres arables. Ils envisagent également d'importer le grain du Sud. Ils ne veulent pas être tributaires du Nord si leur population augmente.

— Mais cette nourriture est un paiement.

— Samout dit que l'or est plus important.

— Plus important que le pain ?

— Pas en soi, seulement en tant que monnaie d'échange.

— Samout a la langue bien pendue.

— Ne me dis pas que tu es jaloux ! » dit-elle, le contemplant d'un œil espiègle.

Il ne répondit pas. Elle se prit à regretter qu'il ne le fût pas, rien qu'un tout petit peu. Elle regarda tristement en elle-même. S'il ne voulait pas échanger le serment, elle le quitterait bientôt.

Il se pencha et lui caressa les sourcils, qui commençaient à repousser.

« Cherchons des noms pour les animaux, lui dit-il. Ensuite tu me présenteras les serviteurs, s'ils ne sont pas déjà couchés. »

Les divinités célestes avaient allumé leurs lampes, et bien que le char de Khonsou ne montrât cette nuit-là qu'un mince reflet d'argent, le corps arqué de Nout était si scintillant d'étoiles qu'un homme habitué à l'obscurité pouvait aisément y voir. Et si celui qui les observait du haut d'une tour d'enceinte à demi construite était trop loin pour les voir parfaitement, cela lui suffisait. Il ne craignait pas les ténèbres. Il connaissait les Paroles puissantes contre la Nuit, et il n'avait pas peur de l'Ouverture du Mystère de la Vie parce qu'il ne laissait pas son regard s'y perdre. Bien au contraire, il accueillait telle une amie la nuit qui enveloppait de son manteau sa silhouette trop semblable à celle de Bès ou, pire, à ce scarabée qu'on appelait le goliath géant. Jamais il n'avait eu plus conscience de sa laideur, mais il savait toutefois que cela ne le rendait pas faible pour autant.

Mes pieds et mes jambes sont à moi à jamais. Je me lève tel Rê, je tire ma force de l'œil d'Horus, mon cœur est élevé après avoir été abaissé, je resplendis dans les cieux et je suis puissant sur terre. Les doubles portes de Maât sont ouvertes devant moi, et les doubles portes du pays du grand précipice sont déverrouillées devant moi. Je dresse une échelle jusqu'au ciel parmi les dieux, et ma parole et ma voix sont celles de l'étoile du Chien.

Il continua d'observer Huy et Senséneb sans ressentiment, jusqu'au moment où ils se levèrent et rentrèrent dans la maison. Elle portait les chats. Il vit les deux chiens beiges s'attarder puis filer à l'intérieur, comme pourchassés par un petit démon de leur espèce. Guettant toujours, il vit les oies s'endormir. Alors il leva lentement les yeux vers le char de Khonsou et, remuant silencieusement les lèvres, calcula le temps qui restait.

Dans la maison les lumières s'éteignirent. Il descendit de l'échafaudage et se coula dans l'ombre, contre la porte d'un grenier, pour éviter les Mézai qui faisaient leur ronde, leur longue lance d'ébène à l'épaule. Puis il descendit vers le Fleuve et longea la rive jusqu'à ce que la ville disparaisse derrière lui, cachée par une butte. Là, il trouva l'antre qu'il s'était aménagé au milieu des roseaux. Il se dépouilla de ses vêtements, les lava, fit sa toilette et récita ses prières solitaires. Il s'allongea dans le silence, mais il ne dormit pas.

Douloureusement, Henka redécouvrait son propre cœur.

6

Par sa situation sur la rive orientale, Méroé était naturellement protégée à l'ouest par le Fleuve, d'où une attaque était improbable, les tribus insoumises du désert ne disposant pas d'embarcations sophistiquées. Néanmoins, la flotte de dix vaisseaux commandée par Taschérit patrouillait entre Méroé et Atbara, et faisait escorte aux navires de commerce poussant plus loin au sud. A l'est, au nord et au sud, trois grandes garnisons se déployaient au-delà des murs de la ville. La plupart des hommes de troupe étaient des indigènes, trop heureux de s'enrôler dans une région où le travail était rare. Ils comptaient peu d'habitants de la Terre Noire dans leurs rangs et, pour le plus grand nombre, les officiers étaient originaires de Ouaouat ou de Kouch. Il n'y avait pas de charrerie, seulement une infanterie. Le gros des armées était concentré loin au nord, avec Horemheb.

Huy avait appris la topographie de sa nouvelle cité et, après trois passages du Soleil, il connaissait les rues et les quais comme la paume de sa main. Dans les garnisons au petit jour, sa silhouette trapue était devenue un spectacle familier — et, tout d'abord, fort peu apprécié, car les quelques officiers de la Terre Noire le prenaient pour un fonctionnaire de la capitale du Sud, envoyé parmi eux pour fureter partout.

Taschérit lui-même s'était adouci, une fois convaincu que Huy n'incriminait que le hasard dans les récents événements, et ce d'autant que plus rien de fâcheux ne s'était produit. Il conservait cependant une attitude compassée que Huy imitait de son côté. Le gouverneur connaissait les circonstances de la fuite d'Ankhsi de la capitale du Sud, remontant à plus d'un an, et le rôle que le scribe avait joué dans cette affaire. Mais cela ne donnait pas à celui-ci le droit d'être immédiatement accepté pour ami. D'ailleurs, lui-même ne le désirait pas. La désignation de Senséneb comme médecin attitré d'Ankhsi était déjà une marque suffisante de gratitude. Mais toute cette réserve rendait Taschérit difficile à sonder, et Huy, qui se fondait beaucoup sur les menus détails du comportement, en éprouvait de la frustration. Quelquefois il regrettait d'avoir renoncé à sa fonction officielle : elle lui aurait permis de pousser plus loin ses investigations, de se permettre certaines réflexions aptes à provoquer une réaction. Les choses étant ce qu'elles étaient, il habitait une maison pour laquelle il ne payait provisoirement pas de loyer, grâce à Samout, dont il ne pouvait refuser l'hospitalité sans l'offenser, et la somme généreuse qu'il avait reçue de l'intendant d'Ankhsi faisait de lui un homme riche pour la première fois de sa vie, mais aussi, par personne interposée, le débiteur de Taschérit.

Il avait observé de loin la sœur du gouverneur, lors du grand banquet donné à la Résidence pour présenter Huy et Senséneb aux propriétaires terriens et aux négociants de Méroé. Takhana était une femme longue et élancée, de l'âge de Senséneb et elle aussi sans enfant. Son nez, son menton, ses lèvres dénotaient la fierté et l'énergie, impression que renforçaient encore ses yeux impérieux, noirs comme ses cheveux naturels, raides et lustrés. On retrouvait dans son visage les traits de Taschérit, mais dessinés avec encore plus de vigueur. Sa voix, lorsqu'elle leur avait parlé, était claire et sèche, et ses manières pleines de réserve. Ils n'avaient pu échanger avec elle davantage que la formule de salutation conventionnelle — peut-être parce qu'on n'avait pas cherché à leur en donner l'occasion. Il est vrai que c'était une grande réception, avec au moins vingt tables.

Ayant un rôle défini à jouer dans la communauté, Senséneb reçut un accueil amical ; vis-à-vis de Huy, il fallait bien admettre que les convives se montrèrent plus froids. Mais que pouvaient-ils penser d'un fonctionnaire du gouvernement, apparemment en retraite, venu parmi eux avec la vague idée de se lancer dans les affaires ? Que fallait-il voir en lui, un concurrent potentiel ou un fauteur de troubles ?

« Tu t'apercevras que nous sommes très indépendants, ici, lui avait dit un gros homme trop fardé et surchargé de bijoux d'or et d'argent, tandis qu'ils regardaient après le festin de jeunes acrobates nues, importées — à quel prix ? — de Keftiou, exécuter un spectacle plus érotique qu'il n'eût été permis dans la capitale du Sud.

— On le devine rien qu'à voir les danseuses », avait répliqué Huy d'un ton caustique.

Le gros homme avait ri, mais ses yeux étaient restés méfiants en dépit des grandes quantités de vin de Dakhlah que Huy l'avait vu absorber. Humant les effluves d'une mandragore, il avait ajouté :

« Ce n'est pas parce que nous sommes des provinciaux qu'il faut nous prendre pour des sauvages ! »

Pourquoi ces gens-là avaient-ils l'amour-propre si chatouilleux ?

« Je suis venu ici afin d'y vivre en paix, avait répondu poliment le scribe. Je souhaitais échapper à l'atmosphère de la capitale du Sud. »

Et pourquoi ? s'était-il demandé fugitivement. Le genre humain n'était-il pas partout le même ? On avait beau chercher toujours plus loin un meilleur ailleurs, au fond de soi on ne se refaisait pas.

Alors il s'était rappelé les Archives Royales et la section Production d'Orge. Il avait peut-être abandonné l'idée d'être cultivateur, mais il préférait encore arracher le grain à la terre qu'en consigner la quantité dans des registres.

A ce point de ses réflexions, toutefois, les contorsions des acrobates avaient retenu toute son attention.

Plus tard dans la soirée, il s'était arrangé pour faire quelques pas avec le gouverneur sur le toit en terrasse. La maison était haute et du toit l'on dominait toute la ville, excepté le palais-forteresse dont la masse sombre s'élevait à des hauteurs vertigineuses, au centre. Sous l'arche métallique du ciel, les étoiles brillaient tels les yeux des défunts veillant sur la Terre tandis qu'elle progressait, solitaire, dans l'océan primordial de Noun. Les paroles de la déesse Isis revinrent au cœur de Huy :

Je suis la fille aînée de Geb,
Je suis la sœur-épouse d'Osiris-Roi,
Je suis celle qui gouverne Sothis,
Je suis celle que l'on nomme la Divine Parmi les Femmes de la Terre Noire.
Ils ont bâti pour moi la cité du Chat.
J'ai divisé Geb et Nout,
J'ai donné aux étoiles un chemin à suivre,
J'ai donné à Rê et à Khonsou un chemin à suivre...

Taschérit inspectait nonchalamment les piles nettes d'excréments, animaux et humains, mêlés à de la paille par des femmes et des enfants, et qui séchaient sur le toit avant de servir de combustible. Un peu plus loin, du petit bois était entreposé dans le même dessein, mais serait utilisé uniquement lors de festivités. Huy, qui cherchait un moyen d'interroger le gouverneur, profita de ce que celui-ci portait son regard vers les garnisons, où luisaient des feux bien moins nombreux que si les troupes avaient été au grand complet.

« Jusqu'à quel point est-on en sécurité ici ?

— Pourquoi me poses-tu cette question ?

— Je suis venu vivre ici. Ma curiosité est bien naturelle.

— Ne peux-tu tirer tes propres conclusions en observant la ville ?

— Elle est très prospère.

— Alors tu as ta réponse. »

Dans la mémoire de Huy resurgit un personnage qu'il avait connu naguère et que, d'une certaine manière, cette cité lui rappelait. Un vieillard qui frottait ses dents usées au natron trois fois par jour pour les rendre brillantes, qui portait une perruque foncée et se changeait cinq fois par jour, qui rembourrait de lin ses joues flétries quand il sortait et se forçait à danser plus longtemps que les jeunes gens. Mais sa lutte désespérée contre le temps ne trompait personne, et si les filles et les garçons dont il aimait à s'entourer se prêtaient à ses caprices, c'était avec la cruauté de la jeunesse envers le vieil âge. De la même façon, l'éclat fastueux de cette ville n'était que de la poudre aux yeux. Même les pauvres portaient des sandales, même les rues du port reluisaient de propreté.

Comme tout le reste, les temples rutilaient au soleil. Les prêtres se rasaient sans doute entièrement chaque jour tant leur peau parfumée à l'huile de térébinthe était lisse. Le lin qui les vêtait n'était pas seulement immaculé : il avait la fraîcheur du neuf. Huy avait en outre remarqué que, de tous les temples de la cité, celui d'Aton était le plus riche, malgré son emplacement modeste à l'extrémité sud-est, au pied de l'enceinte. Il se remémora les propos de Samout. Comment Ay réagirait-il s'il apprenait en quel honneur le dieu déchu était tenu ?

« Je vois que les divinités vous protègent, dit-il.

— Oui, elles nous sont propices, répondit Taschérit. Mais nous avons de la chance. Les tribus sont comme des moustiques — agaçantes, mais incapables de nous détruire. Nous n'avons à subir que des escarmouches, qui d'ailleurs se font rares. Les indigènes découvrent que l'amitié, plus que la guerre, est source de richesses. »

Tout en pensant que c'était un discours qui ressemblait fort à celui de Samout, Huy répondit :

« Peut-être nos dieux ont-ils éduqué les leurs. Puisse Amon veiller sur nos tentes ! »

En proférant cette formule de prière, adressée au dieu de la capitale du Sud qui avait supplanté Aton après la chute d'Akhenaton, il scruta le visage de Taschérit. Ou bien le gouverneur était un meilleur acteur qu'il ne le soupçonnait, ou bien cette invocation le laissait réellement indifférent. Il alla même jusqu'à répliquer :

« Je vois que tu es enfin retourné aux anciens dieux, et que ta réhabilitation est complète. Pour en revenir aux tribus, la menace subsiste. La garnison devrait être renforcée. »

Taschérit le soupçonnait-il d'être un agent secret du pharaon ? Il se pouvait, réfléchit le scribe, que ce fût d'ailleurs la vérité. Ay n'avait fait aucune difficulté pour le laisser partir. L'espion qui s'ignore est le meilleur de tous, pour peu qu'il soit d'un naturel un tant soit peu curieux. Mais qu'y avait-il à espionner ici? Une ville provinciale florissante, qui montrait une attitude plus détendue à l'égard du sexe et de la vie? Une communauté dont certains membres avaient fait le choix d'adorer un ancien dieu? Du moment qu'ils s'acquittaient de leurs impôts et pratiquaient les taux prescrits dans leur négoce, pourquoi le pharaon aurait-il dû s'en soucier? Les difficultés étaient bien assez nombreuses au septentrion, où combattait Horemheb.

« Il est toujours bon d'avoir une garnison solide, dit Huy. Mais comment le pourrais-tu, alors qu'au nord les troupes sont indispensables?

— La capitale du Sud serait en péril si une rébellion éclatait ici.

— Tu disais que les tribus n'étaient guère plus agaçantes que des moustiques.

— Qui sait ce que l'avenir nous réserve? » répondit pensivement le gouverneur, le regard perdu vers le velours du désert.

Pour son voyage, Samout était plus splendide que jamais. Sa tunique et son pagne, du lin blanc le plus pur, étaient ornés de fils d'or et bordés d'indigo. Le manteau dont il s'était drapé était d'un brun clair qui eût fait paraître criard le rouge du Fleuve en crue. Les eaux avaient monté d'une demi-coudée sur les murs du quai et les navires flottaient haut. C'était le dixième jour de la semaine, celui habituellement consacré au repos, qu'il avait choisi pour partir.

« Comme ça lui ressemble, de ne pas perdre un seul jour! confia à Huy l'intendant de Samout tandis qu'ils attendaient sur le quai avec Senséneb. *Grande est mon allégresse tandis que j'œuvre au service de mon sei-*

gneur! ajouta-t-il, citant d'un air béat le vieux texte funéraire.

— Mais oui ! Pourquoi perdre un seul jour, quand il y a des bénéfices à faire ? » dit Huy, les yeux pétillants de malice.

Samout se rendait en pays kouchite, dans une ville au nom imprononçable située loin en amont. Il serait escorté par trois des vaisseaux de Taschérit, car il agissait pour le compte de Nesptah dans une transaction concernant une mine d'or.

« Nesptah est à Napata, comme tu le sais peut-être, dit l'intendant sentencieux.

— Je savais qu'il était au nord. Quand est-il parti ?

— Peu avant ton arrivée. A une demi-journée près, tu l'aurais rencontré. C'est un grand ami du vice-roi. Il est vrai que mon maître l'est aussi. »

Huy hocha la tête. La présence de Samout auprès du vice-roi peu avant l'arrivée de Nesptah à Napata était un élément intéressant. Mais il n'eut pas le loisir d'y réfléchir, car le marchand surgit près d'eux, enlaça Senséneb et, au grand dam du scribe, la pressa joyeusement contre sa poitrine.

« Au revoir, dit-il à Huy.

— Je te souhaite la réussite.

— Bah ! C'est une bagatelle, une affaire ordinaire. Mon rival étant retenu au loin, pourquoi ne lui rendrais-je pas service tout en prélevant une commission au passage ? »

Il éclata de rire, entourant d'un bras l'épaule de Senséneb.

« Non seulement il n'en mourra pas, mais il y trouvera encore son profit. Ces peuplades ne connaissent pas la valeur de ce qu'elles possèdent.

— J'ai cru comprendre que Nesptah séjourne chez le vice-roi, dit Huy.

— En effet, dit Samout, lançant un coup d'œil à son intendant.

— Je déplore de ne pas l'avoir rencontré.

— Cela viendra ! Dans cette ville, il n'y a pas moyen de l'éviter. Tu le trouveras peut-être un peu condescendant. L'aigrette planant au-dessus du fumier, c'est ainsi qu'il se considère.

— Le héron nocturne attrape plus de poissons », répondit Huy, fouillant sa mémoire à la recherche de quelque autre proverbe adéquat.

Apparemment flatté, Samout donna le signal du départ. Il lâcha enfin Senséneb — Huy aurait juré qu'un instant le marchand avait eu l'idée de lui effleurer le nez — et monta sur la passerelle d'un pas pressé. Le regardant s'éloigner, elle eut un sourire qui déchira le scribe jusqu'aux entrailles. Il était bien loin de se douter que c'était précisément ce qu'elle voulait.

« Mon maître est vraiment très proche du vice-roi », confia l'intendant avec vanité.

Senséneb regagna la Maison de Vie, satisfaite d'avoir infligé à Huy ce coup de poignard. Son cœur était las de le voir hésiter, balancer entre une chose et son contraire. Elle débutait à peine à son poste et déjà elle appréciait ses collègues, un homme et deux femmes. Lui était un spécialiste des yeux, elles soignaient les dents et l'estomac. Leur chef était une femme originaire de la cité de la Mer, mais qui avait reçu sa formation à Per-Bastet. Elle avait gardé son teint pâle et le souvenir des oliviers hantait ses rêves.

« Ils confient les postes de ces régions reculées aux femmes, avait-elle dit gaiement pour expliquer la raison de son exil. Ils ne nous croient pas assez compétentes pour exercer dans les grandes villes. Pourtant, pas un homme pratiquant la guérison n'a encore tenté de comprendre ce que les dieux infligent aux femmes.

Nous découvririons sans doute un jour que c'est là tout un monde de connaissances qui s'offre à nous. »

Tout en travaillant, Senséneb se disait qu'elle devait peut-être prendre l'initiative, commencer elle-même l'échange du serment. Elle en avait le droit autant que Huy. Mais combien elle aurait préféré que ce fût lui qui fasse le premier pas ! Au plus secret de son cœur, elle savait pourtant qu'il tenait encore trop à sa liberté.

Elle achevait sa besogne pour venir à bout du ver-*héfet* qui s'était insinué dans les canaux corporels de plusieurs marins de la ville quand elle fut appelée de toute urgence à la Résidence. On vint la chercher dans une chaise à six porteurs qui traversèrent la cité à une allure tenant du défi, coupant par des allées étroites et prenant les virages à un angle vertigineux. Ils étaient si rompus à l'exercice qu'ils ne risquèrent la collision qu'une seule fois, avec un âne dont le propriétaire, s'écartant vivement du passage, s'engouffra dans une cour boueuse avec des cris d'effroi ; et ils ignoraient les chiens aboyant et les babouins qui tiraient sur leur chaîne pour les atteindre, d'un balcon ou du seuil d'une maison.

L'horizon s'embrasait au-dessus du désert quand Senséneb accourut dans les appartements d'Ankhsi, situés du côté nord de la Résidence. Là, l'atmosphère était fraîche et la lumière tamisée. L'ancienne reine et son fils étaient étendus sur un large lit au centre de la pièce. Les draps de lin propres se teintaient peu à peu de rouge. Ni la femme ni l'enfant ne bougeait.

« Cette fois, ce ne peut être un accident », dit derrière elle une voix basse, empreinte de culpabilité et de remords.

Elle se tourna, mais le gouverneur restait dissimulé dans l'ombre, si bien qu'elle ne put voir son expression. Elle se pencha sur les corps. L'enfant était vivant. Pour ce qui était de la mère, elle n'en était pas sûre.

« On a arrêté le meurtrier », dit Taschérit.

Senséneb ne lui prêta pas attention. Tout ce qu'elle avait à savoir se trouvait sous ses yeux. Des blessures au couteau, l'une dans le cou du petit garçon, l'autre dans le flanc d'Ankhsi. Chez l'enfant, la plaie était superficielle ; la lame avait dévié en travers de la gorge, sans doute dans la précipitation, et aucun des canaux majeurs n'avait été atteint. De fait, le sang foncé avait arrêté l'épanchement. L'enfant en avait-il perdu beaucoup ? Elle posa l'oreille contre sa poitrine et perçut un battement faible, mais régulier. Hâtivement, elle ouvrit sa trousse et en tira l'onguent dont elle avait besoin pour l'appliquer sur la blessure. Elle se tourna vers un des serviteurs qui attendaient, livides, le long des murs, et ordonna :

« Du lait de chèvre tiède et du miel. Qu'on fasse du feu. Et qu'on apporte des linges et de l'huile ! »

Le bébé vivrait, cela ne faisait aucun doute. Elle éprouva la vigueur de son corps : il n'avait pas perdu de sang au point d'entrer dans la Barque de la Nuit. Senséneb se tourna vers le corps de son amie, sous lequel les draps étaient maintenant souillés de taches rouge sombre.

« Des draps propres ! lança-t-elle à un autre serviteur, qui inclina la tête et disparut.

— Tout cela ne servira à rien, objecta Taschérit. Il faut brûler des corbeaux, mêler du natron à des cendres... »

Senséneb adressa une prière silencieuse à Sekhmet afin qu'elle lui donne la patience. Cet homme voulait-il achever son épouse ? Elle se pencha sur Ankhsi comme elle s'était penchée sur l'enfant.

« On a arrêté le meurtrier, répéta Taschérit. Il est de

la Terre Noire — sans doute un agent d'Horemheb. Nous lui ferons cracher la vérité.

— Il faut absolument que Huy l'interroge. L'as-tu envoyé chercher ?

— Non.

— Qu'attends-tu ? »

Elle le regarda, mais il ne bougea pas et elle ne distinguait toujours pas ses traits. Elle souleva délicatement les paupières d'Ankhsi et vit que le *khou* résidait toujours dans ses yeux.

Le premier serviteur revint, accompagné d'un autre, portant un brasero à charbon et les objets qu'elle avait réclamés. Elle réchauffa l'huile, nettoya la blessure de l'enfant, s'assura qu'elle était bien fermée et la pansa. Puis, après avoir plongé les doigts dans l'huile, elle sonda la plaie de son amie qui gémit et remua sous la pression de ses doigts. Doucement, elle continua son exploration. Elle ne sentait que la chair. La lame s'était enfoncée presque de la longueur d'un doigt, mais n'avait pas tranché de centre vital. Et cette faible réaction de douleur était bon signe.

Elle lava la blessure et plaça une aiguille dans le feu ; dès que celle-ci rougit, elle la refroidit dans de l'alcool de figue. Prenant du fil de boyau dans sa trousse, elle recousit la plaie, écoutant attentivement la respiration d'Ankhsi. Malgré le choc, le *ka* était peut-être encore là. Elle était certaine que s'il quittait le corps il se révélerait à elle, mais elle n'en eut aucune vision. Elle n'eut pas le temps d'attendre car le bébé s'agitait. Elle lui souleva la tête et lui fit boire le lait au miel à l'aide d'un entonnoir en papyrus. Elle sentait sa chaleur contre elle tandis qu'il absorbait le mélange en serrant ses petits poings. Elle regarda en elle-même et ses yeux s'embuèrent de larmes.

« Vivront-ils ? demanda Taschérit, qui s'était enfin approché.

— Je le pense. Mais Isis a sans nul doute intercédé en leur faveur, car il s'en fallait de quelques secondes.

— Je comprends.

— As-tu envoyé chercher Huy ?

— Non. Je vais en donner l'ordre. »

Il jeta un coup d'œil sur son épouse et sur l'enfant pendant que les domestiques qui avaient apporté des draps propres refaisaient le lit, déplaçant les blessés avec ménagement selon les directives de Senséneb. Puis il quitta rapidement la pièce.

Lorsque Huy arriva, bien avant le coucher du soleil, l'assassin présumé avait été lapidé à mort par les geôliers vindicatifs. Leur besogne avait été systématique. Tous les os étaient rompus et le visage complètement défiguré.

« C'est ma faute, concéda Taschérit. J'aurais dû donner des ordres plus stricts mais je n'ai pas seulement eu le temps d'y songer. Je croyais mes hommes mieux disciplinés.

— En de telles circonstances, dit Huy, le cœur ne se gouverne plus. »

Henka observait la lune et, n'étant pas fier, vivait du poisson et du gibier d'eau qu'il capturait. Chaque nuit il se lavait, nettoyait ses vêtements et se rasait à l'aide de son couteau. Il ne craignait pas d'être découvert car il savait se dissimuler au regard des hommes. Mais chaque jour il quittait sa tanière et pénétrait dans la ville pour la voir. Le risque était considérable. Il savait qu'il ne devait pas attirer l'attention et qu'il avait tort d'agir ainsi, mais il était mû par un pouvoir plus fort que sa propre volonté. Il fallait qu'il la voie. Ses efforts n'étaient pas toujours couronnés de succès, mais il savait où et à quelles heures du jour elle travaillait. Une fois, elle faillit l'apercevoir et il se plaqua derrière un mur, pris de panique. Quand il pensait au regard qu'elle lui avait lancé à Napata, les jambes lui manquaient. Le sentiment qu'elle lui inspirait grandissait, impossible à étouffer. Il s'exhortait à respecter les ordres qu'il avait reçus. Il contemplait la demi-feuille de papyrus froissée, concentrant toute sa volonté pour que le pharaon envoie l'autre moitié avant que le char de Khonsou eût terminé le cycle de ses apparitions dans le ciel nocturne.

Mais comment être sûr que le contrordre arriverait à temps ? Henka n'était pas loin de penser que, finalement, les ordres n'avaient plus d'importance. Il tuerait le scribe de toute façon. Cependant, les ordres étaient de les tuer tous les deux. Une mort honorable, avait stipulé Ay : que les corps emportés par le Fleuve soient livrés aux Enfants de Sobek. Mais Henka ne voulait pas la laisser partir sans lui vers les Champs d'Éarrou. Le destin de Huy était scellé ; privé de cœur, le scribe ne pénétrerait jamais dans le Royaume des Bienheureux. Et son cœur, jamais il ne le retrouverait car après l'avoir arraché, Henka le dévorerait. Ce cœur ferait alors partie de lui. Il ne tremblait pas à l'idée de commettre un sacrilège. Mais elle... N'eût-il pas été plus doux de vivre avec elle en ce monde ? S'il la tuait avant de se donner la mort, quelle certitude avait-il que son propre cœur ne se dresserait pas comme témoin contre lui dans la Salle du Jugement d'Osiris ? Et si la Bête Ammit[1] mangeait son cœur, il lui faudrait affronter l'esprit vengeur de Huy parmi les morts-vivants...

Il porta la main à la petite amulette autour de son cou. Le visage de sa mère n'était qu'un souvenir confus, mais il se remémora une fois encore la chaleur

1. Ammit : littéralement la « Dévoreuse ». Animal hybride, tenant du crococile, de l'hippopotame et du lion. (*N.d.T.*)

de sa présence et y puisa le réconfort. Jamais auparavant Henka n'avait connu les affres de l'indécision.

Cependant, de tels tourments étaient familiers au pharaon, qui venait de s'éveiller d'un rêve où le fils d'Horemheb montait sur le Trône d'Or. Ay dormait seul ces jours derniers, ne visitant la couche de ses jeunes épouses que pour l'accouplement. Aucune encore n'était enceinte ; et même si l'une d'elles le devenait, les droits de l'enfant sur la couronne seraient contestables. Si seulement Ti, la Grande Épouse royale, n'avait pas passé l'âge du flux menstruel...

Il restait assis, seul dans la salle de travail glacée qu'il quittait rarement, fixant sans les voir les documents et la palette de scribe sur la table de Kenna. Son terrible cauchemar l'obsédait. Il lui fallait une épouse dont l'héritier pût prétendre de façon irréfutable à la succession.

Soudain son front s'éclaira et il abattit violemment le poing sur l'accoudoir de son fauteuil. Mais, tout aussi subitement, il se rembrunit et se leva pour appeler un serviteur.

« Fais venir Kenna ! » intima-t-il à l'homme, qui s'éloigna en courant.

Ay marcha impatiemment de long en large, incapable de se concentrer sur la moindre occupation en attendant l'arrivée du scribe royal. Il essaya pourtant d'apaiser son esprit en feuilletant les documents administratifs posés sur sa table de travail. Sous ses yeux, les listes de mots et de chiffres rouges et noirs se brouillaient, vides de sens. Il s'approcha d'un secrétaire, brisa le sceau qui y était apposé chaque nuit et, d'un compartiment secret, tira un fragment de papyrus.

Kenna arriva enfin. Ay nota avec satisfaction que ses vêtements étaient en désordre, comme de juste, mais non au point de suggérer un manque de respect : il avait pris le temps de s'apprêter pour être digne d'être admis en présence du souverain.

« Mon seigneur me réclame ? » dit le scribe, les yeux ensommeillés.

Malgré son inquiétude, il tâchait de se composer une attitude attentive et interrogative. S'il n'était pas inhabituel que le pharaon se passât de dormir, il était rare qu'il le convoquât au milieu de la nuit.

« J'ai du travail pour toi, et qui ne peut attendre. Reconnais-tu ceci ? dit Ay, lui présentant le demi-papyrus.

— C'est le contrordre à l'exécution de Huy et Senséneb. As-tu mûrement délibéré en toi-même ?

— Oui. Je te connais, Kenna. Je sais qu'il ne te déplairait pas de savoir Huy dans la Barque de la Nuit. »

Il leva sa longue main pour prévenir toute protestation et ajouta :

« Pourtant, il ne te menace en rien. Il ne sera jamais aussi proche de moi que tu sais l'être. »

Kenna se détendit, bien que son cœur lui dît qu'il n'aurait rien à perdre si Huy passait de vie à trépas. Le pharaon n'avait-il pas signé son arrêt de mort ? Huy était un esprit trop indocile pour ne pas constituer une menace. Et, de surcroît, il était d'une redoutable intelligence. Kenna lui-même avait fait valoir au souverain les risques qu'il courrait si Huy venait à se ranger aux côtés d'Horemheb. Ay lui avait objecté que Huy ne se rangeait aux côtés de personne. Toutefois, l'idée avait fait son chemin. Et puis cela ne coûtait rien de se prémunir de son mieux... Kenna se demanda si Huy n'avait pas quelque regret, dans le Sud, si, depuis qu'il avait réalisé son rêve, la capitale ne lui manquait pas. Il garda néanmoins ses réflexions pour lui-même.

« Huy s'est montré utile à plusieurs reprises et peut l'être encore, reprit le pharaon.

— Tu le jugeais incontrôlable. Tu disais que le temps où il pouvait être utile était révolu. Tu l'as laissé partir pour le Sud...

— Il est vrai. Cependant, Amon-qui-voit-tout m'a empêché de lancer Henka sur ses traces sans me réserver la possibilité de l'arrêter. Cela, tu ne l'ignores pas.

— Non, seigneur. Mais quel service pourrait encore te rendre Huy ? Que peut-il faire qui me soit impossible ? »

Ay considéra pensivement Kenna. Il était difficile de croire que le scribe royal pût voir en Huy un rival. Ce dernier lui était supérieur, incontestablement, mais Kenna était d'une fidélité à toute épreuve. Or Ay aimait à s'entourer de toutes les garanties.

« Dans le cas présent, lui seul peut m'aider à parvenir à mes fins. Il s'agit d'une mission exceptionnelle, sans quoi je ne me séparerais pas de toi. Il faudra que tu reviennes aussitôt que tu auras transmis le message à Henka. Et à Huy, les lettres que je vais te confier. »

Kenna n'était guère enthousiaste à la perspective d'un voyage vers le Sud profond.

« Un soldat ne pourrait-il pas s'en charger ? Je suis plus à l'aise devant mes tablettes.

— Certainement pas ! Henka est extrêmement dangereux, or il n'admettra que ce nouvel ordre émane de moi que s'il le reçoit de ta main. Je lui en ai fait la promesse. Si j'envoyais quelqu'un d'autre, Henka subodorerait un piège et ferait fi du contrordre. »

Retournant à sa table, Ay déroula et fixa une feuille de papyrus neuve. Il mâcha l'extrémité d'un jonc pour en séparer les fibres et former le pinceau, qu'il trempa dans l'encre, puis, d'une écriture rapide et précise, il inscrivit son message.

« Ceci est pour Huy.

— Puis-je en prendre connaissance ?

— Assurément. »

Ay lui tendit la lettre. Quand il eut finit de lire, Kenna regarda son maître avec un respect accru.

« Ce plan est imparable.

— Non, car il fait la part trop belle au destin. Mais en matière de procréation, on ne peut que s'en remettre à Hathor.

— Tu as pourvu à l'essentiel.

— J'aurais dû y songer plus tôt. Peut-être ne pensais-je pas qu'un tel expédient s'avérerait nécessaire. Maintenant, il semble préférable d'adopter cette ligne de conduite.

— Y consentira-t-elle ?

— Ankhsenamon est ma petite-fille. Sans ma mansuétude, elle ne serait plus de ce monde. Elle n'a pas le choix. De plus, elle a toute confiance en Huy. Il est l'homme idéal pour la faire revenir.

— Il pourrait refuser.

— Tu ne vois que le côté sombre de l'existence, et tu deviens par trop irrévérencieux ! le tança Ay, courroucé. Qui refuse, quand Pharaon ordonne ? Il se peut que Huy ait son idée à lui en cette affaire, mais il n'en montrera rien. En outre, c'est un honneur que j'accorde. Ankhsi sera libre de revenir vivre dans la capitale du Sud, non seulement au grand jour, mais en reine. Seule Ti aura sur elle la préséance, et comme la Grande Épouse royale vit retirée du monde, elle aura le privilège de se présenter à mes côtés devant le peuple, à la Fenêtre de l'Apparition. Et si elle me donne un héritier... »

Il s'interrompit. Là intervenait le destin. Mais Ankhsi était parfaitement à même de concevoir. Elle avait donné un enfant à Taschérit — et qui plus est, un fils. Pourquoi n'en ferait-elle pas autant pour lui ? Son cœur exultait à cette pensée.

« Et Taschérit ? s'enquit Kenna. Il se peut qu'il éprouve de la tristesse, de l'amertume. Qui dit amertume dit danger.

— Non, il ne sera pas amer. L'honneur rejaillira sur lui. Nous lui enjoindrons de divorcer d'Ankhsi et nous le récompenserons avec largesse. Nous lui permettrons même de garder son fils.

— Qui prendra toutes les dispositions nécessaires ?

— Huy. Je te donnerai des instructions plus précises, ainsi qu'une lettre de créance qui lui permettra de tout organiser.

— Là-bas, ils ne voudront jamais croire que Huy n'était plus à ton service, que, dès le début, il n'était pas envoyé parmi eux à cet effet.

— Les lettres et ton témoignage éclairciront tout malentendu. Non que cela importe. Nous nous bornons à exécuter les désirs des dieux, qui sèment les idées dans notre cœur. Je veux que tu partes, dès l'aube, sur mon vaisseau le plus rapide. Tu as tout juste le temps de remettre le contrordre à Henka. Si d'aventure tu échouais, il t'incomberait personnellement de ramener ma petite-fille, or je ne puis me dispenser de toi longtemps. »

Kenna baissa modestement les yeux.

« Mon seigneur, comment trouverai-je Henka ?

— Amon sera ton guide. »

« Le mieux serait que tu quittes Méroé », dit Huy à Ankhsenamon, dès qu'elle fut suffisamment remise pour le recevoir.

Elle était couchée près de son fils sur un lit de repos, dans une pièce située au cœur de la Résidence et protégée par une garde nombreuse.

« Je ne partirai pas. »

Le scribe eût préféré une réaction de colère à ce ton paisible et parfaitement résolu. Elle ne le regardait pas, se concentrant sur son propre cœur.

Le danger était réel, à coup sûr. Taschérit avait puni les geôliers trop zélés en les transférant dans une garnison perdue en plein désert. Toutefois, une idée était venue au scribe, dont il n'avait fait part à personne : et si ces hommes avaient agi non dans l'ardeur de la colère mais de sang-froid, sur ordre, afin d'empêcher l'homme de trahir ses maîtres sous la torture ? Huy déplorait de n'avoir pu l'interroger. A qui eût profité la mort d'Ankhsi, sinon à Horemheb ? Celui-ci avait-il appris qu'elle avait trouvé refuge dans le Sud et qu'elle avait un fils, sans doute héritier légitime de Toutankhamon ? Mais si Horemheb avait décidé de frapper, Ay l'aurait appris par ses informateurs, et la nouvelle aurait transpiré. Or on n'en avait eu aucun écho dans la capitale du Sud, où Huy vivait encore à l'époque des deux premières tentatives, indubitablement liées à celle-ci.

Taschérit, lui, contenait difficilement sa colère et s'acharnait à convaincre Ankhsenamon.

« Tu dois partir, te réfugier en lieu sûr, peut-être au bord de la mer Orientale.

— Non.

— Si ce n'est pour toi, fais-le pour Imouthès.

— Nous ne partirons ni l'un ni l'autre. A moins que tu aies un meilleur emploi en vue pour mes gardes ?

— Tu ne peux vivre ainsi éternellement.

— Ce serait préférable à l'exil dans des terres sauvages. Il faut capturer et châtier ceux qui veulent ma mort. Quant à moi, je ne fuirai pas devant eux. »

Taschérit se détourna, ulcéré.

« Tu cours à ta propre perte.

— Là, devant toi, répliqua-t-elle en désignant Huy, se trouve un homme capable d'assurer mon salut. Il découvrira qui a juré ma perte. Serait-ce justement ce que tu redoutes ? »

Ils se toisaient si furieusement qu'un instant Huy crut que le gouverneur allait se ruer sur elle. Redressée sur le lit, les genoux remontés sous son menton, Ankhsenamon, toutes griffes dehors, ne quittait pas son époux des yeux. Près d'elle, dans un berceau que balançait une servante accroupie et les yeux baissés, Imouthès dormait profondément. Par bonheur, sa blessure était en effet superficielle, mais il avait perdu plus de sang que Senséneb ne l'avait supposé et il était trop affaibli pour être éveillé par ces cris de discorde.

« Elle se croit toujours reine, dit Taschérit avec rage. Elle ne règne que sur le néant !

— Si seulement tu voulais reconsidérer... plaida Huy, se tournant vers Ankhsi.

— C'est tout réfléchi.

— Si tu ne pars pas de ton plein gré, nous t'y forcerons ! vociféra Taschérit.

— Vraiment ? Et par quel moyen ?

— Nous trouverons. »

Il tourna les talons et, tandis qu'il se dirigeait vers la porte, elle lui lança :

« Mais oui, cours donc demander conseil à ta sœur ! »

Dans ce cri méprisant, Huy décela une souffrance aiguë à laquelle Taschérit parut insensible. Il sortit sans se retourner.

Huy baissa la tête. Il ne savait s'il devait partir ou rester et attendait d'en recevoir l'ordre formel. Un long silence s'installa, durant lequel on n'entendit que la respiration de l'enfant, entrecoupée de soupirs et de sons inarticulés. Huy aurait voulu voir l'expression d'Ankhsi mais n'osait lever les yeux vers elle. Il était sûr que, loin de céder au désespoir, elle rassemblait ses forces. L'atmosphère était dense, comme lorsqu'on est sous l'eau ou sous un drap de lin.

Elle dit soudain, d'une voix lointaine :

« Huy... Il y a certaines choses que je t'ai cachées. »

Il releva la tête, alors, mais elle ne le regardait pas. Ses yeux étaient fixés sur l'enfant, et Huy sut que, dans ce petit être, elle cherchait le *ka* de son premier époux.

« Sais-tu ce qui arrive lorsque ceux qui restent négligent le *ka* d'un défunt ? »

Ainsi, il avait lu dans ses pensées. Il acquiesça, mais sans le voir elle poursuivit, de cette voix étrange qui semblait venir de très loin :

« S'ils ne lui apportent pas de quoi se sustenter, il errera à la recherche de nourriture. Il se rabattra sur tout ce qu'il trouvera. Il mangera des détritus, il boira les flaques nauséabondes dans les allées ou l'urine des bœufs, et si cela se prolonge il connaîtra la Seconde Mort et ne sera plus, ni ici-bas ni dans les Champs d'Éarrou. Il cessera d'exister, à tout jamais. Huy, est-ce ce que j'ai fait à mon époux ? Pas à ce fantoche, mais à mon véritable époux, Toutankhamon ?

— Mais non ! protesta Huy, atterré. Dans sa demeure d'éternité, mille *oushabti* obéissent à ses moindres ordres. Ay en personne a accompli l'Ouverture de la Bouche à l'entrée du tombeau. Les aliments de pierre et les boissons peintes le rafraîchiront à jamais, et comme il était roi, les prêtres du Grand Lieu[1] lui portent du pain blanc tous les matins et tous les soirs.

— Certains diraient que j'ai enterré son fils vivant.

— Révéler son existence aurait causé sa mort.

1. Le Grand Lieu : la nécropole. (*N.d.T.*)

— Je ne puis croire que mon grand-père aurait été capable...

— Il n'y a rien à craindre, aussi longtemps qu'il ne verra en Imouthès ni une menace ni un héritier.

— Pas Imouthès, Aménophis ! s'insurgea-t-elle, les yeux étincelants. Et il est une menace ! Il est l'héritier ! »

Huy tourna vivement la tête vers les servantes, semblables à des statues. Ankhsi s'était exprimée avec fougue, mais la seule susceptible d'avoir distingué ses paroles était la jeune fille penchée sur le berceau. Son visage impassible était à demi dissimulé par sa perruque.

« Toutes me sont dévouées, affirma Ankhsi voyant son inquiétude. La vie dans les provinces ne m'a pas rendue imprudente. »

Longuement, elle le regarda dans les yeux. Regrettait-elle de s'être laissée emportée par la colère ? Si c'était le cas, elle jugea sans doute qu'il était trop tard pour reculer.

« Puis-je me fier à toi, Huy ? »

Il lui sourit sans mot dire. Sans lui, elle n'eût pas été ici, elle n'eût pas été en vie.

« Je sais que tu m'as sauvée, mais qui ne change pas ? Tu ne travaillais pas pour Ay, autrefois.

— Je ne travaille pas pour lui à présent.

— Cela paraît pourtant étrange d'abandonner un poste prestigieux pour venir s'enterrer dans cette région. Et cela paraît étrange qu'un homme de ta trempe ne sache que faire de lui-même et de sa vie.

— Tu m'as donné de quoi l'occuper et tu m'as rétribué avec générosité.

— Ainsi, tu retrouves ton ancien travail, acquiesça-t-elle, souriante, en s'asseyant au bord du lit. Celui que tu détestais tant quand tu étais contraint de l'exercer.

— Je n'ai pas choisi de l'exercer à nouveau. Mais pour toi je le fais volontiers. »

Huy songea que, jusqu'alors, il n'avait guère avancé. Comment l'aurait-il pu quand tant d'éléments demeuraient dans l'ombre ?

« Pourquoi disais-tu qu'Imouthès constitue une menace pour Ay ? interrogea-t-il, se gardant d'utiliser le nom royal de l'enfant.

Celui-ci s'était éveillé, et Huy sentait peser sur lui le regard de ces yeux noirs, graves et impénétrables — les yeux de Toutankhamon.

« Il y a ici un groupe qui adhère toujours à l'Enseignement de mon père. »

Il contempla Ankhsi, aux traits si fins. Seul le crâne oblong trahissait sa parenté avec Akhenaton.

« Le temps d'Aton est revenu, continua-t-elle, les yeux pleins de lumière. Ici et à Napata, notre pouvoir va grandissant.

— Prends garde à tes paroles. »

Les servantes restaient impassibles. La nourrice sortit le bébé silencieux de son berceau et le posa sur une table toute proche, où elle le nettoya et le langea avant de s'installer dans une chaise basse pour l'allaiter.

« A mon arrivée, je vis que les temples d'Aton étaient soigneusement balayés, et je ne tardai pas à apprendre qu'ils étaient encore fréquentés. J'avais épousé Taschérit à Napata ; après sa nomination à Méroé, je commençai à poser des questions discrètement. Taschérit n'était pas attiré par le culte d'Aton, mais il ne manifesta aucune opposition. Très vite, il me laissa agir à ma guise et je fis de même envers lui. Les fleurs de cette union se flétrirent avant d'éclore, mais cela fut utile.

— Pourquoi t'es-tu remariée ?

— Dans le seul souci de protéger Aménophis. Quant à Taschérit, ma foi, je pense qu'il espérait en retirer un profit quelconque. Certes, si Aménophis accède au trône, il sera couvert de bienfaits. Néanmoins, j'espère bien ne jamais le revoir.

— As-tu confiance en lui ?

— Non. Mais cet homme-là a autre chose dans le cœur que d'espionner pour Ay.

— D'où te viennent cette tristesse et cette amertume, Ankhsi ? Qu'a pu faire Taschérit pour mériter ton mépris ?

— Huy, n'apprendras-tu jamais la patience ? le réprimanda-t-elle avec un franc sourire. Laisse-moi te faire mon récit. »

Elle avait mûri, depuis la capitale du Sud. Quoi d'étonnant à cela ?

« C'est Samout qui, le premier, me proposa son aide. Il voyait que nous pouvions rallier assez de partisans pour marcher sur la capitale du Sud, pendant que l'armée se bat au septentrion. Les tribus locales renâclent sous le joug de la Terre Noire. Elles se réjouiraient de voir régner un pharaon qui les traiterait avec considération et leur rendrait leurs cités. »

Qu'était cette folie ? s'interrogeait Huy, stupéfait.

« Et que faites-vous des garnisons cantonnées dans la région ?

— La plupart des hommes de troupe sont indigènes.

— Cela ne peut être aussi simple.

— Bien entendu, il nous faut encore du temps, mais avec l'aide d'un homme tel que toi...

— Moi ?

— Oui, toi. Tu étais un serviteur dévoué de mon père. Le retour de l'ordre ancien a brisé ta vie. N'aspires-tu pas à la vengeance ? Ne crois-tu pas qu'Aton est le vrai dieu ? »

Ce qu'il croyait, Huy ne le savait plus. Sa seule certitude était qu'il ne voulait pas voir son pays anéanti. Ankhsi pensait-elle sérieusement que sa rébellion réussirait ? Il faudrait une demi-saison à une armée de fantassins pour marcher sur la capitale du Sud, alors que les vaisseaux de Pharaon rapatrieraient les troupes du Nord en deux fois moins de temps. Sans parler de la réaction des habitants de la Terre Noire face à un tel soulèvement ! Beaucoup avaient eu Aton en abomination et avaient vécu dans la crainte lorsqu'on les avait privés de leurs dieux rassurants. Le peuple avait simplement continué à vivre comme par le passé. La tête de l'État n'influait jamais sur le reste du corps : celui-ci continuait de fonctionner de même que le Fleuve coulait, de toute éternité.

Quelle était au juste la position de Taschérit ? Il n'avait pas une personnalité propre à enflammer ses hommes, à leur inspirer une loyauté à toute épreuve. Et quand bien même, que pourraient quelques armées tribales et la demi-garnison de Méroé contre les brigades régionales stationnées à Napata ? Ankhsi avait pourtant mentionné cette ville, où, comme par hasard, se trouvait Samout. Le vice-roi trempait-il aussi dans le complot ?

« Nous devons prendre patience. Mais avec ton aide, tout irait tellement plus vite ! dit Ankhsi.

— Je ne sais pas. Il me semble que, dans tout ce que tu viens de dire, tu oublies qu'on cherche à vous tuer, toi et ton fils. Le mieux que j'aie à faire est assurément de découvrir qui.

— Il y a un traître parmi nous, dit-elle avec dureté. Mais je ne crois pas que le secret de notre conspiration soit éventé. Nous sommes riches, et nous avons acheté le silence de tous les espions du Nord. J'ai idée que Horemheb veut notre mort afin que son propre fils n'ait pas de rival.

— Il connaîtrait donc la véritable identité d'Imouthès ?

— Pas nécessairement. Cet enfant est fils de reine ! Horemheb cherche simplement à écarter toute menace potentielle, d'autant qu'il est loin, et que son épouse et son fils sont seuls dans la capitale du Sud. »

Elle se leva, chancelante, en s'appuyant sur un des faîteaux dorés figurant une tête de taureau qui ornaient le lit.

« L'essentiel est que nous en ayons réchappé. Taschérit nous fournira une garde. Il ne se dérobera pas, parce qu'il n'a pas le choix. Quant à toi, tu veilleras sur nous jusqu'à l'heure du départ. Tu seras récompensé, Huy. Si nous réussissons, tu seras comblé au-delà de toutes tes espérances.

— Je ferai de mon mieux pour t'aider », promit-il. Mais les questions foisonnaient dans son cœur.

7

Huy éprouvait la nécessité d'accomplir un acte décisif pour sa propre vie. Soit que ce fût la conséquence d'une accumulation de circonstances, soit qu'il fût las de chercher en vain sa voie, il désirait rendre à Senséneb un peu de la confiance qu'elle lui avait donnée et, en même temps, trouver un port d'attache.

Il avait tant tardé qu'il n'était pas sûr qu'elle fût préparée à une déclaration soudaine, et dans son cœur subsistait un dernier doute. Il commençait à croire qu'il ne serait jamais homme à faire un choix sans réserve. L'avance de l'âge affaiblissait-elle les certitudes ? Ou était-ce l'écheveau de sa vie qui se dévidait irrégulièrement en dépit de ses tentatives pour trouver le juste équilibre ? Il lui arrivait de maudire l'Enseignement qui lui avait fait discerner son individualité propre. Combien plus heureux étaient ceux qui en ignoraient jusqu'à l'idée !

Il trouva Senséneb au jardin, qu'en peu de temps elle avait rendu aussi beau et harmonieux que celui de son père, où il l'avait vue pour la première fois. Avec l'aide de Psaro, elle y avait mêlé les plantes et les fleurs du Sud, créant un domaine qui était tout le reflet de sa personnalité. Hapou l'accueillit avec sa réserve habituelle, que Huy attribuait avec justesse à ses tergiversations. Le scribe se demanda avec ironie si désormais cette attitude changerait.

Il enlaça Senséneb avec tendresse et sut qu'elle devinait qu'il était différent. Mais il ne lui parla pas tout de suite de leur amour. Auparavant, il voulait lui relater ce qu'il avait appris d'Ankhsi afin d'avoir son avis. Il commença avec hésitation, puis peu à peu les mots affluèrent et il s'aperçut qu'il lui livrait ses impressions avec une abondance de détails. Il prit plaisir à cette sensation si peu familière, en dépit de la réserve avec laquelle Senséneb accueillit ses informations. Il ne lui avait pas encore demandé si, depuis qu'elle était le médecin d'Ankhsi, elle avait remarqué un détail auquel lui-même n'avait pas été sensible. Ankhsi lui avait-elle fait des confidences pendant qu'elle soignait sa blessure ?

« Quoi qu'elle fasse, elle n'agit pas sans bonne raison, dit Senséneb.

— Elle s'aveugle !

— Qu'en savons-nous ?

— Mais elle ne t'en a pas parlé ?

— De cela ? Non, pas du tout.

— Comment pourraient-ils rassembler des forces suffisantes ?

— Je crois que Samout est la pierre angulaire. »

Huy médita ces paroles. Samout ne semblait pas prendre ombrage de l'influence de son rival Nesptah auprès du vice-roi de Napata. A cela s'ajoutaient les louanges de l'intendant. Le marchand avait-il plus de pouvoir qu'il ne le laissait paraître ? Huy n'avait aucune idée de l'importance en nombre et de la cohésion des troupes tribales auxquelles Ankhsi avait fait allusion.

« Je m'entretiendrai avec Samout dès son retour.

— Alors tu as bien fait d'accepter la proposition d'Ankhsi. »

Huy n'en était pas si sûr. Il n'avait nul désir d'être mêlé à une révolution de palais, encore moins si, comme il le pensait, elle était dès le départ vouée à l'échec. Mais un plan qu'il ignorait serait bientôt mis à exécution. Une campagne convenablement menée, unissant les troupes de Méroé et celles de Napata, suffirait peut-être pour s'emparer de la capitale du Sud avant que le Nord pût répliquer. Ay et les siens auraient la vie sauve ; la famille d'Horemheb ne serait pas épargnée. Mais tôt ou tard, les armée du général redescendraient. Il était impensable que les Deux Terres, unifiées par Narmer mille sept cents ans plus tôt, fussent à nouveau divisées. Car alors leurs ennemis jubileraient et elles tomberaient. Y avait-il un moyen d'en convaincre Ankhsi, de l'amener à revenir sur sa décision ? Devait-il la trahir en révélant le plan à Ay ? Il importait avant tout d'aller au fond de cette affaire, en s'armant de sang-froid. La patience est l'œuf d'où sort le faucon, disait une maxime. C'était une vertu bien difficile à pratiquer.

Il s'éloigna vers le fond du jardin et s'arrêta à l'ombre du mur, sous les branches tombantes d'un grand tamaris. Le soir venant, les bruits de la ville s'amenuisaient. Mais le calme, la beauté, le confort mêmes de ce cadre idyllique semblaient le narguer. Il se retourna pour contempler la maison, et soudain tout fut d'une évidente simplicité. C'était ainsi : toujours il connaîtrait le doute au fond de lui. Le seul moyen de vivre était de l'accepter.

Il retourna vers Senséneb, qui tentait sans grand succès d'inculquer l'obéissance à l'un des chiots. Celui-ci voulait bien s'asseoir, mais aussitôt après il bondissait et gambadait autour d'elle tandis que son frère, d'un caractère plus placide, somnolait, battant du flanc, sur l'herbe mouchetée par le soleil couchant. A quelque distance, Hapou vérifiait la disposition des couverts sur la table — ce soir, ils dîneraient sur la terrasse. En qualité d'homme libre, il pourrait être témoin de l'échange de serment, s'il le désirait. Huy savait qu'il se considérait comme le protecteur de Senséneb et qu'un tel rôle le ravirait. A condition qu'il ne fût pas trop tard...

Il appela la jeune femme, sentant les battements de son propre cœur s'accélérer; mais la complicité qui existait entre eux et qui leur permettait de se comprendre sans mot dire facilita les choses. Sur le visage de Senséneb s'était peint un délicieux mélange d'espoir et d'anxiété, et il ne doutait pas que la même expression se lisait sur le sien.

« Senséneb... »

Il ferma les yeux, concentré en lui-même.

« Je veux échanger le serment. »

Elle sourit, croyant vivre un rêve.

« En es-tu certain?

— On ne pourrait l'être davantage. »

Il lui prit les mains. Du coin de l'œil, il vit que Hapou les regardait. L'instant était venu.

Elle cria à Hapou de les rejoindre. La mine austère du vieillard s'adoucit en l'écoutant. Il savait que Horaha eût été heureux de ce mariage et sa physionomie exprimait l'honneur qu'il ressentait d'en être le témoin.

« Les termes du consentement seront-ils stipulés par écrit? interrogea-t-il.

— Assurément, dit Huy.

— Qui les rédigera?

— Nous trouverons un scribe.

— Il faudra veiller à la conformité des clauses. »

Considérant apparemment qu'il avait rempli son devoir, Hapou fit un pas en arrière.

De la terrasse, Psaro les observait avec curiosité. Il vit Huy et Senséneb, face à face, unir leurs mains dans le jardin ensoleillé. Les deux oies-*ro* se dandinaient au bord du bassin, les deux chiots roulaient l'un sur l'autre en écrasant les buissons. Quant aux chatons, ils étaient sans doute endormis dans l'un des recoins où leurs congénères aiment à se cacher.

« ... Jusqu'à ce que l'aigrette devienne noire et le corbeau blanc, jusqu'à ce que les montagnes se mettent en marche et que le Fleuve coule vers sa source... »

Psaro ne distingua pas le reste de leurs paroles, emportées par la brise.

Huy jugea qu'il était temps de faire plus ample connaissance avec Takhana. La mission dont Ankhsi l'avait chargé était un prétexte plus que suffisant pour requérir une entrevue. Il découvrit toutefois que ce n'était pas aussi facile qu'il le croyait.

« Ma sœur ne sait rien, dit sèchement Taschérit.

— Cependant, vivant ici, elle pourrait avoir une idée...

— Elle est l'épouse du marchand le plus puissant du Sud.

— Raison de plus.

— Je ne tolérerai pas qu'elle soit inutilement mêlée à cette affaire. Nesptah est un homme influent. Nombre de gens ici dépendent de lui. Des questions intempestives lui déplairaient au plus haut point.

— Je doute que des questions dont le seul but est de découvrir qui cherche à assassiner ton épouse, la petite-fille du pharaon, puissent être jugées intempestives, répliqua Huy d'un ton tranchant.

— Je refuse que l'on compromette la sécurité d'autres membres de ma famille.

— Que risquent-ils ? C'est d'évidence Ankhsenamon qui est visée.

— Tu es un étranger ici. Tu ne comprends pas nos coutumes.

— Vos coutumes ne sont-elles pas celles de la Terre Noire ? objecta le scribe, exaspéré. N'est-ce pas ta propre épouse qui a fait appel à moi ? A moins que tu prétendes que ces coups de poignard étaient également des accidents !

— J'ai la certitude que nous résoudrons ce mystère sans ton aide ! »

Huy le regarda dans le blanc des yeux et le questionna d'un ton grave :

« Qui d'autre connaît l'identité véritable d'Imouthès ?

— Personne.

— Tu ne l'as jamais révélée, même à tes proches ? »

Le gouverneur détourna les yeux.

« Pourquoi l'aurais-je fait, quand sa sécurité était en jeu ? J'aime cet enfant, avoua-t-il soudain. Je ne veux surtout pas qu'il lui arrive malheur.

— Quelqu'un est beaucoup moins bien disposé à son égard.

— La menace ne provient pas de cette ville ! »

Ils se trouvaient à nouveau sur le toit de la Résidence, et Huy laissa son regard se perdre sur l'étendue de maisons aux façades immaculées resplendissant au soleil. Une petite communauté soudée, doublement protégée par ses garnisons et par son précieux rôle de comptoir commercial. Elle était un ornement pour le *pschent*[1]. Pourtant, Huy ne pouvait se défaire du senti-

1. *Pschent* : la couronne royale, formée d'une mitre blanche et d'un mortier rouge emboîtés, symbolisant l'union de la Haute et de la Basse-Égypte. (*N.d.T.*)

ment désagréable que sous ce maquillage se dissimulait peut-être une vieille femme hideuse et malade. L'idée du grouillement sous la surface paisible, des démons sous le sable, restait logée dans un coin de son cœur.

« Quelles sont tes relations avec ton beau-frère ? demanda-t-il.

— Nous nous comprenons.

— Ce fut pour lui un privilège de s'allier à ta famille.

— Il était déjà marié avec ma sœur lorsque j'ai épousé Ankhsi. Cette union avait été arrangée par mon père avant sa mort. Nesptah et lui étaient amis.

— Ah ! C'était donc un mariage d'amour ? »

Huy l'observa pour voir si le coup avait fait mouche. En effet, l'implication que Nesptah pouvait se permettre d'épouser une femme dont la dot n'ajoutait pas grandement à sa fortune n'avait pas échappé au gouverneur. Mais peut-être le marchand se souciait-il davantage de position sociale ?

« Que faisait ton père ?

— C'était le vice-roi de Napata.

— C'est bien ce que je pensais », dit Huy, hochant la tête.

En réalité, l'information était nouvelle pour lui, mais il aurait pu — et aurait dû, en fait — le deviner. Tout commençait à prendre forme.

« Pourtant, tu ne lui as pas succédé ? »

Les mains de Taschérit se crispèrent sur la balustrade.

« Je suis un soldat. Je suis monté en grade sous Horemheb. Ma vaillance m'a valu le droit de porter l'étendard, et pour récompense j'ai reçu le collier-*chébou*. De plus, la nomination du vice-roi relève de l'autorité royale.

— Tu t'es élevé par toi-même à de hautes fonctions.

— Je n'ai pas besoin de tes louanges, vieillard. »

Huy en resta pantois. Lui, un vieillard ! Mais, finalement, ce n'était pas faux. Il arrivait à l'âge où il aurait dû pouvoir se retourner sur un passé honorable. Et cette expression était une marque de respect, mis à part qu'elle ne sonnait pas ainsi dans la bouche de Taschérit. Comment Ankhsi en était-elle venue à l'épouser ? Il essaya d'imaginer ce qu'avait été leur vie : le bel officier provincial et l'ancienne reine de la Terre Noire, cherchant la sécurité pour son fils et rêvant d'un avenir glorieux, où il prendrait place sur le trône, où elle ferait mordre la poussière à ceux qui avaient assassiné son époux et voulu détruire sa descendance. De quoi avaient été faites leurs conversations ? Comment avait-elle occupé ses journées avant que Samout lui présente un plan à même de réussir ? Et, surtout, comment Taschérit avait-il réagi ? Il devait bien être au courant. A moins que...

Huy frotta ses pieds dans ses sandales pour se débarrasser du sable qui s'y était infiltré. L'atmosphère était lourde et sa tunique collait sur sa peau desséchée par le vent. Au-delà de la ville, le Fleuve aussi lourd que ce jour charriait le limon fertile vers la Terre Noire. L'eau atteignait presque les murs d'enceinte et recouvrait les jetées extérieures du port. Huy pensa aux terres inondées en aval, aux champs assoupis sous les eaux, prêts à renaître à la végétation dès la fin de l'été. Par ici, les fermiers devaient remuer des pensées identiques. La succession rassurante des trois saisons, la tâche répétitive qui les accompagnait et l'inquiétude annuelle quant à la générosité d'Hapy... Son cœur s'était-il mis à l'unisson ?

« Quand verrai-je Takhana ? demanda-t-il au gouverneur.

— Informe-toi auprès de son intendant.

— Je m'y rends de ce pas. »

Taschérit n'avait pas eu un regard pour lui durant ce dernier échange. Il était resté appuyé sur la balustrade de la terrasse, fixant l'horizon. Dans les garnisons, il n'y avait aucun mouvement en cette heure morte du jour. Si le gouverneur n'était pas du complot, comment la mutinerie serait-elle coordonnée ? Il fallait donner aux troupes un chef derrière lequel se ranger.

« Il est trop tôt, objecta Taschérit. C'est encore l'heure du repos.

— Si elle n'est pas réveillée, j'attendrai. »

Huy n'avait pas l'intention de lui laisser l'opportunité d'avertir sa sœur avant son arrivée.

« Vas-y, alors. »

Taschérit s'affala sur la rambarde, cédant à une soudaine lassitude. Huy remarqua ses muscles et son ventre avachis, qui n'auraient pas dû être le lot d'un homme aussi jeune. Sans ajouter un mot, il descendit les marches presque invisibles dans l'ombre noire après la vive lumière du dehors.

Regrettant de ne pas avoir le temps de se laver ni de se changer, il se força à modérer son allure. Ses sandales crissaient sur le revêtement en brique, couvert par le vent d'une fine pellicule de sable. La ville déserte était l'enclume du soleil. On eût dit ces lieux inhabités, comme bâtis en offrande aux dieux. Chez lui, même à pareille heure, on voyait toujours une certaine activité, pensa-t-il, mais il se reprit : chez lui, désormais, c'était ici. Il jouissait d'un privilège dont il pouvait rendre grâce aux dieux et au roi. Combien d'habitants de la Terre Noire voyaient-ils jamais une autre partie du pays que celle où ils étaient nés ?

La demeure de Nesptah n'était guère éloignée de la Résidence. L'édifice était situé en retrait, derrière un haut mur blanc où se découpait une porte étroite, peinte en rouge foncé. A l'approche de Huy, un scorpion noir se réfugia sous une pierre. Comme c'était approprié de voir un des Enfants de Selket à cette heure dominée par la chaleur ardente ! Que ce fût ou non un présage empreint d'un sens caché, il ne s'en inquiéta pas.

Il frappa à la porte à l'aide du heurtoir et attendit. Les coups avaient paru sourds dans l'air dense, et il se demanda si l'on viendrait lui ouvrir. Personne ne rendait visite à cette heure, et même les serviteurs étaient censés dormir. Mais enfin il entendit le grincement d'un verrou que l'on tirait de l'autre côté, et un visage mince, frais et élégant apparut dans l'interstice de la porte.

Honteux d'être couvert de sueur et de poussière, Huy indiqua à l'homme la raison de sa venue. Celui-ci l'observait de ses yeux noirs brillants, sans changer d'expression. C'était comme une figure peinte, comme le masque mortuaire posé sur une momie. Puis l'homme baissa les yeux et ouvrit largement la porte. Huy entra dans une cour fraîche, au sol revêtu de calcaire, et descendit deux marches pour pénétrer dans un jardinet ombragé par des palmiers-*doum*. Le serviteur était mieux vêtu que lui — il portait même des sandales de cuir — et le scribe regretta les habits de cour qu'il avait laissés derrière lui. Les bancs du petit jardin étaient tous de calcaire blanc, luxueusement sculptés dans la masse. Dans un murmure incessant, l'eau canalisée par un conduit alimentait un vivier de granit, où évoluaient de magnifiques poissons. Les murs étaient d'un blanc si lumineux que Huy devina qu'on y appliquait chaque jour une nouvelle couche de peinture, et leur sommet était bordé d'une frise incrustée de lapis-lazuli. Tout ce sur quoi il posait les yeux témoignait d'une opulence qu'il n'avait jamais vue hors du quartier palatial, et qu'il ne s'attendait pas à trouver ailleurs que dans la capitale du Sud.

Le serviteur, qui lui avait fait signe de prendre place avant de s'éclipser, revint peu après avec un compagnon, apportant de l'eau et des serviettes. Ils aidèrent Huy à se rafraîchir puis le laissèrent de nouveau attendre, plus présentable et plus sûr de lui, mais plein d'appréhension. Se sachant observé, il s'efforçait de ne montrer aucun signe de nervosité ou d'impatience. Il restait assis sur le banc comme si c'était son bien, comme si cette riche demeure était la sienne. On lui apporta du vin dans un verre aux motifs d'or peut-être trop chargés pour être d'un goût parfait, mais le vin lui-même éclata sur son palais tel un présent de Rénoutet.

A mesure que le soleil poursuivait sa course, les ombres du jardin devenaient plus profondes. Des mouches au bourdonnement paresseux se posaient sur ses bras, puis, lorsqu'il les chassait, faisaient un petit tour dans les airs avant d'élire domicile ailleurs. Ses paupières étaient de plomb; il se força à garder les yeux ouverts et à rester assis très droit. Une légère fraîcheur montait du Fleuve lorsque le premier serviteur reparut et lui donna une serviette parfumée pour essuyer son cou, ses yeux et ses mains. Huy le suivit alors dans la maison.

Ils traversèrent un long vestibule au sol de pierre polie et au plafond bas, soutenu par cinquante colonnes de pierre carrées. Il y faisait sombre, mais, à l'autre extrémité, Huy distingua une seconde cour intérieure où se concentraient les derniers feux du soleil. A mesure qu'ils avançaient, les détails se firent plus nets : il y avait là d'autres palmiers, plus petits et plus bas, et des fougères. Sur le sol, des tapis aux nuances du désert s'ornaient de motifs que Huy n'avait encore jamais vus. On y avait disposé des chaises et des tables taillées dans le bois noir du Sud lointain, orné d'incrustations d'or et de turquoise, et de sculptures délicates. Aux murs, des peintures représentaient des hommes de haute taille, en tunique blanche, offrant toutes sortes de mets, d'animaux et de lingots de métaux précieux à un couple siégeant sur ce qui ressemblait fort à des trônes surélevés par une estrade. Huy eut à peine le temps d'y jeter un coup d'œil avant de fixer son attention sur la femme qui venait à sa rencontre.

Elle était plus grande qu'il n'en avait gardé le souvenir après l'avoir vue au festin d'Ankhsi, et elle portait une longue robe flottante, nouée sous la poitrine qu'elle laissait dénudée, à la mode du Sud. Ses seins étaient petits, mais fiers et fermes, le mamelon à peine plus sombre que la peau. Elle avait les jambes élancées et les reins cambrés, des pieds fins aux orteils carrés qui n'avaient pas l'habitude d'être emprisonnés dans des sandales. La peau sous ses ongles était indigo. Ses cheveux, retenus par un simple ruban, étaient longs et foncés, mais pas aussi raides et plats que chez la plupart des femmes de la Terre Noire. Ses yeux et ses dents étaient des flammes blanches dans son visage bistre, mais le centre de ses yeux était terre d'ombre. Était-ce bien là la sœur de Taschérit ?

Son regard n'était ni chaleureux ni curieux, ni agressif ni craintif, mais plein de défi. Il rappela à Huy un chat du désert qu'il avait vu dans son enfance, offert à la capitale du Sud par une délégation du roi d'Élam. L'animal avait été exhibé dans une cage de bois sur la place publique avant d'aller grossir la ménagerie du quartier palatial. Jamais il n'avait oublié ce regard altier, où le défi l'emportait sur la panique.

Mais toute similitude s'arrêtait ici. Takhana était maîtresse de son propre destin.

« Tu honores ma demeure, dit-elle d'une voix suave qui ne laissait pourtant aucun doute que, si un honneur était conféré, c'était par elle.

— Tout l'honneur est pour moi.

— Nous n'avons pas encore fait connaissance. Quel dommage que nous n'en ayons pas eu l'occasion au banquet d'accueil donné par mon frère ! J'en veux à ma belle-sœur de ne pas nous avoir mieux présentés.

— Peut-être est-il peu convenable de ma part de te rendre visite à présent, de mon propre chef et avant le retour de ton époux, mais je me trouve à Méroé depuis assez longtemps et, m'a-t-il semblé, un plus long retard aurait pu passer pour discourtois. J'arrive de chez ton frère.

— Est-ce lui qui t'a suggéré de venir ? s'enquit-elle, levant imperceptiblement un sourcil.

— Non. »

Huy ne se laissait pas intimider facilement, cependant cette femme, qui le dominait d'une tête, lui semblait aussi imposante qu'un navire de Keftiou l'était pour un nageur. Il se dit qu'elle était l'épouse d'un homme d'affaires de province, la sœur d'un soldat, rien de plus. Les notables d'une petite localité montraient parfois plus d'aplomb que d'autres pourtant plus sages et plus avisés, et cela faisait tomber devant eux bien des barrières. Mais cette femme était une panthère et il éprouvait son pouvoir. Un sage pouvait avoir le dessous, en dépit de tout son savoir. Il allait entreprendre la difficile tâche d'expliquer la raison de sa venue, quand il fut interrompu par l'arrivée d'un homme qui, l'ayant jaugé rapidement, murmura quelques mots à Takhana sans plus lui porter d'intérêt.

Elle ne sourcilla pas, mais observa Huy tout en écoutant. L'homme n'aurait pu présenter avec elle un contraste plus saisissant. Blême et replet, il ne portait qu'une *afnet*[1] et un pagne bleu ciel. Ses petits seins ballottaient telle de la pâte à pain sur son estomac protubérant et moite. Ses yeux brun clair étaient les plus froids que Huy eût jamais vus.

Ayant communiqué son message, l'homme partit comme il était venu, sans un regard pour le scribe.

« Sois indulgent envers nous, dit Takhana. Nous avons pour usage d'annoncer notre visite.

— Je ne cherchais nullement à enfreindre vos coutumes, assura Huy, tâchant de ne pas se laisser décontenancer par ce reproche à peine voilé.

— J'en suis sûre. Maintenant, assieds-toi et expose-moi l'objet véritable de ta visite. Est-ce ma belle-sœur qui t'envoie ? »

Sous l'œil scrutateur de Huy, elle expliqua, avec un petit sourire triste :

« Mon frère m'a appris que Ankhsi t'a engagé pour découvrir qui essaie de la tuer.

— Il est vrai.

— Ce n'étaient que de simples accidents !

— Pas la troisième fois. Et la deuxième, on a vu un inconnu s'éloigner à la nage du bateau qui a failli les renverser. »

Takhana s'assit languissamment sur un banc cou vert de larges coussins, dont les motifs vigoureux rappelaient ceux des tapis. Elle allongea ses jambes et posa un bras sur le dossier du banc, l'autre sur sa cuisse. Son regard se fit plus doux. Répondant à son invite, Huy prit place en face d'elle. Le silence s'installa, rendant plus présent le clapotis de l'eau. Le serviteur qui avait accueilli Huy à son arrivée vint

1. *Afnet* : cache-perruque en tissu. (*N.d.T.*)

apporter du vin et des petits gâteaux au miel. Ce faisant, il adressa au scribe un bref regard que celui-ci ne sut interpréter. Il avait cru y lire comme un avertissement...

« Je sais qu'Ankhsi t'accorde son affection et sa confiance, dit Takhana. Tu n'as aucune raison de douter de ses dires. Mais tu dois comprendre deux choses : la première est que Ankhsi a changé depuis qu'elle est venue vivre parmi nous. La seconde, c'est que nous ne sommes pas ici dans la capitale du Sud. »

Elle marqua une pause et but quelques gorgées. Huy l'imita. Le vin était d'une légèreté trompeuse. Il lui faudrait faire preuve de modération.

« Ici, reprit-elle, nous sommes à la limite extrême de la Terre Noire. La loi de Pharaon parvient à peine jusqu'à nous. Si nous survivons, c'est parce que nous savons nous enrichir, nous et notre entourage. Mais nombreux sont ceux à qui cela fait ombrage. Ceux qui appartiennent à cette région du monde la revendiquent.

— Ne serait-ce pas une raison suffisante pour vouloir assassiner l'épouse et le fils du gouverneur ?

— Il serait plus logique de s'en prendre au gouverneur lui-même, à moi ou à Nesptah. Du moins, cela le serait autant. Or personne n'a cherché à attenter à nos jours », fit-elle valoir avec finesse, en repliant ses genoux sans le quitter des yeux.

Huy était subjugué. Comment n'avait-il pas été frappé plus tôt par l'extraordinaire beauté de cette femme ? Il cherchait en vain les traits de Taschérit sur son visage.

« Pourtant, un homme a cherché à tuer Ankhsi et Imouthès. Cela ne fait aucun doute.

— Pauvre, pauvre Ankhsi !

— Je te sens ironique. Livre-moi le fond de ta pensée.

— C'est une chose dont il m'est difficile de te parler. Tu es très proche de ma belle-sœur. Peut-être en ai-je déjà trop dit. »

Elle fit signe au serviteur, qui rapporta du vin. Huy remarqua qu'elle observait l'homme du coin de l'œil. Il vit aussi que le domestique feignait de le servir plus généreusement qu'il ne le faisait en réalité.

« Ne crains pas de t'exprimer en toute liberté, dit-il à son hôtesse, troublé en songeant aux ambitions d'Ankhsi.

— Voilà déjà un certain temps qu'elle nous donne de l'inquiétude. Elle est de deux ans ma cadette et, depuis qu'elle est entrée dans notre famille, je m'efforce d'être pour elle une grande sœur.

— T'a-t-elle prise pour confidente ?

— Non, hélas ! Elle s'est complètement repliée sur elle-même. Maintenant, elle refuse de partager sa couche avec mon frère. Nous pensons que des fantômes viennent troubler son esprit.

— Pourtant, l'attaque était bien réelle.

— Oui, et c'est là ce qui nous inquiète le plus. Si seulement les gardes n'avaient pas tué cet homme, nous aurions peut-être appris la vérité !

— Quelle vérité ? »

Huy se sentait étrangement détendu, un peu comme s'il flottait. La conversation lui semblait provenir de très loin, sa propre voix lui était étrangère. Il tâcha de se ressaisir.

« L'attaque était réelle, cependant elle ne fut pas fatale, tant s'en faut. L'enfant n'en a pas souffert et elle-même n'a reçu qu'une blessure sans gravité. Ta femme est son médecin attitré, elle t'a sûrement dit cela.

— Oui. L'agresseur a été interrompu avant de parvenir à ses fins.

— C'est ce que l'on a voulu faire croire. La fuite de l'agresseur faisait partie du plan. Il avait accompli exactement ce pour quoi on l'avait payé. »

Huy en eut froid dans le dos.

« Pourquoi ton frère ne s'en est-il pas ouvert à moi ?

— En dépit de ses doutes, il fait passer la sécurité de son épouse avant tout. »

Il était exact que Taschérit avait toujours été sceptique, même s'il avait posté une garde. Huy se pencha en avant. Loin de ressentir la tension qu'il éprouvait d'habitude en interrogeant un témoin, il sentait une agréable chaleur envahir tout son corps.

« Où veux-tu en venir ?

— Il m'est difficile...

— Non. Parle clairement. »

Elle se rassit au bord du banc et se pencha vers lui. Son visage et son corps, tout proches, exhalaient un parfum enivrant.

« Elle devait absolument te convaincre, toi comme tous les autres, je suppose, que sa vie était véritablement menacée. »

Semblant hésiter à nouveau, Takhana se mordit les lèvres.

« Depuis quelque temps déjà, elle est en différend avec son *khou*. Elle ne veut plus entendre raison. Nous craignons qu'elle ne perde jusqu'à la connaissance de son nom. Est-ce elle qui t'a réclamé ou es-tu envoyé par Ay ?

— Non, ce n'est pas Ay qui m'envoie, répondit Huy, espérant que la franchise était bonne conseillère — de toute manière, il doutait de convaincre Takhana.

— Voici ce que, moi, je crois : abusée par son cœur, elle s'est sentie abandonnée. Elle voulait par-dessus tout t'avoir auprès d'elle. Taschérit fut blessé qu'elle jugeât un autre homme plus à même de lui apporter aide et protection. Mais elle s'était coupée de nous. Maintenant que je t'ai en face de moi, dit-elle, se penchant davantage, je comprends aisément qu'elle t'accorde toute sa confiance. Il émane de toi tant de force ! »

Huy l'écoutait en silence. Il regrettait que sa coupe fût déjà vide, mais le serviteur avait disparu. Les traits de Takhana emplissaient tout son champ de vision. Lentement, elle leva la main gauche et passa doucement l'index sur la cicatrice qu'il avait à la joue.

« Nous sommes tes amis, murmura-t-elle. Nous voulons que tu nous aides à découvrir la vérité. »

Elle se pencha encore — à peine — et leurs joues se frôlèrent, puis il sentit les lèvres de la jeune femme effleurer sa cicatrice.

Plus tard, Huy se rendit à la Maison de Vie. Les rues s'étaient animées en ces heures plus fraîches de la journée. Près du port, quelques matelots du pays des Deux Fleuves avaient disposé sur un étal des figurines érotiques, grossièrement façonnées dans du bois de cèdre : accouplements d'hommes et de femmes, de femmes et de chiens, d'hommes sodomisant des naines. Ils les troquaient contre des sacs de victuailles ou de petites pépites d'or brut, et avaient attiré une foule assez nombreuse pour obstruer l'une des artères provenant du centre de la cité.

Pour dissiper l'étrange torpeur qui s'était emparée de lui et activer le flux dans les canaux de son corps, Huy s'obligea à courir. Il s'arrêta au premier réservoir public qu'il trouva sur son chemin afin d'asperger son visage et ses bras. Il plongea ses poignets dans l'eau froide et, une fois rafraîchi, se frictionna vigoureusement à l'aide d'une serviette de lin élimée, fournie par le préposé au réservoir, pour se débarrasser du parfum tenace de Takhana.

Lorsqu'il rejoignit Senséneb, elle travaillait encore. Elle soignait un grand vieillard dont les muscles noués transformaient ses mains en pinces et tordaient ses genoux en dedans. « Comment vais-je faire pour travailler ? » répétait-il sans cesse, autant pour lui-même que pour elle, qui massait ses poignets ridés avec une préparation à base de cendres et d'huile, souveraine contre les inflammations.

Quand, ayant fini, elle se fut lavée et changée, ils prirent une voiture à porteurs pour rentrer chez eux, où à son tour Huy se baigna puis, aidé de Psaro, revêtit un pagne frais et des sandales neuves. Le scribe n'avait encore rien dit de son entrevue avec Takhana. La journée avait été longue, fertile en émotions, et son cœur s'épuisait à débrouiller les fils de l'écheveau compliqué que les dieux s'étaient plu à lui soumettre. Il avait l'impression d'errer dans le grand labyrinthe du pharaon Nebmaâtrê Aménophis[1], au coin de l'immense palais qu'il s'était fait bâtir dans la capitale du Sud. Avec quelle joie l'ancien monarque y faisait précipiter ses ennemis, hommes politiques ou conspirateurs, n'accordant la liberté qu'à ceux qui s'en montraient dignes en découvrant l'issue !

Ils sortirent afin de prendre leur repas dans une des auberges qui entouraient la grand-place. Ils commandèrent de l'oie et du vin de grenade. A peine Huy eut-il goûté l'alcool ambré qu'une violente amertume agaça son palais. Pourtant, Senséneb le trouva parfait. Il s'abstint prudemment de la questionner à propos du breuvage que Takhana lui avait offert. Mais tandis qu'ils mangeaient, il lui rapporta enfin les propos de la belle-sœur d'Ankhsi.

« Penses-tu que notre amie ait perdu la raison ? lui demanda-t-il quand il eut terminé son récit.

1. Aménophis III. (*N.d.T.*)

— Non. Mais je sais qu'un secret la tourmente. Elle se refuse à m'en parler, bien que je la voie chaque jour. Elle me regarde comme si elle attendait que je devine tout, mais elle garde le silence.

— Se défie-t-elle de moi ?

— C'est impossible à dire. Peut-être regrette-t-elle de t'avoir fait si vite des confidences. Surtout si elle n'en avait pas discuté avec Samout avant son départ.

— Elle aurait voulu trouver en moi plus d'enthousiasme. Mais Takhana s'inquiète à son sujet, et elle connaît Ankhsi depuis que nous l'avons laissée ici.

— Cette Takhana t'inspire-t-elle confiance ? »

Huy ne répondit pas.

« Parle à Samout. C'est un homme de valeur. Hapou a rencontré au marché un de ses serviteurs, qui lui a appris que son maître revenait demain. »

Il était encore tôt quand ils reprirent le chemin de leur demeure. Le char de Khonsou formait un disque nimbé d'argent au bas du firmament, et nombre de citadins s'attardaient au-dehors pour savourer cette nuit claire et douce. Du Nord était venue la nouvelle que la crue, quoique moins abondante que les années passées, ne serait pas le désastre que beaucoup redoutaient. Le bonheur des uns faisant le malheur des autres, certains des marchands évoquaient déjà sombrement un excès d'orge à *shemou*, la chute des prix qui en résulterait et les moyens de convertir leurs stocks en une denrée dont la valeur resterait stable. Pour la plupart des gens, toutefois, c'était un temps de soulagement et l'inquiétude avait disparu de bien des visages. La ville se sentait en harmonie avec elle-même. Mais Huy regardait les passants comme si chacun d'eux était un acteur portant un masque et dissimulant les intentions véritables de son cœur.

Alors qu'ils regagnaient leur logis, ni lui ni Senséneb ne remarquèrent la silhouette qui les épiait dans l'ombre, bien que la lumière de Khonsou fût assez vive pour faire briller les larmes dans ses yeux.

8

Samout était assis à son bureau, le visage à moitié dans l'ombre, près d'une longue fenêtre basse dominant le Fleuve et dont le châssis était taillé dans le précieux calcaire de Toura.

Huy n'était jamais venu chez lui auparavant, et tant de luxe lui apprenait clairement que Samout était un homme riche, en dépit de son apparente modestie. Par le mobilier, cette pièce soutenait la comparaison avec la salle de travail de Pharaon, dans la capitale du Sud. Si Samout possédait tout cela, de quelle fortune disposait Nesptah ?

« Ainsi, elle t'a révélé nos plans, constata l'homme d'affaires. Ma foi, cela ne m'étonne pas. »

S'il n'avait pas expressément recommandé à Ankhsi d'agir ainsi, il ne semblait pas contrarié qu'elle en eût pris la décision. Sa voix, du moins, ne trahissait rien. Mais Huy regrettait de ne pouvoir mieux voir son expression. De ses doigts courts et carrés, le marchand pinçait légèrement sa lèvre inférieure, qu'éclairait un rayon de soleil doré. Huy remarqua les poils noirs et drus sur les premières phalanges. N'étant pas prêtre, Samout n'avait pas l'obligation de se raser le corps — d'ailleurs, il semblait tirer quelque vanité de sa barbe soigneusement taillée et ointe d'huile —, mais ce petit exemple de négligence dans la toilette retint un instant l'attention du scribe, toujours à l'affût d'un trait de caractère susceptible de le guider à travers le labyrinthe.

« Je suis heureux qu'elle t'en ait parlé, affirma Samout. Aussitôt que je t'ai vu à l'auberge, j'ai su que tu étais des nôtres. Ta réputation s'étend bien au-delà de la capitale du Sud. Les capitaines de Taheb célèbrent ton nom tout le long du Fleuve. »

Tristement, Huy se rappela son ami Amotjou et le tragique concours de circonstances qui lui avait valu d'élucider sa première affaire. A la mort d'Amotjou, sa veuve avait hérité de la flotte fluviale et, quelques années plus tard, elle et Huy avaient pour un temps été intimes. Il n'avait jamais imaginé qu'il faisait l'objet de conversations. Dans quelles eaux troubles cela l'avait mené !

« Tu fus un loyal sujet sous Akhenaton, le dernier vrai pharaon, continua Samout avec chaleur. S'il avait vécu, qui sait vers quelles hauteurs tu te serais élevé ? Au lieu de quoi ta carrière fut brisée, comme la carrière, la vie de tant d'autres. Sans cette rébellion inique fomentée par Horemheb... »

Sa voix se brisa. Il alla à la fenêtre, posa les mains sur le rebord blanc et frais, et se pencha pour contempler le panorama qui s'étendait en contrebas. La scène était digne d'être peinte. La crue était presque complète et l'attente était sur le pays. Sur les flots, seul croisait un vaisseau-faucon, menant une des patrouilles imposées sans relâche.

« Mon père en pâtit, lui aussi. Ses domaines furent confisqués, de même que les mines de métal précieux qu'il possédait dans le désert oriental. »

Il s'interrompit, frémissant de rage à la vue du navire solitaire.

« Les mesures de sécurité sont efficaces. Il en est toujours ainsi lorsque des hommes usurpent le pouvoir. Mais voici qu'approche le temps où l'héritier légitime du Grand Pharaon, si cruellement humilié, sera restauré à sa juste place. Sous Aménophis — que nous avons nommé, comme son grand-père, Magnificence Suprême —, Aton fera son retour et nous guidera vers une ère de splendeur. Et toi, Huy, tu seras à nos côtés. »

Il se tourna et s'approcha du scribe, qui découvrit enfin, en pleine lumière, sa bouche résolue et son regard exalté. La main glacée de Seth se referma sur son cœur.

« J'étais ici à l'arrivée de la reine Ankhsenamon, ou plutôt Ankhsenaton, nom qu'elle reprendra en temps et heure, lorsque son fils deviendra Akhenaton II. Je m'étais réfugié dans cette cité après la ruine de ma famille, et je travaillais — oh, dieu tout-puissant, si durement ! — à reconstruire la fortune dont mon père avait été spolié. Dès que je la vis, je sus qu'un miracle s'était accompli. J'avais déjà des amis, mais pas en assez grand nombre pour empêcher Nesptah de prendre l'avantage. Mais ce fourbe, la sachant seule et sans protection, manœuvra de sorte à gagner rapidement sa confiance. C'est lui qui arrangea un mariage avec son bellâtre de beau-frère, c'est lui qui s'insinua tant et si bien dans les bonnes grâces d'Ay que Taschérit devint le gouverneur militaire le plus grassement payé de toute la Terre Noire. Mais avec quel argent ! L'argent du sang ! »

Il se tut, haletant, et s'appuya sur son bureau. Huy observa à la dérobée les deux serviteurs figés dans une immobilité de statue de part et d'autre de la porte close — penser qu'un homme pût avoir les moyens de se faire faire une porte en cèdre ! Dans ces visages insondables, les yeux semblaient aveugles.

Le marchand se calma et tamponna son front avec un carré de lin qu'il avait sorti des plis de son pagne. Par endroits, son maquillage avait coulé.

« Eh bien, dit-il avec un rire amer, peut-être fus-je trop faible pour empêcher le mariage, toutefois je sus me montrer patient. Cela me déchire d'avoir encore à ronger mon frein, mais tu connais le dicton : La patience est un œuf ! La chance se présenta pour la première fois lorsque j'appris qu'elle était enceinte. Une femme-médecin travaillait déjà pour moi et, par bonheur, le fait n'était connu de personne. Elle était la meilleure guérisseuse de Méroé, aussi, n'en déplaise à Nesptah, je réussis à l'introduire au sein de la Résidence du gouverneur. Si l'on peut ainsi qualifier un homme qui ne gouverne rien, même pas ses sens ! »

Le marchand, qui avait donné libre cours à son mépris, sentit peser sur lui le regard de Huy. Il s'arrêta net, puis ajouta plus posément :

« Cet homme-là est une vermine, un moins que rien. La seule qualité qu'on puisse lui reconnaître est un certain talent pour le mensonge.

« Grâce à la guérisseuse, il me fut aisé de découvrir que Taschérit ne pouvait être le père de l'enfant à naître. C'était d'ailleurs peu plausible, mais peu de gens eurent vent de ce secret. Dès lors, il n'était pas difficile de deviner qui était le vrai père. Ankhsi était une jeune femme intègre, une épouse fidèle ; elle n'aurait jamais ouvert sa couche à un autre que son petit pharaon.

— Et la guérisseuse ? »

Samout haussa les épaules.

« Dès que je sus la vérité, mon plan commença à prendre forme dans mon cœur. Stupidement, je m'en ouvris à elle — elle était alors devenue ma maîtresse. Je n'eus d'autre recours que de l'empoisonner. Rien ne devait compromettre l'absolue sécurité dont j'avais besoin jusqu'à ce que je sois assez fort pour frapper.

— Et Ankhsi ?

— Elle sut bien vite à quoi s'en tenir sur Taschérit. Tu l'as vue : elle est pratiquement prisonnière. Ce ne fut pas une mince affaire de parvenir jusqu'à elle, mais je suis assez bon comédien et nul ici ne connaît mon passé. J'ai engraissé, je me suis laissé pousser la barbe, je me suis donné l'allure inoffensive d'un marchand provincial. Pourquoi se méfier de ce qui ressemble simplement à un peu d'arrivisme ? Tu as pu juger toi-même de l'état d'esprit de la princesse. Elle nourrit des ambitions pour son fils et aspire à venger son époux. En un sens, elle ne voit en moi que l'instrument qui lui permettra de toucher au but. Il ne nous fut pas souvent donné de nous rencontrer en privé, mais au fil de ces rares occasions, nous avons élaboré nos plans. Nombreux sont ceux qui travaillent ici pour mon compte, et nul n'imagine l'étendue de ma fortune. Bientôt, je te montrerai.

— Mais as-tu les moyens ?... commença Huy avec prudence.

— Ah ! L'éternel questionneur ! dit Samout, qui éclata de rire et assena une claque sur l'épaule du scribe. Pardonne-moi, mais c'est précisément la raison pour laquelle tu nous es si précieux ! Tu es, à juste titre, un homme qui veut savoir où il va. Dans les garnisons de Méroé comme dans celles de Napata, il n'est pas un soldat qui ne soit à mes ordres. Je tiens le vice-roi dans le creux de ma main. Tous les officiers de la Terre Noire et de Ouaouat, jusqu'aux chefs des pelotons kouchites, n'attendent qu'un mot de moi pour passer à l'action.

— Comment as-tu réussi cela ?

— Tu es ici dans le Sud, lui rappela Samout en se

rasseyant. Le culte d'Aton a conservé son importance. Le terrain était fertile, et j'y ai semé de l'or.

— Réponds-tu entièrement du vice-roi ?

— Sans hésiter. Le vice-roi est un joueur qui ne parie que pour gagner. Il n'éprouve aucune loyauté envers Ay.

— C'est pourtant à celui-ci qu'il doit son poste. »

Huy songeait que jamais le pharaon n'eût placé un homme dont il n'était pas sûr à un poste clé, et si loin de la capitale du Sud. Mais Samout eut un fin sourire.

« Le temps et l'éloignement ont produit leur effet. Nous avons fait miroiter au vice-roi d'autres honneurs. Vois ! dit-il, écartant largement les mains. L'empire se disloque. Un homme doit placer sa loyauté en ceux qui sont maîtres de l'avenir. »

Huy fut sidéré de cette confiance si absolue, et se rappela un fou qu'il avait jadis entendu parier qu'il franchirait le Fleuve en dansant sur le dos des crocodiles, en plein midi.

« Que sait Taschérit ?

— Il est trop stupide pour savoir quoi que ce soit. Il en va tout autrement de sa sœur et de Nesptah. Mais nous avons des espions chez eux. Tu as vu le meilleur d'entre eux lors de ta visite à la délicieuse Takhana.

— Ah ! Parce que tu es au courant de ma visite ?

— Tu le sais, on n'est jamais trop prudent. Ce fut comme un don d'Aton quand nous entendîmes parler de ta venue, mais qui n'examine pas un cadeau inespéré avec soin, pour s'assurer qu'il n'est pas empoisonné ?

— Qui était cet espion ?

— C'est à toi d'éclaircir les mystères, Huy. L'identifier n'est pas une tâche trop difficile pour ton cœur. Tu as de quoi lui être reconnaissant. Takhana sait corser son vin d'une mixture à base de mandragore, au goût indécelable. Si tu avais bu autant qu'elle l'escomptait, tu ne serais pas ici à présent. En fait, ta robustesse l'a stupéfiée. Elle rejette la faute sur Apouky et l'accuse de ne pas avoir versé une dose suffisante, dit-il, s'esclaffant à cette idée.

— Qui est Apouky ?

— Oh, tu l'as vu, lui aussi ! Un petit homme grassouillet au teint plombé. Il est extrêmement dangereux.

— Qui est-ce ?

— Officiellement, son intendant. Mais il fait... tout ce qu'elle lui demande. D'aucuns sont assez cruels pour insinuer qu'elle aime qu'il la prenne de temps en temps, par l'orifice de Seth. Néanmoins, ajouta-t-il en souriant, ne prêtons pas l'oreille aux mauvaises langues. Que t'a-t-elle dit ?

— Fort peu de chose.

— Point tant de méfiance, Huy ! Je suis ton ami. Elle a prétendu que la reine est folle.

— Elle affirme qu'elle se fait du souci pour Ankhsi.

— N'en crois rien. Allons, je sais où réside ta sympathie, dit le marchand, se détendant un peu. Sinon, pourquoi aurais-tu accepté d'aider Ankhsi à découvrir qui veut sa mort ? Et il y a plus. Sans toi, la reine ne serait plus. Elle n'aurait jamais quitté la capitale du Sud. Elle m'a raconté le stratagème ingénieux que tu as inventé pour la sauver. »

Comment Huy pouvait-il faire comprendre à cet homme que ses actes n'avaient pas été dictés par des enjeux politiques ? A l'époque, Ankhsi était une jeune femme terrorisée ; il l'avait sauvée parce qu'il avait senti, en quelque sorte, que la responsabilité lui en incombait. Peut-être aussi parce qu'il n'y avait aucune raison de ne pas la sauver. Il ne pouvait prévoir le sort que les dieux réservaient à la Grande Épouse royale.

« Selon toi, demanda-t-il, qui veut la supprimer ?
— Horemheb. »
Le marchand était à nouveau sur ses gardes. En tout cas il partageait apparemment le point de vue d'Ankhsi.
« Ton cœur te suggère-t-il un autre nom ?
— Si cela venait d'ailleurs, je le saurais. Mes espions sont efficaces. »
Huy voulait bien en convenir, mais il se disait aussi que les puissants se savaient surveillés et protégeaient jalousement leurs secrets. Ils laissaient quelques os à ronger aux espions, afin de les satisfaire. Huy n'avait pas la prétention de croire qu'il était autre chose à leurs yeux. Cependant, il ne comprenait toujours pas pourquoi Takhana avait tenté de le séduire. Pour le faire tomber en son pouvoir ? Elle n'avait pu agir ainsi sans de bonnes raisons. Il y avait chez cette femme un mystère insondable et — il devait bien le reconnaître — une séduction troublante. A moins qu'il fût simplement sensible au charme de l'exotisme ?
« Quelles sont, selon toi, les intentions de Takhana ? demanda-t-il au marchand.
— Il est clair qu'elle te veut dans son camp.
— Connaît-elle l'existence de ton plan ?
— Non ! Aucun d'eux n'en a eu vent, sans quoi cela nous aurait été fatal. Vois-tu, notre plan prévoit leur destruction. Nesptah est trop dangereux. Sa puissance doit être anéantie »
Tout en regardant Samout se servir du vin, Huy se demanda si ses ambitions n'étaient pas, après tout, moins fondées sur une aspiration idéaliste à voir l'héritier légitime sur le trône que sur une manœuvre colossale visant tout simplement à éliminer un concurrent.
« Et pourquoi voudrait-elle m'avoir dans son camp ?

— Parce que tu es l'ami d'Ankhsi. Et aussi parce qu'elle prend plaisir à ce genre de chose. Tu as échangé le serment avec Senséneb...

— Il est vrai, admit Huy, comprenant du même coup que seul Psaro pouvait avoir révélé à Samout qu'ils étaient désormais mari et femme.

— Tout ce qui affaiblit Ankhsi renforce le pouvoir de Takhana. Si celle-ci parvenait à semer la discorde dans ton ménage, elle nuirait en même temps au conseiller d'Ankhsi et à son médecin. Cela lui serait bien doux.

— Pourquoi voue-t-elle cette haine à Ankhsi ?

— J'en ai trop dit, éluda Samout, baissant la tête. Il y a certaines choses qu'il n'est pas indispensable que tu saches.

— Tout est important, dans une enquête. Si tu veux que je protège Ankhsi, dis-moi ce que tu sais.

— Soit. Si Takhana déteste Ankhsi, c'est parce qu'elle est l'épouse de son frère. Qu'une femme aime son frère et jalouse sa belle-sœur, c'est là chose courante. Mais Takhana en veut à Ankhsi car sans Nesptah, son époux, cette union n'aurait jamais eu lieu.

— Il en a été l'instigateur ?

— Quel autre nom donner à celui qui l'a ordonnée ?

— Taschérit était opposé à ce mariage ?

— Il voyait ce qu'il avait à y gagner et il a eu ce qu'il en attendait : de l'argent et le commandement d'une ville. Une ville très riche, plus riche que le pharaon ne le sait ou ne le saura jamais, si Nesptah agit à sa guise. »

Huy songea à l'absent qui, même de loin, exerçait une telle emprise sur le cœur des gens de cette cité.

« L'as-tu vu à Napata ? demanda-t-il au marchand.

— Non. Il était parti pour les carrières de granit

qu'il gère au nom du souverain, près de la Deuxième Cataracte. Mais nous ne nous rencontrons pas souvent.

— Donc, il ne sait rien de tes projets ?

— Non, dit Samout, retrouvant le sourire.

— Qu'est-ce qui t'en donne la certitude ?

— S'il savait, je serais mort. »

Huy resta silencieux, cherchant en vain comment le faire revenir au sens des réalités sans être trop brutal.

« Pourtant, si l'on songe à ce qui est arrivé à Réniqer... »

Le marchand s'immobilisa alors qu'il portait la coupe à ses lèvres et posa sur le scribe un regard effrayant, qui le fit penser à un navire sans gouvernail. Néanmoins, il répondit d'une voix lente et calme :

« Je m'apprêtais justement à te parler de Réniqer. Il ne savait rien de mes projets politiques. Il était mon associé en affaires, rien de plus. Mais son innocence même en faisait le messager idéal, après les deux premiers attentats dont la reine avait été victime. C'est que moi, vois-tu, je ne les ai jamais pris pour des accidents.

« Toujours est-il que Nesptah fit suivre Réniqer jusqu'à la capitale du Sud. Je ne m'y attendais pas, car tout donnait à croire qu'il s'agissait d'un voyage de routine. J'avais la conviction que vos tractations foncières seraient une parfaite couverture, sans quoi je ne lui aurais pas confié ce message. Je ne sais exactement quand ni où c'est arrivé, mais seulement qu'on épiait ses faits et gestes, et qu'au retour un espion se trouvait à bord avec lui.

— Pourquoi est-ce seulement après avoir rempli sa mission, après m'avoir transmis le message d'Ankhsi, qu'il a été tué ?

— Nesptah lui a laissé toute latitude d'agir dans la capitale afin de voir à qui cela le mènerait. »

Pensivement, il tourna son regard vers le Fleuve, où un petit bateau de pêche rouge évoluait lentement au milieu du courant. C'était inhabituel, cette activité étant d'ordinaire matinale, mais peut-être l'embarcation avait-elle été louée par des chasseurs pour prendre des oiseaux dans les roseaux, à l'aide de bâtons de jet, des chats rapportant les prises.

« Tu rencontreras Nesptah à son retour. C'est un homme qui chemine aux côtés des démons. N'ayant rien découvert et pressentant qu'il y avait anguille sous roche, il ordonna la mort de Réniqer par souci de prudence. Les nouvelles qui m'étaient destinées disparaîtraient avec le messager. Et sois sûr qu'on eut soin de le fouiller avant de le jeter par-dessus bord.

— Nesptah saura que je t'ai vu, et que j'ai vu Ankhsi.

— Quoi de plus normal ? J'étais l'associé de Réniqer et toi, tu étais son client. Il était naturel que tu viennes me trouver après sa mort. Nul n'ignore que ton amitié avec Ankhsi remonte au temps où elle vivait dans la capitale du Sud, ni que tu es venu avec l'accord d'Ay. Nesptah est vigilant et se fie à son instinct. Tu n'as rien fait pour éveiller sa suspicion. Taschérit est trop borné, trop préoccupé de sa propre personne pour s'intéresser à quiconque. Quant à Takhana, puisque j'ai fait en sorte que mon espion ne t'évite pas complètement de boire son vin empoisonné, elle ne se doute de rien. Néanmoins, nous devons rester sur nos gardes, dit-il, contournant la table pour s'approcher de Huy. On dit que Nesptah est capable de se faire obéir des morts-vivants. Tu penses peut-être que ce sont là des sornettes, que seuls des villageois et des paysans croient encore au pouvoir de contrôler les esprits. Mais il ne faut jamais sous-estimer l'ennemi. »

En partant, Huy se demandait en qui, en définitive,

il pouvait placer sa confiance. Dans une cité où le mensonge était roi, peut-être en lui seul. Il aurait dû rentrer chez lui, mais il avait besoin de solitude pour réfléchir et ses pas l'entraînèrent naturellement vers le quartier qu'il préférait entre tous, quelle que fût la ville — le quartier du port.

« Tu me fais mal ! » protesta Ankhsenamon quand Senséneb eut défait les bandages de lin et écarta délicatement la gaze pour examiner la blessure, la mine grave.

Elle ne vit aucune des colorations putrides qui auraient imposé de couper jusqu'à la chair saine, afin d'empêcher le Mal-qui-dévore-vivant de s'étendre, tuant la patiente plus sûrement que son agresseur. L'enfant s'était lui aussi rétabli et Senséneb s'en réjouissait dans son cœur.

Elle nettoya la plaie avec de l'huile mêlée de vin de palme, puis avec de l'eau bouillie trois fois. L'opération fut longue et nécessita une grande quantité de linges.

« Tu iras bien, annonça-t-elle à sa patiente.

— Oui, tant que je saurais que mon fils est sauf.

— Il vivra. Ne laisse pas la nuit envahir ton cœur.

— Il est toute ma vie, à présent.

— Il ne faut jamais trop s'attacher à un enfant, dit Senséneb, inquiète de sentir tant de véhémence dans la voix de sa compagne. Osiris les rappelle à lui sans même y penser.

— Cela n'arrivera pas au mien. Tu sais tout ce qu'il signifie pour moi.

— Oui, je le sais.

— Tu parles avec politesse, non avec conviction, lui reprocha Ankhsi, détournant la tête.

— Je travaille. C'est sur ma besogne que mon cœur doit se fixer.

— Faut-il remettre un pansement ?

— Oui. Vois, la chair est encore à vif. Il y aura une cicatrice. Elle ne déparera pas ta beauté, mais elle restera. Et maintenant, c'est ton *khat* qu'il faut protéger. Tu dois prendre du repos. Je m'occuperai de toi.

— Ta présence me fait du bien, Senséneb. Je t'ai dit combien le petit Aménophis m'est précieux, mais les espoirs que je fonde sur lui n'en sont pas la seule raison. »

Senséneb n'avait guère envie d'être entraînée dans une telle conversation. La femme qui était désormais sa patiente était si différente de la jeune reine qu'elle avait connue dans la capitale du Sud ! L'amitié qui les avait unies lui semblait lointaine, et elle gardait malgré elle une attitude compassée. Il y avait dans l'air quelque chose d'indéfinissable qu'elle n'était pas certaine d'apprécier.

Ankhsi lui étreignit la main, les yeux pleins de désespoir, ravalant tout orgueil.

« Tu ne peux imaginer ma solitude. Je me suis murée en moi-même, je suis devenue ma propre prison.

— Toi seule alors as le pouvoir de te libérer.

— Ce n'est pas chose facile... J'ai appris que l'on est pour soi-même le plus impitoyable des geôliers. C'est pourquoi mon fils signifie tant pour moi. Il est mon lien avec ce que j'étais au temps du bonheur, au temps où ma place dans la vie avait pour moi un sens. Il représente la partie de moi qui est mon nom, la partie qui subsiste lorsque tout le reste est mort. Senséneb... Pourquoi es-tu venue à Méroé ? »

Prise de court, celle-ci préféra taire les sentiments contradictoires qui l'avaient tourmentée :

« Huy tenait à s'installer ici. Il disait qu'il étouffait, dans la capitale du Sud. C'est alors que tu m'as demandé de venir.

— Moi aussi, j'étouffe dans cette ville où je vis en recluse. Tu vois, je suis doublement prisonnière.

— Tu as un nouvel époux, une nouvelle famille... »

Senséneb était bien embarrassée. Ankhsi semblait à la fois souhaiter et redouter de tout lui confier. A la mention de son époux, elle parut se flétrir intérieurement.

« Ma nouvelle famille sait veiller sur ses propres intérêts. »

Ces mots invitaient une question, mais Senséneb, hésitante, ne dit rien. La voyant persister dans son silence, Ankhsi l'interrogea :

« Huy t'a-t-il rapporté notre conversation ? »

Le moment tant appréhendé était venu. Senséneb s'était souvent demandé comment elle répondrait, elle qui craignait de s'impliquer dans cette affaire. Elle aurait voulu pouvoir se cacher, ou alors — et soudain elle comprit ce qu'avait voulu dire Ankhsi — fuir très loin. Elle n'était pas lâche, mais elle préférait laisser se battre entre eux ceux que taraudait la soif du pouvoir. Néanmoins, elle savait aussi que lorsque Khnoum jette l'argile sur le tour du potier pour créer un être et son *ka*, ce n'est pas pour voir sa création tourner le dos à la vie. Il lui fallait accepter son destin, où qu'il l'entraînât.

« Il me l'a en partie relatée.

— Tu as été envoyée ici pour sauver mon fils, afin qu'il accomplisse sa destinée. »

Senséneb affronta un regard qui était celui d'une amie, et en même temps celui d'une inconnue.

« J'ai simplement exécuté ma tâche, qui est de sauver la vie et de restaurer la santé.

— Ne crois-tu pas que ce que je fais est juste ?

— Je ne saurais le dire. Mais dangereux à coup sûr.

— Quelle réalisation grandiose fut sans péril ? »

Senséneb avait fini de nettoyer la plaie. Elle entreprit d'enrouler les bandages de lin propre autour du corps mince et brun de son amie. Lorsque ce fut fait, elle ordonna aux servantes d'installer Ankhsi dans son lit, le dos calé contre de longs coussins rembourrés. Ensuite elle demanda à examiner l'enfant. Sa blessure avait guéri rapidement et il lui adressa un sourire radieux, au milieu des plis de batiste qui l'enveloppaient.

« Sais-tu ce que pense Huy de mes intentions ?

— Tu le connais. Il n'aime guère livrer son cœur.

— Je sens qu'il les désapprouve. Comment puis-je croire en l'avenir si je n'ai pas son soutien ? »

Émue par l'anxiété d'Ankhsi, Senséneb ne tenta pas, toutefois, de la détromper. Ce plan n'inspirait rien de bon à Huy. Tout ce qui menaçait d'ébranler l'ordre serait désormais fatal à la Terre Noire et, en vérité, Ay avait sur la couronne un droit légitime. Cependant, Samout semblait être un homme estimable, un homme qui ne s'embarquait pas dans une entreprise sans avoir quelque chance de réussir. Pour sa part, elle n'avait pas le pouvoir d'influer sur le cours des événements et elle préférait qu'il en fût ainsi. Dans son cœur, elle entrevoyait un sombre avenir pour son amie et pour l'enfant.

« Pourquoi es-tu malheureuse ici ? » demanda-t-elle, s'efforçant de secouer la mélancolie qui l'avait envahie.

Ankhsi se retourna fiévreusement sur le lit et murmura avec lassitude :

« Si seulement je pouvais partir d'ici avant qu'on essaie encore de me tuer !

— Ne crains rien. Taschérit te protégera.

— C'est son devoir, même s'il n'a pas d'amour pour moi. Oui, il le fera peut-être, surtout s'il y trouve son intérêt. »

L'amertume d'Ankhsi s'enfonça telle une aiguille dans le cœur de Senséneb.

« Tu dis qu'il ne t'aime pas ?

— Qu'est-ce que l'amour ? Certainement pas une chose qui nous revient de droit. C'est un luxe. Huy t'aime-t-il ?

— Je le crois, dit Senséneb avec une conviction qu'elle était loin d'éprouver.

— C'est un homme de valeur et il prendra soin de toi. Cela importe plus. »

A nouveau, elle lança à son amie un regard de désespoir. Alors Senséneb prit sa décision.

« Il faut que tu me dises ce qui te tourmente. Je ne peux refuser plus longtemps de t'écouter par crainte de m'engager. Et s'il faut absolument que tu partes d'ici, nous trouverons une solution.

— Je ne peux pas partir. Pas avant que tout soit décidé, pas avant que nous soyons prêts à agir. Je suis allée trop loin pour reculer. Je ne gâcherai pas l'avenir de mon fils. Il sera roi, je le veux !

— Mais si tous deux vous êtes en danger...

— Comme tu le disais si bien, Taschérit me protégera.

— Ne t'offense pas de ce que je vais te dire, je t'en prie. Mais pourquoi ne pas essayer de refaire ta vie ici ? Tu pourrais avoir d'autres enfants...

— De lui ? C'est grotesque !

— Parle-moi. Laisse-moi partager le fardeau dc ton cœur. »

Ankhsi poussa un long soupir.

« Quand j'ai rencontré Taschérit, je crois qu'il a vu en moi une femme avec laquelle il avait envie de marcher dans la Vérité ; et pas seulement parce que j'étais issue de la lignée de Pharaon. J'étais seule, sans amis, je n'avais plus aucun pouvoir. Pourtant il m'a prise, il s'est occupé de moi et, c'est vrai, il a veillé sur mon petit garçon depuis le jour de sa naissance. Il l'aime, cela ne fait aucun doute, et je suis sûre qu'il n'a dévoilé à personne, pas même à sa sœur, la véritable identité d'Aménophis.

— Ne t'avait-il pas juré le secret ?

— Tenir une promesse n'est pas son fort ! Mais celle-ci, il l'a respectée dans l'intérêt de l'enfant.

— Pourquoi ? Qu'arriverait-il si Takhana apprenait que ce n'est pas l'enfant de Taschérit ?

— Je pense qu'alors Nesptah, sinon elle, le ferait tuer.

— Mais pourquoi ? s'écria Senséneb, atterrée.

— Pour s'attirer la faveur d'Horemheb. Je crois que Nesptah est de ses partisans. C'est pour cela qu'aucune rébellion n'éclate ici, alors que la majeure partie de l'armée est cantonnée au nord.

— Aucune, mis à part celle que tu prépares.

— C'est une juste cause.

— Des mots dont les hommes se bercent !

— Senséneb, tu n'es plus mon amie !

— C'est parce que je suis ton amie que je te parle ainsi.

— J'aimerais le croire. Tout est si compliqué, j'ai besoin de placer ma confiance en quelqu'un, comme d'une lumière à travers les ténèbres.

— Certaines lumières sont trompeuses.

— Tu ne me détourneras pas de mes projets. Oublies-tu que mon époux fut assassiné par Horemheb ? »

Sursautant à ce cri de colère, le bébé arracha impulsivement ses lèvres du sein qu'il tétait paisiblement, faisant tressaillir la nourrice de douleur. Il se mit à pleurer, le visage plissé, battant frénétiquement l'air des poings et des pieds. Ankhsi se pencha et caressa le petit front en chantonnant doucement. Senséneb observa la scène, sentant son ventre mort pleurer en elle. Toutefois, son cœur devait se concentrer sur d'autres questions : Nesptah était donc l'allié du général ? Huy le savait-il ? Il était possible qu'Ankhsi le lui ait révélé, et qu'il ait omis de lui communiquer cette dangereuse information.

« Il y a plus, reprit Ankhsi quand elle eut réconforté son enfant. Mais je ne sais comment te le dire. Il est facile, lorsqu'on a toujours vécu en sécurité dans la capitale du Sud, de ne pas croire aux démons ; ici, où il n'y a alentour que des montagnes rouges et des terres désolées, où les gens sont différents de tout ce que l'on a toujours connu, on sent remonter dans son cœur les démons de l'enfance, les démons qui existaient dans ce pays avant l'époque de mon père et que, je crois, il n'a jamais véritablement chassés de la Terre Noire. »

Senséneb resta muette. Elle se rappelait ces regards qu'elle avait souvent sentis peser sur elle depuis son arrivée. Elle n'en avait pas parlé à Huy, mais elle évitait de rester seule et lorsque cela arrivait, elle empruntait les rues et les allées les plus fréquentées.

« Takhana exerce un fort ascendant sur mon époux, avoua Ankhsi avec difficulté. Il obéit à ses moindres caprices. Elle est de feu et lui d'eau, mais ce n'est pas tout. Je crois... Je crois que c'est pour elle qu'il me délaisse. Il ne sait rien lui refuser.

— Veux-tu dire... ?

— Je ne jurerais pas qu'ils sont amants. Peut-être l'étaient-ils, autrefois. Ce que je sais, c'est qu'il est plus souvent chez Nesptah qu'à la Résidence.

— Et sais-tu ce qu'en pense ton beau-frère ? A-t-il des soupçons ?

— Il faudra que tu formes ta propre opinion à son

sujet, dit Ankhsi, qui semblait perdue en elle-même. Il se peut que cet homme soit au-dessus — ou au-dessous — des sentiments d'un cœur ordinaire. J'ai la conviction qu'il contrôle les démons et que Takhana a ce don en partage.

— Et elle s'en servirait pour manipuler ton époux ? »

Senséneb réprima trop tard le sourire incrédule qui se formait sur ses lèvres. Avoir le sens intuitif du mal était une chose, mais de là à contrôler les démons...

« Je savais d'avance comment tu réagirais, s'emporta Ankhsi. Tu ne montres aucun respect ! Tu admets que, durant le sommeil, le cœur voyage, prenant comme véhicule le corps de rêve ?

— Certes.

— Pourquoi alors n'admets-tu pas l'existence des démons ? La réalité, c'est que tu en as peur. C'est pour toi une vérité insupportable. »

Senséneb fixait Ankhsi, stupéfaite de tant de rage. On eût dit qu'elle secouait les barreaux d'une cage. Elle se sentait, avait-elle dit, dans une double prison, cette cité de Méroé et celle où la confinait son propre cœur. Sortirait-elle de l'une pour rester prisonnière de l'autre ? Depuis trop longtemps elle était courageuse. Jamais elle n'avait eu le temps de pleurer son époux défunt ; elle vivait dans la terreur constante de perdre son enfant ; elle était seule en un lieu qu'elle abhorrait, parmi des gens qui lui étaient étrangers et qu'elle ne souhaitait pas appeler ses amis. Dans de telles conditions, était-ce si improbable que les plateaux de la balance de Maât fussent déséquilibrés en elle ?

Pourtant Samout avait su gagner son amitié et sa confiance, un peu comme il avait conquis celles de Senséneb. Il faudrait qu'elle discute de tout cela avec Huy, qui était allé voir le marchand le jour même.

« Tout le monde est contre moi, ici, excepté Samout, dit Ankhsi. J'espère au moins que Huy et toi ne vous détournerez pas de moi, même si vous refusez de m'aider activement. Mais si vous m'aidez, votre récompense sera immense. Aton se lèvera, et le soleil d'Ay et d'Horemheb se couchera à jamais. Je régnerai pour mon fils comme le fit Hatchepsout, et, lorsqu'il sera en âge de gouverner, qui sait? peut-être partagerai-je le trône avec lui. Alors la paix régnera sur la Terre Noire et le monde dont elle est le centre connaîtra l'harmonie. »

Et qui conduira tes armées ? objecta silencieusement Senséneb. Car il t'en faudra bien, non ? Et qui dirigera ton pays ? Car il te faudra un homme d'une autre envergure que Samout pour Premier ministre. Dans leur rivalité, Horemheb et Ay exploitaient leurs talents complémentaires pour équilibrer les plateaux de Maât au-dessus de la Terre Noire. C'était une stabilité précaire, illusoire, toutefois c'était un roc comparé à ce qu'elle prévoyait.

Avant de partir, elle tâcha d'orienter la conversation sur des sujets moins douloureux, mais aucun ne l'était vraiment et elle sut qu'elle avait eu tort d'essayer. Elles n'avaient plus évoqué la possibilité d'une nouvelle agression, qui eût bravé les mesures de sécurité : cinq hommes gardaient chacune des portes de la Résidence, et vingt chacune des deux entrées de l'enceinte. Elles n'étaient plus revenues sur l'isolement d'Ankhsi, matériellement incapable de quitter sa propre demeure. Ankhsi n'avait donné aucune indication sur l'époque où Samout et elle seraient prêts à passer à l'action, bien que, au ton de sa voix, Senséneb pût déduire que ce temps était proche.

Elle prit congé hâtivement et, feignant de ne pas remarquer la froideur de leur séparation, se hâta de franchir les couloirs, de descendre les escaliers pour se retrouver dans la cour ensoleillée. Elle n'était pas encore accoutumée à la chaleur intense de cette partie de la Terre Noire et ramena son châle sur sa tête pour se protéger.

Lorsqu'elle sortit dans la rue, les ombres s'allongeaient sous les rayons obliques du soleil couchant. Elle s'était attardée plus longuement qu'elle ne l'aurait voulu et le quartier était désert. Malgré elle, les paroles d'Ankhsi sur l'existence des démons lui revinrent à l'esprit. Hésitante, elle resta immobile devant le portail. La Maison de Vie était assez proche, mais pour y arriver il fallait s'engager dans un dédale de ruelles encadrées par de hauts murs aveugles. Pour rentrer chez elle, en revanche, le chemin était plus long, mais lui permettait de passer presque entièrement par une des larges artères qui subdivisaient la ville. Là, elle aurait plus de chance de croiser des passants. Elle pourrait même louer une voiture à porteurs ou une litière. Elle regretta de ne pas en avoir fait appeler une à la Résidence, mais le portail s'était refermé derrière elle et elle répugnait à y frapper. L'attitude des domestiques lui semblait pleine d'une sourde hostilité, mais peut-être était-elle abusée par son imagination survoltée.

Cédant à une impulsion, elle décida de se rendre à la Maison de Vie. Là, elle trouverait quelqu'un pour l'escorter jusqu'à chez elle, ou bien elle enverrait chercher Huy ou Hapou. Se mettant en route, elle se rappela qu'on était le Dixième Jour et que la plupart des gens restaient chez eux pour se reposer. Mais à la Maison de Vie, il y avait toujours du travail.

Elle avançait vivement tout en restant au milieu de la voie, redoublant de méfiance lorsqu'elle arrivait au coin d'une rue. Le malaise suscité dans son cœur par les paroles d'Ankhsi grandissait. Elle accéléra encore son allure, tentant de dominer une panique croissante, se forçant à s'arrêter pour s'assurer que l'écho de pas derrière elle n'était qu'une illusion. Elle avait l'habitude de cet itinéraire, pourtant par deux fois elle se trompa et aboutit, terrorisée, dans une impasse. Par bonheur, elle put rebrousser chemin sans incident.

Les rues étaient plongées dans l'ombre et la fraîcheur du soir s'étendait sur la ville lorsqu'elle arriva sur la place où se trouvait la Maison de Vie. Avec un immense soulagement, elle vit la façade familière et deux ou trois silhouettes qui franchissaient l'entrée principale.

De l'autre côté de la place, une allée étroite menait au port. Presque au début de cette allée, dans un renfoncement, une porte donnait sur la cour d'un architecte. C'est là que Henka s'était réfugié pendant le passage complet de la barque-*seqtet*. Ne pouvant suivre Senséneb dans le quartier très surveillé de la Résidence, il avait prié pour qu'elle revînt ici avant de rentrer chez elle. Il ne pouvait plus se contenter de la regarder de loin.

Il se disait que cette torture avait duré trop longtemps. L'hésitation lui était étrangère et son *khou* l'avait combattue avec impatience. Durant les dix années où il s'était dévoué à Ay corps et âme, il avait délibérément abdiqué toute volonté. Réapprendre à assumer ses responsabilités n'était pas sans douleur, mais puisqu'il s'y était résolu, il utiliserait à son seul profit l'expérience acquise au service du pharaon.

Il lui semblait que toute sa vie avait tendu vers cet instant. Jusqu'alors, il s'était abandonné au rythme des jours, sans but, ne se souciant ni du Soleil ni du Fleuve, recherchant la tranquillité dans l'indifférence. Et voilà que cette femme le faisait hésiter à la croisée des chemins. Il ne savait pas où cela le mènerait, mais il savait que ce serait avec elle ou rien. Il ne pensait pas aux obstacles, il ne voyait pas en elle l'être doté d'un nom et d'un cœur capable de se dérober. Bien sûr, elle refuserait de partir avec lui. Ne l'avait-il pas vue échanger le serment avec le scribe ? N'était-ce pas cela qui l'avait poussé à prendre sa décision ? Seth, le Seigneur des Métaux, le Grand de Force, l'avait guidée jusqu'à lui. Il frapperait le jour même. Son instinct lui disait que de profonds bouleversements se préparaient dans cette ville et qu'il devait l'emmener avant de perdre toute chance de parvenir à ses fins. Le plus dur avait été d'enfreindre les ordres d'Ay, mais dans cette lutte terrible, il avait vaincu ses derniers scrupules. Il ne reverrait jamais son bienfaiteur. Il s'enfoncerait dans le Sud avec elle, et l'on ne retrouverait jamais leur trace. Il savait survivre dans la solitude et elle dépendrait de lui. Mais d'abord, il devait la capturer et en finir avec le scribe.

Avec soulagement, Senséneb atteignit l'entrée de la Maison de Vie et s'appuya contre une des hautes colonnes ventrues du portail le temps de se ressaisir. Elle traversa la cour, recomposant ses pensées dans son cœur. Elle cherchait des arguments pour convaincre Huy de partir, sous n'importe quel prétexte et quelles qu'en fussent les conséquences. Venir à Méroé avait été une erreur. Que les insensés qui y vivaient démêlent entre eux leur destin tortueux. Elle rabattit son châle sur ses épaules et remit de l'ordre dans ses cheveux.

Il n'y avait que quelque patients dans la grande salle centrale, lugubre maintenant que seules les hautes fenêtres orientées à l'ouest étaient encore baignées d'or. Deux vieilles femmes en robe bleu-gris, coiffées d'un châle qui ne laissait voir que leur visage, étaient assises par terre, leur menton osseux posé sur leurs genoux. Une femme originaire du Sud tenait contre elle un bébé à la tête démesurée et aux yeux énormes, le ventre gonflé comme une outre, mais les membres desséchés comme des brindilles. N'ayant encore jamais vu de tels symptômes, Senséneb l'observa avec un intérêt professionnel. La mère, elle-même maigre et sèche, agitait une main languide pour chasser les mouches des yeux de son enfant.

Ne rencontrant personne de connaissance, elle s'apprêtait à chercher plus loin quand Hapou vint à elle dans la lumière chargée de particules de poussière. Il avait le même air inquiet que lorsque, petite, elle s'était attardée près du Fleuve pour regarder les aigrettes et arrivait en retard au dîner.

Il l'accueillit gravement, avec respect, comme toujours, mais lui laissa voir qu'elle lui avait causé de l'anxiété.

« J'étais au chevet d'Ankhsenamon.

— C'est ce qu'on m'a dit. Mais voyant ton absence se prolonger, j'ai décidé de venir t'attendre ici. Psaro garde notre maison.

— Bien. Je suis heureuse que tu sois là, Hapou. »

Le vieil homme se détendit. Combien de crues pouvait-il avoir vues ? Le père de Senséneb en avait vu cinquante. Hapou avait sans doute le même âge. Brusquement, elle mesura le soulagement qu'elle éprouvait à le voir et, se sentant chanceler, elle s'appuya d'une main sur son épaule. Elle remarqua qu'il s'était muni d'un poignard de bronze et d'une lampe à huile et lui fut reconnaissante de sa prévoyance.

« C'est le soleil, prétendit-elle, peut-être pas entièrement sans fondement car l'astre était encore ardent et elle avait marché trop vite.

— Assieds-toi et repose-toi. »

Avec gratitude, elle obéit et accepta qu'il aille chercher de l'eau. Lorsqu'elle se fut désaltérée, son souffle redevint régulier, son sang, regagnant sa place habituelle dans les *metou*[1], reflua de sa tête vers son cœur dont les battements ralentirent, et elle vainquit enfin sa sensation de vide.

« Te sens-tu mieux ? s'enquit Hapou, penché sur elle.

— Oui, beaucoup mieux.

— Alors rentrons à la maison. Souhaites-tu une chaise à porteurs ?

— Non, je préfère marcher, dit-elle après réflexion. Cela me fera du bien et si un malaise me reprend, je t'aurai auprès de moi.

— Alors tout va bien. »

Jamais Hapou n'avait été aussi près de sourire.

« Oui, tout va bien, vraiment », acquiesça-t-elle en lui souriant, heureuse et confiante comme une enfant qui retrouve ses parents.

Maintenant, il n'y avait plus rien à craindre.

Lorsqu'ils quittèrent la Maison de Vie et traversèrent la place déserte, la barque *seqtet* avait quitté l'horizon occidental. Un silence absolu pesait sur les rues mais de temps en temps, derrière un mur, montaient un rire, l'écho d'une conversation ou des cris d'enfants. L'heure du repas du soir approchant, un délicieux fumet flottait dans l'air. Nombre de gens célébraient le jour de repos en faisant rôtir de la viande.

De sa cachette, Henka les suivit des yeux et compta jusqu'à dix avant de leur emboîter le pas. Il ne s'attendait pas à la voir escortée par Hapou, même s'il se doutait qu'elle ne rentrerait pas seule chez elle. Le

1. *Metou* : conduits du corps humain où certains fluides étaient censés transiter. (*N.d.T.*)

poing serré sur le manche de son *khepech*, glissé dans sa ceinture, sous son manteau, il chercha à élaborer un plan. Il n'agirait que s'il avait une chance d'avoir le dessus — s'il lui fallait combattre plus de cinq hommes, mieux valait attendre une prochaine occasion. Il était en proie à une violente agitation, conscient que, même confusément, elle se savait épiée. Elle ne l'avait pas encore dit au scribe — de cela il était certain — mais elle ne tarderait pas à le faire, et alors ils seraient armés contre lui. Peut-être avait-il déjà trop attendu. Victime d'une passion qu'il ne comprenait pas, il avait au moins la ressource d'accomplir une besogne dont il savait parfaitement s'acquitter. Aussi silencieux que l'ombre où il se dissimulait, il suivit sa proie avec la concentration du faucon.

Hapou s'arrêta sur une petite place qui dominait le quartier du port et proposa :

« Si nous prenions la rue d'en face, pour gagner du temps et éviter de passer par les quais ?

— Je m'en remets à toi, dit Senséneb, trop contente de ne pas être seule.

— Alors nous prendrons le raccourci », décida le serviteur, la précédant dans le puits noir formé par l'entrée de la rue.

Il s'assura au préalable qu'il dégainait facilement le poignard passé sous sa ceinture. La rue, étroite et couverte d'un berceau de verdure, avait l'apparence d'un tunnel.

« C'est trop sombre, dit Senséneb.

— Attends. »

S'agenouillant, Hapou sortit de sa bourse une cordelette qu'il enroula autour d'une brindille ; vivement, il frotta l'extrémité inférieure du bois dans l'encoche d'une petite pierre plate qu'il avait également extraite de sa bourse, produisant quelques étincelles, puis une flamme à laquelle il alluma la lampe à huile qu'il transportait.

Ce fut ce moment où il était ainsi penché, son visage absorbé éclairé par la lueur orangée un peu tremblotante, que Henka choisit pour frapper. Jamais il n'avait rêvé si belle occasion. Il sortit de l'ombre, traversa la place en trois enjambées, son *khepech* déjà tiré, et le brandit au-dessus de la nuque du serviteur.

Senséneb n'eut pas le temps de crier, pourtant ces instants chargés d'une extrême intensité lui semblèrent se dérouler avec une lenteur irréelle. Comme en songe, incapable de bouger, elle vit l'arme étinceler dans la lumière de la lampe.

Hapou réagit aussitôt. Il releva la tête et se campa sur ses jambes, lâchant la pierre et saisissant son poignard d'un même mouvement. Mais déjà la lame acérée s'abattait sur lui. Au lieu de porter sur sa nuque, comme Henka en avait l'intention, le coup trancha net son visage tourné vers le haut, de l'œil gauche à la commissure opposée des lèvres. Mais il fut arrêté par l'os du front et ne fut pas fatal. Trébuchant sur la lampe à huile posée par terre, Hapou repoussa son agresseur en le menaçant de son arme. Aucun des deux hommes ne proféra un son. Avec vivacité, comme défiant son âge et sa blessure, Hapou se fendit violemment en avant. Henka s'écarta, pas assez rapidement, toutefois, pour éviter la pointe qui s'enfonça dans son flanc gauche. Il éleva très haut son arme et l'assena de toutes ses forces sur la nuque de son adversaire qui, emporté par son élan, l'avait dépassé et lui tournait le dos. Cette fois, le coup sectionna la moitié du cou. La tête du serviteur retomba contre sa poitrine et, bien qu'il fît cinq pas de plus, il était mort avant de toucher terre.

Senséneb était incapable de crier, incapable de s'enfuir. Le temps qui s'écoulait lui semblait tel le passage d'innombrables saisons. Elle avait reconnu l'inquiétant voyageur à l'instant où il était apparu dans la lumière de la lampe, et elle avait compris en même temps que les yeux qui l'avaient épiée n'étaient pas ceux d'un démon. A moins que cet homme en fût un. Avec une rapidité surhumaine, il avait rengainé son épée et s'approchait d'elle. D'un bras énorme, il la saisit par la taille et l'obligea à lui faire face. Henka avait mené une vie rude; il s'était nourri de poisson mal cuit, n'osant allumer un maigre feu que de temps en temps. Il émanait de lui une telle puanteur que Senséneb en eut la nausée. Elle tenta de lui planter les ongles dans les yeux, mais il l'agrippa par les poignets et l'attira contre lui. A travers sa jupe, elle sentit son membre dressé en une monstrueuse érection, et la chaleur humide du sang qui se répandait sur ses propres vêtements.

« Pas un mot, et surtout pas un cri », ordonna-t-il, le visage fermé.

Alors, la maintenant par un seul poignet, il lui donna un coup de poing si brutal qu'elle crut avoir la mâchoire fracassée.

Puis ce fut le silence.

9

« Nous n'avons pas trouvé trace d'elle. Seulement le corps d'Hapou, son poignard ainsi qu'une lampe à huile cassée. Et ceci. »

Psaro tendit à Huy un fragment de papyrus taché de sang, encore étroitement roulé et maintenu par un lien en fibres de roseau.

Le scribe avait attendu jusqu'à la quatrième heure de la nuit avant d'envoyer, à contrecœur, Psaro requérir l'aide de Samout. Il lui déplaisait d'être redevable au marchand, mais il ne disposait pas des hommes nécessaires pour ratisser la ville et il ne pouvait opérer seul sans perdre un temps précieux. Psaro ferait son rapport à Samout, qui à son tour donnerait l'alerte à la Résidence du gouverneur.

De son côté, Huy était allé directement à la Maison de Vie, où on lui avait indiqué l'heure à laquelle étaient partis son épouse — comme ce terme lui semblait encore étrange ! — et son serviteur. De là, il avait parcouru toutes les rues jusqu'à la Résidence, s'abstenant de s'y présenter, puis, revenant sur ses pas, s'était rendu au quartier du port. Il avait poursuivi en vain ses recherches jusqu'à la sixième heure.

Il était rentré chez lui pour trouver Psaro déjà de

retour avec de mauvaises nouvelles. On avait emporté le corps d'Hapou directement au Lieu Pur, puisqu'il n'était besoin d'aucun médecin pour savoir que son *ba* s'était envolé. Les animaux de Senséneb, perturbés par cette agitation, erraient dans le jardin au lieu de dormir. Les chats étaient nerveux, les oies agitées, mais les chiens inconsolables ne cessaient de regarder Huy qui, assis les coudes sur les genoux sur un banc de la terrasse, s'efforçait sans grand succès de réfléchir avec calme.

« Vraiment rien d'autre ? demanda-t-il, désemparé, à Psaro.

— Non », répondit le grand serviteur noir avec compassion.

Il était entendu de façon tacite que, Psaro étant seulement « prêté » à Huy, sa loyauté allait avant tout à Samout ; toutefois il s'était pris à aimer ce nouveau foyer, et l'homme et la femme qui l'avaient fondé.

« Les recherches continuent ?

— Bien sûr, dans toute la ville. Sitôt qu'il fera jour on cherchera au-delà de l'enceinte et des garnisons, et sur l'autre rive du Fleuve. »

Huy le remercia, sans pouvoir s'empêcher de penser que cela laissait le temps à un ou plusieurs hommes de parcourir une énorme distance. L'éclat de Khonsou était encore suffisant pour voyager de nuit.

Retournant machinalement le papyrus entre ses doigts, il fixait sans le voir le plan d'eau miroitant au clair de lune, où les poissons effleuraient la surface dans leur nage. Son cœur se serrait d'angoisse pour Senséneb. Pourquoi ne parvenait-il pas à discerner qui l'avait enlevée ? Était-ce une tribu des environs ? Quel intérêt ces gens auraient-ils eu à agir ainsi ? Senséneb était en excellents termes avec Samout, qui se proposait — pour autant qu'on pût se fier à ses dires — de diriger une rébellion contre le pouvoir central. Pourquoi, pourquoi vouloir enlever Senséneb ? Elle et lui venaient d'arriver à Méroé et personne ne les connaissait. Certes, elle était le médecin personnel de l'épouse du gouverneur. Ce fait avait-il de l'importance ?

Il secoua la tête, se leva impatiemment et se mit à faire les cents pas. L'enlèvement, si c'en était bien un, car de cela non plus il n'avait aucune certitude, avait-il un lien avec les attentats perpétrés contre Ankhsi ? Si seulement il avait la moindre piste !

Il l'appela dans son cœur à travers la nuit, comme elle l'avait fait dans les premiers temps de leur amour. Aucune réponse ne lui parvint.

Son regard tomba alors sur le rouleau de papyrus entre ses doigts. A quoi pensait-il donc ! Fébrilement, il brisa les fibres de roseau entrelacées et déroula le document.

Immédiatement, il reconnut l'écriture du pharaon.

Il examina le message à la lumière d'une torche de jonc. Les instructions étaient claires : Ay annulait un double meurtre. Malgré l'absence d'une partie du texte, malgré le sang et la saleté qui rendaient le déchiffrement difficile, il fut clair pour Huy que les victimes désignées n'étaient autres que Senséneb et lui-même.

Plus calme qu'il ne l'eût jamais cru possible, il roula le fragment de papyrus, replaça soigneusement le lien en fibres de roseau qu'il avait laissé tomber sur le banc. Les pensées affluaient dans son cœur. L'agent d'Ay n'avait pu être Hapou — même Huy, qui cherchait toujours à voir au-delà de l'apparence, ne pouvait envisager cette possibilité. Donc, le document appartenait nécessairement à celui qui avait assassiné le serviteur et enlevé Senséneb. Tout au fond de lui, Huy sentait qu'elle n'était pas morte. Pas encore. Il ne savait pas combien de temps il lui restait pour la sauver mais, en toute logique, si le meurtrier d'Hapou avait voulu la tuer, il l'aurait fait sur-le-champ. C'est alors qu'une autre pensée lui vint. Et si on l'avait jetée dans le Fleuve ? Livrer son corps aux crocodiles eût été lui accorder une mort honorable. Mais non ! La chose eût été trop difficile, trop risquée. Il aurait fallu pour cela une force colossale. Plus encore qu'à son intuition, il s'accrochait à l'espoir que sa femme vivait encore. Il reprit le papyrus, le déroula. La déchirure était nette. Cela signifiait qu'on avait découpé le message volontairement, et dans une intention précise.

Huy se concentra sur cet indice. Si l'homme conservait sur lui la moitié d'un papyrus coupé proprement, il s'ensuivait que le contrordre ne serait confirmé qu'à réception de la partie manquante. L'avait-il reçue ? Était-ce pour cette raison que l'on n'avait pas retrouvé le corps de Senséneb ? S'il y avait eu contrordre, pourquoi s'en était-on pris à elle ? Et dans le cas contraire, pourquoi lui-même vivait-il encore ?

L'aube soulignait le ciel de mauve lorsque Samout apparut. Il était aussi échevelé que pouvait l'être un homme à ce point soucieux de sa tenue, et ses yeux battus trahissaient une nuit de veille. Il s'assit près de Huy et lui posa la main sur l'épaule.

« J'ai envoyé un message au gouverneur. En ce moment même, il organise les troupes pour mener les recherches. Une récompense sera offerte. Senséneb est très aimée, ici.

— Et... sur le Fleuve ?

— Deux de mes bateaux sont déjà en route et Taschérit fait le nécessaire pour que deux navires de Nesptah se joignent à nous. Une patrouille de vaisseaux croisant en amont sera alertée, ainsi qu'une autre en aval.

— Merci. Je suis ton débiteur.

— Ne pense pas à cela. Il n'est pas question d'argent en la matière. »

Huy hésita avant de poser la question qui lui brûlait les lèvres :

« Donc, il n'y a rien de nouveau du côté du Fleuve ? »

Samout lut dans son cœur et lui pressa l'épaule avant de se lever.

« On n'a rien signalé d'anormal. Le cours est paresseux, à cette époque de l'année, on l'aurait certainement remarquée. Il est improbable qu'elle y soit. »

Huy ferma les yeux, soulagé.

« A présent, dit Samout, va prendre quelque nourriture.

— Je n'ai pas faim.

— Tu as froid et tu dois reprendre des forces. Tu vas avoir beaucoup à faire. »

Huy regarda en lui-même. Il se voyait contraint de chercher secours là où il le voulait le moins. Mais quelle autre ligne de conduite, quel autre recours s'offraient à lui ? Il ne savait encore par où commencer. Toutes ces mesures générales aideraient peut-être, mais ne seraient guère utiles si le ravisseur savait se cacher. Et s'il se sentait menacé, il risquait, dans l'affolement, de commettre un acte irréparable.

Bien avant le point du jour, longtemps avant que la femme recouvre ses esprits, Henka avait amarré la petite embarcation dans les joncs. Le vent était tombé et il avait dû faire appel à toutes ses forces pour ramer à contre-courant le temps de parcourir une distance qu'il jugeait raisonnable. Il l'avait portée jusqu'à la grotte de pêcheurs abandonnée qu'il avait découverte dans la roche sablonneuse, et aménagée pour s'y réfugier. Il était exténué et souffrait de sa blessure. Avec précaution, il examina la chair à vif où le poignard effilé avait laissé une plaie nette. Là, du moins, il serait suffisamment en sûreté pour faire du feu et chauffer de l'eau, et il se taillerait des pansements dans la robe déchirée de la femme. Mais il avait bâclé sa besogne. Il aurait dû se montrer plus patient. Désormais, il n'aurait sans doute plus l'occasion d'en finir avec le scribe.

Il la contempla, étendue près de lui dans la grotte. Il tendit la main et, à sa propre surprise, hésita presque à toucher les contours de son visage, à caresser sa joue de ses doigts malhabiles. Il voyait bien qu'il était sale et repoussant. Mais il faudrait qu'elle s'y fasse. Après quelques jours de cette vie-là, elle serait elle-même dans le même état.

Avait-il frappé trop fort ? Il lui avait été difficile de contrôler la force de son coup, dans la précipitation. Elle semblait plongée dans un profond sommeil.

Il la secoua, doucement d'abord puis plus énergiquement. Au début, elle resta sans réaction ; enfin il fut soulagé de la voir froncer les sourcils et gémir. Il avait trouvé deux bols de terre cuite dans la barque, et il parcourut la faible distance qui le séparait du Fleuve pour rapporter de l'eau.

A son retour elle était éveillée, mais toujours couchée sur le dos, et elle fixait le plafond de la grotte d'un air hébété. Il s'agenouilla auprès d'elle et lui dit :

« Je t'ai apporté de l'eau. »

A sa voix, elle tressaillit de surprise et regarda dans sa direction.

« J'ai tué ton serviteur, mais toi, tu es en sécurité. »

Elle ouvrit la bouche pour parler mais ne proféra aucun son. Elle se souvenait, cette fois, il le voyait. Elle s'écarta de lui, griffant la terre sous ses doigts, cherchant refuge vers la paroi de la grotte.

Il lui tendit le bol, tentant de prendre un air rassurant, mais il ne remarqua aucun changement dans son regard.

« Je... Je me laverai, dit-il, cherchant ses mots. Je ne te ferai pas de mal. Tout ce que je veux, c'est m'occuper de toi. C'est pour ça que je t'ai prise. »

Le contact soudain de la paroi contre son dos la fit sursauter. Elle ouvrit et ferma la bouche, ne produisant qu'un pauvre cri silencieux. Elle se souleva sur un bras et, de l'autre, battit l'air comme pour tenter d'empêcher l'approche d'une force inconnue.

Henka l'observait, abasourdi. Rien dans son expérience — vivre à la dure, tuer en silence, s'accommoder de la solitude, se considérer dans son propre cœur tel un cèdre, tel un roc —, non, rien ne l'avait préparé à cela. Et plus elle s'affolait, plus il la désirait. Il baissa les yeux vers son membre viril, pris de l'envie de le lui montrer tel un présent, de lui dire : « Vois, c'est pour toi. » Et pourtant il hésitait encore, presque timide, lui qui eût été incapable de définir ce mot dans son cœur. Le sang battait à ses tempes. Il se tenait au-dehors de lui-même et se voyait avec elle comme sur une image.

Elle lançait toujours son cri silencieux. Sa robe en lambeaux était remontée jusqu'en haut de ses cuisses. Immobile, la gorge sèche, il la dominait de toute sa taille.

Enfin elle réussit à parler, d'une voix fluette.

« Qui es-tu ? »

Il tomba à genoux.

« Je me nomme Henka. Ay m'a envoyé te tuer, mais je ne le ferai pas. »

De nouveau, il lui caressa le visage et la sentit se crisper au contact de ses doigts.

« Tu ne te souviens pas de moi ?

— Si. Je me souviens. »

La souffrance, la panique qu'exprimait sa voix le firent frémir.

« Maintenant nous sommes réunis. Je ne te ferai pas de mal, mais il faut que tu m'acceptes. »

Il s'approcha d'elle. Peut-être valait-il mieux qu'il la prenne tout de suite, comme n'importe quelle femme. Elle consentirait plus tard.

Poussant un faible cri, elle se blottit dans le coin de la grotte, les genoux remontés, les bras croisés sur sa poitrine, cachant son visage dans ses mains. A travers ses doigts écartés il distinguait sa bouche ouverte, ses belles dents blanches. C'était une dame de la cour, mieux que tout ce qu'il avait eu dans le passé. Mais elle consentirait. Il sentait monter sa colère. Il s'avança, déchira la robe et se pencha sur elle.

Le cri terrible, presque inaudible, s'amplifia. Elle se débattit, le repoussa des mains et des pieds, mais sans plus d'effet que dans un rêve. Quelque chose dans son attitude le fit frissonner, reculer pour examiner plus attentivement les prunelles égarées, fixes et vides.

« Par pitié ! supplia-t-elle de sa voix d'enfant. Je ne te vois pas ! Tout est noir ! »

Au bout de deux jours, ils n'avaient rien trouvé. Dans son impuissance et son désarroi, Huy oubliait tout le reste ; mais la vie à Méroé continuait à son rythme habituel. Les gens de la cité sortaient en barque sur le Fleuve, chargeaient et déchargeaient les barges au port, poursuivaient leur négoce et leurs marchandages. Huy seul s'était mis en retrait du cours normal de la vie. Il rendit visite à Ankhsi. Taschérit ne faiblissait pas dans sa résolution de la claquemurer dans la Résidence, au moins tant que ce dernier mystère ne serait pas élucidé. Le ravisseur de Senséneb pouvait avoir un lien avec les tentatives de meurtre dirigées contre son épouse. Ces soupçons semblaient légitimes à Huy qui, de son côté, n'était pas en état de poursuivre son enquête. Il lui faudrait jouer de subtilité pour découvrir si l'accusation de Takhana était fondée, si l'ancienne reine avait organisé elle-même la troisième agression. Ensuite, il envisageait de revoir Takhana pour confirmer ses impressions. L'une des deux femmes mentait, restait à découvrir laquelle. Cependant, il ne se sentait pas encore de taille à mener ces deux entrevues comme il l'entendait. Avant toute chose, il devait retrouver Senséneb. L'idée, presque l'espoir lui était venu qu'on l'avait enlevée afin de brouiller les pistes, ou du moins de le retarder. Mais, en ce cas, était-il indispensable de tuer Hapou? Assommer le vieil homme aurait suffi.

Il s'en voulait d'être venu à Méroé. Le pire était d'avoir à attendre, de s'en remettre à la volonté du destin. Mais finalement, l'attente fut de courte durée.

Ce fut au matin du troisième jour que le vaisseau qui amenait Kenna de la capitale du Sud fit son entrée au port. L'arrivée du scribe royal n'avait pas été annoncée et nul ne vint l'accueillir au débarcadère, ce qui ne l'empêcha pas de lancer des regards inquiets de tous côtés. Sur le quai se trouvaient quelques soldats, des scribes qui consignaient l'entrée et la sortie des marchandises, mais aucun autre fonctionnaire n'était en vue. Kenna avait réfléchi à ce qu'il ferait en arrivant — quand les nausées lui laissaient le loisir de penser. Il n'était nullement séduit à l'idée de coucher dans une auberge borgne, tenue par des gens assez fous pour vivre de plein gré dans cette région oubliée des dieux.

Il regarda autour de lui. Le lieu était propre et suggérait la richesse. Peut-être s'en était-il fait une fausse opinion. Ce n'était manifestement pas ce qu'il craignait de trouver.

Mais il avait un message pour Huy, et il semblait logique de se rendre chez son collègue. Celui-ci lui offrirait l'hospitalité quand il aurait compris en quoi consistait la mission dont il était investi. Quant à Henka, eh bien, s'il rôdait dans les parages, Kenna pourrait plus facilement lui remettre la seconde moitié du message et l'empêcher d'exécuter les ordres. Il n'avait pas encore pensé au moyen de se mettre en relation avec le singe du roi, ainsi qu'il le surnommait en son for intérieur. Henka le connaissait et apprendrait sans doute qu'il était arrivé en ville. N'étant pas totalement obtus, il ferait peut-être même le rapprochement entre sa présence et l'annulation de la mission. L'autre problème, c'était comment Huy réagirait en découvrant la teneur de la lettre d'Ay ; mais cela n'était pas l'affaire de Kenna. En tout cas, même Huy ne pourrait se soustraire à un ordre direct de Pharaon.

Il voyageait avec un seul serviteur pour porter ses effets, mais deux Mézai étaient postés sur le navire qui l'avait amené et l'attendrait à quai pour le retour. Il ne comptait pas rester plus de deux jours. Il était réconforté de savoir le navire au port. C'était son seul lien avec la capitale du Sud.

Il lui fut aisé de se faire indiquer la demeure de Huy, et le visiteur de la capitale ne fit pas tourner les têtes sur son passage. Conformément aux instructions d'Ay, il portait des vêtements ordinaires et pouvait passer pour un ancien collègue ou un ami venant consulter le scribe pour quelque motif personnel. Kenna ne doutait pas que l'on rapporterait son arrivée au gouverneur militaire, mais il imaginait qu'on n'y attacherait pas grande importance. Il n'était pas rare que des gens attachés à la cour empruntent un vaisseau impérial, et le capitaine détenait des lettres officielles pour Taschérit, expliquant sa présence à Méroé. Ay pensait à tout ! Un autre vaisseau, passant pour un navire de commerce, se trouvait à Kerma, n'attendant qu'un ordre pour venir prendre Huy et Ankhsi.

C'est ainsi que, le cœur confiant, Kenna descendit de litière devant chez Huy, ses lettres en sûreté dans la bourse de cuir attachée à sa ceinture. Il avait hâte de prendre un bain et de se changer. Il n'était, en somme, absolument pas prêt à l'accueil qui l'attendait.

En voyant Kenna, Huy éprouva tout d'abord du soulagement, mais l'arrivée du secrétaire particulier de Ay, suivant de si peu la découverte du papyrus, ne fut pas sans éveiller ses soupçons. Quelle mission amenait cet homme ? Venait-il voir si la besogne avait été proprement exécutée ? Pourtant Kenna était venu le trouver directement. Il n'était pas allé à la Résidence, et ses premiers mots, avant que Huy lui eût offert le pain, la bière et le sel de bienvenue qu'un invité se devait d'accepter avant d'entamer toute discussion, avaient été pour souligner le caractère privé de sa visite. Et le terme « privé » avait été prononcé avec tant de solennité que Huy l'avait immédiatement interprété comme « secret ».

Le scribe réfléchit aux paroles de Kenna pendant que Psaro conduisait ce dernier dans la maison afin qu'il pût se rafraîchir, se raser et se changer, et que d'autres domestiques s'affairaient à préparer des chambres pour l'hôte et son serviteur. Huy réclama du vin et s'assit sur la terrasse, chiffonnant affectueusement les oreilles d'un des chiens tandis que l'autre insinuait jalousement son museau dans sa paume. Lorsque Kenna le rejoignit, il savait ce qu'il allait lui dire et ce qu'il allait omettre.

Kenna apprit la disparition de Senséneb avec une inquiétude dont la raison réelle était que Huy serait trop bouleversé pour s'acquitter des ordres royaux.

Les femmes n'occupaient qu'une faible place dans la vie de Kenna. Il avait deux épouses, dont le seul rôle, à ses yeux, se bornait à tenir sa maison. Il avait beau savoir que Huy était moins préoccupé que lui par sa carrière, il le soupçonnait de dissimuler de sombres visées ou d'opérer par des procédés trop subtils pour être immédiatement identifiables. C'est pourquoi il était enclin à rester sur ses gardes.

« Quelles mesures a-t-on prises ? » s'enquit-il.

Huy les lui exposa.

« Voilà qui est bien. Il nous faut espérer que les dieux mèneront cette épouvantable affaire à une heureuse et rapide conclusion. »

Il observait Huy, dont l'expression était indéchiffrable. Il se tut, ne sachant plus que dire. Ay lui avait recommandé de sonder le scribe sur la situation à Méroé, toutefois vu ces nouvelles circonstances, toute tentative de le faire sous couvert de menus propos eût été malséante. Certes, la ville semblait excessivement riche, mais il pouvait l'indiquer lui-même dans son rapport. Ay se réjouirait de cette nouvelle source d'impôts, et Kenna prévoyait une enquête qui mettrait le vice-roi de Napata en fâcheuse posture.

Pour le reste, il confierait à Huy les lettres du pharaon à l'adresse de Taschérit, afin que le scribe les utilise pour négocier la liberté d'Ankhsi et son retour à la capitale du Sud.

« Ta coupe est vide », remarqua Huy.

Il la remplit et se servit de même, en dépit de l'heure matinale.

Kenna but, puis pinça les lèvres et se redressa sur son siège, en homme prêt à parler affaires. Huy observait le secrétaire, dont les doigts osseux, couleur ivoire, dénouaient les cordons de la bourse en cuir. Kenna en scruta le contenu avant de sortir avec précaution ce qui était destiné à Huy. Il aperçut la seconde moitié de la lettre qu'il devait remettre à Henka, et une idée lui vint, que pour l'heure il laissa de côté.

« Le pharaon Khéperkhépérourê, doué de vie éternellement et à jamais, t'envoie son salut, commença-t-il d'un ton solennel tout en disposant soigneusement les documents entre eux, sur la table basse.

— Pardonne-moi, mais...

— Plaît-il ?

— Ay t'envoie à moi pour affaire ?

— En effet, opina Kenna, irrité par la familiarité avec laquelle Huy parlait du roi.

— Je ne suis plus à son service.

— Personne n'est jamais exempté de servir le souverain.

— C'est étrange qu'il s'adresse à moi plutôt qu'au gouverneur militaire. »

Saisissant l'occasion qui lui était offerte, Kenna détailla son ancien collègue de son regard perçant. Ses yeux étaient cernés et bouffis, mais toujours vifs, et son corps s'était déjà affiné depuis son départ de la capitale du Sud. Si affecté qu'il fût par la disparition de cette femme, Kenna conclut froidement qu'il n'en mourrait pas.

« Je suis navré de te solliciter en des temps d'affliction personnelle, mais nul ne peut prévoir ce que les dieux ont décidé pour lui, déclara-t-il, se réfugiant dans les formules conventionnelles. Il s'agit d'entreprendre des négociations auprès du gouverneur militaire, au nom du roi. »

Pensant que mieux valait en finir, il se pencha et poussa vers Huy la lettre qui lui était destinée, ainsi que celle à l'intention du gouverneur. Puis il reprit sa coupe et s'adossa contre son siège, tâchant de prendre un air détendu pour dissimuler son inquiétude.

Avant même d'avoir lu trois lignes, Huy sentit un poids écrasant s'abattre sur son cœur. Ainsi, dans son désir désespéré d'avoir un héritier, le vieillard avait résolu d'épouser sa petite-fille. Elle était assez jeune pour rester longtemps féconde et s'était montrée capable de mettre au monde un enfant en bonne santé. Avec une telle ascendance, les prétentions d'un héritier à ceindre la couronne seraient doublement légitimes. Horemheb serait évincé une fois pour toutes. Et pour mener à bien ces manœuvres indélicates, c'est sur Huy que Ay avait fixé son choix. Le scribe eut un sourire amer. Tout cela ne manquait pas de logique. Il était l'ami d'Ankhsi, qui lui devait la vie, et il se trouvait sur place. Son regard tomba sur la bourse de Kenna. Il aurait parié cent *khar* de bon blé qu'elle contenait la seconde moitié de l'autre lettre, celle adressée à l'homme qui avait ordre de le tuer. C'était bien d'Ay ! Se ménager toutes les issues possibles, en cas de besoin.

Cette fois, le coup était mal calculé. Huy faillit éclater d'un rire sans joie en imaginant l'accueil que Ankhsi réserverait à sa requête. Néanmoins, Ay était Pharaon. La Terre Noire tout entière était sa propriété — et même ses sujets. On ne lui opposait pas de refus.

Cette lettre précipiterait-elle la rébellion ?

Il regarda Kenna, qui le dévisageait non sans nervosité. Il connaissait sans doute le contenu de la lettre. Dire qu'il était venu ici sans escorte, sans se faire annoncer, sans cérémonie ! C'était sans précédent, pour un fonctionnaire de son rang.

« Tu seras récompensé généreusement, promit Kenna qui se pencha en avant, troublé de ne pouvoir interpréter le regard de son interlocuteur.

— Ay exige beaucoup.

— Rien qui soit au-delà de ton pouvoir.

— Quoi ! Ce n'est donc rien de séparer deux êtres unis par un serment, de diviser une famille ?

— Ton infortune te rend sentimental. Taschérit sera autorisé à garder son fils. Celui-ci est insignifiant.

— Je ne souhaite pas retourner dans la capitale du Sud.

— Tu n'as pas le choix. Qui décide pour soi-même ? Ce sera invivable pour toi de rester ici après que tu auras accompli ta mission. Songe un peu ! Tu vois bien que tout le monde te croira envoyé dans cette intention.

— Ces lettres seront la preuve du contraire, et ta venue aura été remarquée.

— Ce sont là des détails que les gens ne voient pas, rétorqua Kenna avec mépris. C'est pourquoi ils sont si faciles à gouverner. »

Huy baissa la tête. Du point de vue de Kenna, il n'avait pas le choix. Mais en réalité une autre possibilité s'offrait à lui : se ranger aux côtés de Samout et d'Ankhsi. Et pourquoi pas ? A quoi bon continuer à servir un pharaon qui avait voulu sa mort, ne voyant plus en lui qu'une cause d'irritation intolérable ? N'ayant plus besoin de lui, Ay lui avait permis de quitter la capitale du Sud, toutefois, dans le même temps, craignant que Huy ne fût plus digne de confiance, il avait ordonné sa mort et, puisqu'il ne laissait rien au hasard, celle de l'innocente Senséneb. Ensuite, il s'était ravisé — le petit scribe pouvait encore être utile ! — et avait envoyé son âme damnée réparer ce faux pas.

« Les autres lettres sont pour Taschérit, expliqua Kenna, inquiet de ce long silence. Elles lui rendent compte de la situation. Il comprendra. Il en va de l'intérêt du pays, et ne doit-il pas le rang qu'il occupe au roi ? Ay est bien bon de se soucier des sentiments de ses sujets. Pareille chose ne serait pas arrivée du temps de Nebmaâtrê Aménophis. »

Brusquement, Huy se leva en renversant la table. Il empoigna Kenna par le collier raffiné qui ornait son cou et le souleva, plongeant en même temps sa main libre dans la bourse. Il la vida de son contenu et repoussa Kenna sur son siège.

« Maudit fils de Seth ! Tu t'en repentiras ! vociféra le secrétaire, le souffle court.

— Vraiment ? Je croyais que cette visite d'ordre privé ne devait pas être ébruitée.

— Tu ignores l'étendue de mon pouvoir, le menaça Kenna tout en examinant son collier cassé.

— Que non ! Mais tu ne peux savoir comme je m'en moque.

— Tu es fou. Ton *khou* t'a déserté.

— Pas le moins du monde.

— Rends-moi ces lettres ! »

Huy s'était rassis, tenant fermement les documents qu'il feuilleta jusqu'à ce qu'il eût trouvé ce qu'il cherchait. Il jeta les autres et, sans quitter Kenna du regard, déroula le papyrus, l'étala sur la table et y posa sa coupe pour le maintenir en place. Il cligna des yeux. Le vin et ce subit accès de violence ne lui avaient fait aucun bien. Des plis de son propre pagne, il sortit le fragment de papier ensanglanté que l'on avait trouvé près du corps d'Hapou. Il le déploya également sur la table, entre ses mains. Quand il eut réuni les deux moitiés, il lut le message complet ; mais celui-ci ne lui apprit rien qu'il ne sût déjà.

Kenna, qui était resté affalé sur sa chaise, se redressa et se servit du vin. Psaro était sorti de la maison au bruit de l'altercation, mais les deux serviteurs présents étaient restés plantés comme des souches. Voyant que tout allait bien, Psaro s'excusa et se retira.

« M'expliqueras-tu ceci ? » interrogea Huy.

Kenna réfléchit fébrilement.

« Je n'y suis pour rien. C'est un contrordre.

— Et nous savons pourquoi, n'est-ce pas ? A qui est-il adressé ? »

Kenna gémit. Son cœur avait conçu l'idée de demander l'aide de Huy pour retrouver Henka, auquel il aurait remis le message qui signifiait le salut du scribe, et ce dernier n'en aurait jamais rien su. Un plan parfait ! Mais maintenant il était acculé. Comment le premier morceau était-il tombé entre les mains de Huy ? Qu'était-il arrivé à Henka ? Était-ce un piège ?

« Alors ? A qui est-il adressé ? répéta Huy, impérieux, en faisant mine de se lever.

— Je n'en sais rien, je... Il s'appelle Henka. Il travaille pour le pharaon. Il le débarrasse de ceux qui l'encombrent. »

Huy resta pensif. Jamais il n'avait soupçonné l'existence d'un tel homme. Ay était plus retors qu'il ne l'avait cru.

« Décris-le. »

Kenna obtempéra, et en Huy se forma aussitôt l'image de l'homme qui était monté sur le navire à Kerma, l'homme qui avait effrayé Senséneb à Napata et qu'ils avaient vu pour la dernière fois alors qu'il débarquait à Méroé. Quels regards il avait jetés sur elle !

« Comment as-tu trouvé l'autre moitié ? » demanda Kenna.

Huy lui répondit, n'ayant aucune raison de le lui dissimuler. Ensuite tous deux restèrent assis en silence. Kenna paraissait soucieux. Huy songeait qu'il savait désormais qui retenait Senséneb captive.

« Il a fait fi des ordres du roi, dit enfin Kenna. Il était censé les exécuter uniquement lorsque Khonsou aurait accompli sa course entière à travers le ciel, et s'il n'avait pas eu de mes nouvelles. C'est lui qui avait insisté sur ces précautions, et le roi avait écrit le message sous ses yeux. Cet homme obéissait à Ay comme un chien. Mais le char de Khonsou n'a pas achevé sa course. Les ordres étaient d'attendre. »

Peut-être avait-il attendu tant qu'il l'avait pu. Huy ferma les yeux, tentant une fois de plus d'atteindre Senséneb dans son cœur. Mais son appel demeura sans réponse.

10

« Que fait ici le scribe principal du roi ? demanda-t-il, revenant au sujet qui l'inquiétait.

— Il rend une visite d'ordre privé à Huy, dit-elle d'un air rassurant. Kenna est venu te saluer, son capitaine t'a remis les lettres du roi. Ce n'est que pure routine. Il n'y a rien à craindre.

— Mais pourquoi un fonctionnaire de si haut rang ?

— C'est un honneur, un signe de l'importance que le roi nous accorde à nous, gens du Sud. Nous sommes la source principale de son or. Pourquoi n'enverrait-il pas un fonctionnaire éminent ?

— Ce rôle incombait au vice-roi de Napata.

— Peut-être Ay ne se fie-t-il pas entièrement au vice-roi ? »

Ils échangèrent un sourire, se caressèrent. Mais il redevint grave.

« Ton époux revient bientôt. Peut-être même demain.

— Son absence ne pouvait durer indéfiniment. »

Il changea de position dans le lit, s'installa contre la poitrine tiède de la jeune femme comme un enfant contre sa mère. Elle était allongée sur le dos et avait passé autour de lui un bras protecteur, les yeux luisant dans la pénombre

« Il n'a jamais montré une jalousie intempestive, dit-elle. N'oublie pas qu'il a besoin de nous.

— Je me demande si en vérité nous sommes aussi indispensables que tu le crois. »

Elle se tourna pour le regarder sans complaisance.

« Tu es trop humble. Tu représentes l'autorité du roi ! Pourquoi crois-tu qu'il a organisé ce mariage avec Ankhsi ? Et moi, je suis sa femme. Il se doit de présenter au monde une image de stabilité. Son intérêt est le nôtre ; il le sait et, par conséquent, il sait que nous ne le trahirons pas dans ce qui lui importe. Va, laissons-le semer, et nous en récolterons les fruits. »

Il se redressa avec inquiétude.

« Tu es trop ambitieuse. Nous ne connaissons pas sa force. »

Elle se pencha et l'embrassa langoureusement.

« Jouissons l'un de l'autre sans crainte. Nous nous sommes mariés chacun de notre côté pour accroître notre pouvoir. Mais le moment venu, nous saurons bien nous débarrasser de ces conjoints si encombrants. »

Elle frotta sa cuisse contre la jambe de son amant, enfouit ses lèvres au creux de son cou. Il l'attrapa par les aisselles et la hissa sur lui. Les cheveux de la jeune femme se répandirent telle une pluie tiède sur son épaule tandis qu'elle le chevauchait.

Mais son cœur s'attardait sur son propre secret. Elle n'avait jamais soupçonné qu'Imouthès n'était pas son enfant, de sorte qu'il n'était pas aussi entièrement en son pouvoir qu'elle le croyait.

Ils étaient amants depuis qu'il avait douze ans et elle treize. En dix ans était née entre eux une complicité à peine égalée, pensait-il, par celle d'Isis et d'Osiris. Mais il avait l'impression croissante d'étouffer. Peut-être plairait-il aux dieux de le débarrasser de ce fardeau.

Elle lui léchait doucement le visage en lui pétrissant les épaules, laissant sur sa peau la trace d'ongles pointus. Il respirait par la bouche pour ne pas sentir son odeur, mais il lui fit l'amour aussi attentivement qu'il put le supporter. Ce qui avait commencé comme un plan habile, conçu pour les réunir à jamais, s'était transformé en cauchemar ; elle le tenait sous sa coupe. La seule issue possible était de la trahir, or il ne pouvait le faire sans se trahir lui-même. Il en était réduit à espérer qu'une circonstance inattendue le délivrerait de cet engrenage. D'ici là, il n'avait d'autre choix que de gagner du temps.

« Je suis à toi, Taschérit, soupira-t-elle.

— Et moi à toi, Takhana. »

La mine barrait le désert telle une balafre au bord de l'oasis qui la nourrissait. C'était une vaste excavation, dont l'extrémité se confondait avec l'horizon miroitant. Partout, des dos noirs luisants se courbaient sous le labeur. Des hommes apportaient des quartiers de roche aux femmes, qui les concassaient dans d'énormes mortiers avant de passer les moellons à leurs sœurs, assises à des tables de basalte où elles lavaient les fragments pour séparer l'or du sable. Des enfants couverts de poussière, mains calleuses et visage flétri, émergèrent du puits le plus proche, chargés de gros blocs de pierre. Ils les déversèrent en tas dans de lourds tombereaux, qui permettraient ensuite de les charrier jusqu'aux ouvrières.

Abrités par un auvent, Nesptah et Huy observaient la scène du haut d'un petit tertre artificiel qui surplombait l'excavation.

« L'or est un fleuve qui nourrit le pays aussi sûrement que l'eau nourrit la terre », dit Nesptah.

Huy était morose. Senséneb ne quittait pas son cœur, mais les jours passaient sans rien apporter de neuf, et même si les recherches continuaient, seuls trois navires patrouillaient encore pour la retrouver; l'un appartenait à la flotte de Nesptah, le deuxième à celle de Samout et le troisième était le vaisseau impérial qui sous peu ramènerait Kenna dans la capitale du Sud. Il semblait que le scribe devait se résigner à la mort de son épouse. Kenna avait différé son départ, espérant quelque éclaircissement sur le sort de Senséneb qui permît du même coup de découvrir ce qu'il était advenu d'Henka. Toutefois, il ne pouvait prolonger son retard davantage. Il avait multiplié les messages vers la capitale, mais il redoutait de faire son rapport en personne.

L'arrivée de Nesptah, suscitant au port une activité et une effervescence indescriptibles — le vice-roi lui-même eût difficilement reçu accueil plus enthousiaste —, avait servi de prétexte à Huy pour reporter sa visite à Ankhsenamon — et l'obligation de lui faire part de la demande en mariage du pharaon. Mais tandis qu'il contemplait les mineurs, endurant dans la crasse, la peine et la sueur ce jour semblable à tous les autres de leur vie, il sut qu'il ne pouvait remettre à plus tard. Kenna attendait une réponse pour la transmettre à Ay, et s'impatientait.

Il observa Nesptah qui donnait des ordres au Premier Superviseur. Bien que les chefs d'équipe fussent armés de fouets, il ne les avait pas vus en faire usage, et l'énergie que les ouvriers déployaient dans leur besogne semblait volontaire. Nesptah était un homme imposant et gras, ainsi qu'il convenait à son statut, et il avait le crâne et le corps rasés comme le voulait son rang de prêtre-administrateur honoraire du district. Il portait la tunique ample des indigènes, mais en laine fine et en batiste, étoffes trop dispendieuses pour bien des membres de la meilleure société de la capitale du Sud.

Nesptah s'était fait connaître à Huy presque dès son retour. Le scribe savait que la visite de cet homme, qui paraissait être, à touts égards, le gouverneur officieux de la cité, n'était pas motivée par le sens de l'hospitalité. Huy n'était pas un personnage digne de tant d'honneur, et la curiosité des puissants ne connaissait pas de repos.

Mais Huy était curieux, lui aussi, et il avait accepté sans hésiter l'invitation de visiter immédiatement la mine d'or la plus proche. Kenna les avait accompagnés, cependant la fournaise avait obligé le secrétaire à se retrancher dans le navire sur lequel ils avaient remonté le Fleuve, et où régnait une fraîcheur relative.

« Au moins, ton ami pourra témoigner devant le roi du mal que nous nous donnons pour remplir ses chambres fortes ! » dit Nesptah.

En dépit de l'assurance qu'affichait cet homme, Huy avait été frappé par ses yeux, toujours sérieux, toujours sur le qui-vive. Mais ce n'était pas inhabituel chez les hommes ambitieux.

« Le scribe royal restera-t-il longtemps parmi nous ?

— Je ne le pense pas.

— Il est vrai qu'il est ici depuis plus longtemps qu'on ne s'y attendrait pour un serviteur aussi indispensable à Pharaon.

— Je crois qu'il était en affaire avec le gouverneur.

— Et avec toi ?

— Nous sommes de vieux amis, dit Huy, souriant de ce mensonge. Lorsque je travaillais au quartier palatial, nous nous voyions quotidiennement. Il a eu la bonté de rester pour me réconforter de mon malheur.

— Je vois, répondit Nesptah, qui avait déjà exprimé ses condoléances et ne les renouvela pas. Bien sûr, nous comprenons que le roi a besoin d'or de toute urgence. Presque autant que de grain, avec la guerre qui se prolonge au septentrion.

— Je suppose tu as discuté de tout cela avec le vice-roi de Napata.

— Certes, admit Nesptah, qui lui jeta un regard scrutateur.

— Dire qu'il y a peu tu te trouvais sur les carrières de la Deuxième Cataracte ! Tu voyages beaucoup.

— Passablement.

— C'est étonnant que tu n'envoies pas tes assistants.

— Il y a certains devoirs que je ne puis déléguer.

— Ton influence est considérable. »

Nesptah s'inclina brièvement à ce compliment. Huy espéra qu'il n'en faisait pas trop ; son intuition lui disait que cet homme-là n'était pas qu'un petit potentat infatué de sa personne. Tournant la tête, il contempla l'horizon en direction du Fleuve. Sa place n'était pas ici ; il aurait dû être à bord de la flotte, prendre part aux recherches. Il n'aurait pas dû avoir d'autre pensée que celle-là. Mais pour l'heure il devait exécuter un ordre du pharaon. Il voulait se débarrasser de Kenna et le seul moyen était d'en passer par cette entrevue avec Ankhsi. Afin d'être mieux armé, il tentait de cerner la personnalité des membres de son entourage, en particulier la sœur et le beau-frère de Taschérit, pour qui Ankhsi n'avait aucune affection. L'image de Takhana obsédait son cœur : il n'avait pas eu de ses nouvelles, mais le souvenir de leur conversation et de ce qui s'était passé entre eux ne le quittait pas. Par-dessus tout, il se rappelait le baiser qu'elle lui avait donné et, malgré lui, dans sa solitude et son besoin de réconfort, il aspirait à en recevoir un autre. Il regarda Nesptah et ne put l'imaginer auprès d'elle. Ils semblaient aussi étrangers l'un à l'autre qu'un faucon et un crocodile. Il est vrai que ces animaux étaient tous deux des prédateurs.

« Que penses-tu du tour que prend la guerre ? demanda-t-il.

— Nous vaincrons. Il nous faudra peut-être de nombreuses crues, il se peut que les conflits s'apaisent puis s'embrasent à nouveau, mais nous gagnerons à la fin.

— Pourquoi en es-tu si sûr ?

— Parce que grâce au Fleuve nous pouvons ravitailler l'armée indéfiniment.

— Ah ! Bien sûr. »

Avec son apparence fruste, Huy n'avait aucun mal à feindre la naïveté quand cela l'arrangeait.

« Qui contrôle le Fleuve contrôle la Terre Noire, affirma vigoureusement Nesptah.

— Penses-tu que le pays risque la scission ?

— Entre Nord et Sud ?

— Oui.

— Nous ne céderons jamais le Nord. Nous devons avoir libre accès à la Grande Verte.

— Mais certains, par ici... pendant que l'armée est retenue au loin... »

Nesptah le toisa et dit d'une voix sourde qui ne présageait rien de bon :

« Que veux-tu insinuer ?

— Moi ? Rien.

— Tu as de la chance que ton ami Kenna ne soit pas ici. Ay te ferait embrocher la cervelle pour de telles paroles. »

Huy réfléchit à cette conversation. Apparemment, Nesptah n'avait pas partie liée avec Ankhsi et Samout. Mais comment pouvait-il ignorer qu'ils fomentaient une rébellion ? La ville était petite, et un homme comme lui devait avoir ses espions dans chaque maison de quelque importance.

« Je ne faisais qu'exprimer une crainte. J'ai avant tout à l'esprit la sécurité de la Terre Noire.

— Le roi nous tient tous dans sa paume, dit Nesptah. Considère les prêtres. Considère tout ce qu'ils contrôlent. Ils possèdent ici cinquante villes et cinq autres au pays des Deux Fleuves. Ils détiennent des centaines de milliers de têtes de bétail, des milliers d'aroures[1] de terre. Leurs navires surpassent en nombre les vaisseaux impériaux ! Et pourtant, vois ! Ils s'inclinent quand Pharaon ordonne ! »

Il se détourna afin de donner ses propres ordres à un autre superviseur.

Oui, mais ils sont dans la capitale du Sud, lui opposa Huy en son for intérieur. De plus, il est de leur intérêt de soutenir le pharaon. Son pouvoir est le leur. Mais si quelqu'un essayait, non de renverser le roi mais de rompre avec son autorité, de négocier avec lui au lieu de le servir, celui-là pourrait être roi de plein droit.

Bien des années et non des jours semblaient s'être écoulées depuis que Huy s'était trouvé face à face avec Ankhsi dans cette même pièce. Elle était languide et avait les yeux battus. Pour sa part, il se ressentait encore de la morsure du soleil sur sa peau, la veille, en dépit de l'auvent protecteur, et il se demandait comment Nesptah, avec son crâne rasé, avait pu le supporter. Le notable était de la région ; il devait y être accoutumé. Lui s'y habituerait-il jamais ? Aurait-il encore l'envie de rester ici, sans Senséneb ? Si seulement il n'avait pas été si opiniâtre, si seulement il avait accepté sa morne et confortable routine d'un cœur pondéré et cherché par d'autres voies la paix intérieure, ils seraient encore dans la capitale du Sud et elle n'aurait pas quitté ce monde pour les Champs d'Éarrou.

1. Aroure : surface d'environ 2 735 m^2, équivalant à 100 coudées sur 100 coudées.

« Je suis désolée qu'il n'y ait toujours pas de nouvelles, dit Ankhsenamon.

— Nous devons endurer ce que les dieux nous envoient.

— Mais cela, c'est trop cruel.

— Rien n'est trop cruel. L'eau coule dans le désert et la mort détend les membres tordus par la maladie.

— La mort est plus douce que la vie.

— Mais la vie est ce que nous connaissons, et c'est à nous d'en faire ce que nous pouvons.

— Ma foi, c'est ce que prétendent les prêtres. Je suppose qu'on peut trouver de pires mensonges pour y conformer son existence. »

Voyant quel dédain ses propos avaient fait naître sur le visage de l'ancienne reine, il sourit. En d'autres circonstances, il eût éclaté de rire.

« Où est Taschérit ?

— A la garnison.

— J'en suis heureux, car j'ai besoin de te parler en privé. Il serait bon de renvoyer les serviteurs.

— Que vient faire Kenna ici ? demanda-t-elle après avoir suivi son conseil.

— L'as-tu reçu ?

— Il est simplement venu me présenter ses respects. Il n'était porteur d'aucun message d'Ay.

— Donc, dit Huy, baissant les yeux, Kenna ne t'a rien dit ?

— Non. »

Elle le regarda avec appréhension, pressentant déjà un terrible malheur. Le voyant plongé dans le silence, elle l'encouragea avec bonté :

« Qu'y a-t-il, Huy ? Parle-moi.

— Il faut te préparer à une mauvaise nouvelle. »

Il l'observa tout en lui révélant les desseins de son grand-père. D'abord elle l'écouta, debout, lui faisant face. Puis elle marcha de long en large. Enfin elle s'assit, et plus il parlait, plus elle sembla se faire petite dans son fauteuil.

« Tels sont ses ordres », conclut le scribe.

Il avait envie de la serrer contre son épaule. Au lieu de cela, il restait distant, sans s'autoriser un geste pour lui offrir un peu de chaleur dans son isolement. Il attendait de voir son ultime réaction.

Elle leva vers lui des yeux brillants.

« Il y a des lettres pour Taschérit, dis-tu ?

— Oui.

— Mais tu ne lui as pas encore parlé ?

— Non.

— Ne me sera-t-il pas permis de garder mon fils ?

— Le pharaon pense que l'enfant appartient à son père, répondit Huy, la tête basse. Il faut néanmoins se réjouir qu'il ignore qui fut le véritable père d'Imouthès. Peux-tu te fier à Taschérit pour ne pas le trahir ?

— Oui, affirma-t-elle après un long silence pensif. Il adore l'enfant, et je ne doute pas qu'il a respecté fidèlement notre secret. Mais que t'importe ! ironisa-t-elle en se levant.

— Que veux-tu dire ?

— Que puis-je bien vouloir dire, selon toi ?

— C'est Kenna qui a apporté ces lettres. Je n'avais aucune idée...

— J'aimerais le croire. J'aimerais croire que tu n'es pas devenu l'âme damnée de mon grand-père.

— Je suis venu ici pour rompre avec mon ancienne vie.

— Mais tu continues à faire ce qu'il exige, si vil que cela soit.

— Tu sais que je ne peux me dérober. Nul ne désobéit à Pharaon. »

Elle le regarda, les yeux noyés de larmes, mais elle serra les lèvres et resta assise, très droite, jusqu'à ce qu'elle se fût dominée.

« Désobéir est possible, lui rappela-t-elle. Ne te joindras-tu pas à nous ? Ne me sauveras-tu pas une seconde fois ? »

Huy chercha à lui dévoiler le fond de son cœur.

« Ce que tu proposes ne réussira jamais. Avant que tu aies atteint la capitale du Sud, Horemheb, au nord, aura appris la nouvelle. Il se peut que tu atteignes la cité avant lui et même que tu l'occupes, mais tu ne la conserveras jamais.

— Il ne quittera pas le Nord !

— Est-ce Samout qui t'a fait croire cela ? Allons ! Sacrifie-t-on son cœur pour sauver ses jambes ? La capitale du Sud est le centre vital de la Terre Noire. Horemheb te l'arracherait comme un scribe collecteur prend le blé du fermier. Écraser ta rébellion lui serait le prétexte pour s'emparer du trône. Puis il s'en retournerait au nord continuer sa campagne. Imagines-tu que les Khetas et les Khabiris sont assez puissants pour nous mettre aux abois sitôt que nous tournons le dos ? Imagines-tu que Horemheb ne laisserait pas des troupes pour défendre le terrain aussi longtemps que nécessaire ? »

Il s'interrompit, la voyant plus blessée par ses paroles que par l'odieuse proposition d'Ay.

« Il doit bien y avoir un moyen de nous sauver, mon fils et moi, s'écria-t-elle, les épaules tremblantes, souffrant comme si les dieux lui enfonçaient des aiguilles dans le corps. Je me battrai, jusqu'à la mort s'il le faut.

— Même si cela ne signifie rien, ne change rien et ne sauve personne ?

— Tais-toi ! »

Huy la laissa pleurer, réduite elle aussi au silence.

« Il se peut que nous trouvions une solution pour emmener Imouthès avec nous...

— Aménophis !

— ... mais il serait sans doute plus en sécurité ici, avec son père.

— Il est trop tard. Samout a déjà organisé nos partisans. Nous ne pouvons plus reculer à présent.

— Que veulent-ils ?

— La liberté, je te l'ai dit. »

Elle se leva et s'approcha de lui pour lui prendre les mains.

« Viens nous rejoindre ! Ce sera la meilleure chose qui soit. Tes moindres désirs seront exaucés. Nous élèverons un grand monument en or à Senséneb. Il ne manquera pas une partie d'elle, si bien que son *ka* sera en paix et son nom demeurera à jamais.

— Je préférerais que tu vives, répondit Huy, secouant tristement la tête. Si tu persistes dans cette voie, tu mourras. Déjà on a tenté de t'assassiner. Dans la capitale du Sud, tu seras en lieu sûr.

— Crois-tu donc que ce que tu m'offres soit la vie ? »

Huy se sentit las. Quelle importance s'il échouait ? A quoi bon la forcer à regagner la capitale ? Peut-être valait-il mieux se battre jusqu'à la mort que de régler sagement sa conduite sur la raison et le sens pratique. Il avait exagéré la confiance qu'il éprouvait en prétendant que Horemheb écraserait leur rébellion tout en contenant les envahisseurs au nord. En réalité, il voyait déjà une guerre fratricide entre habitants de la Terre Noire briser la colonne vertébrale du pays, et c'était cela qu'il avait tenté d'éviter. Mais pour qui, et pour quoi ? Pour un roi qui avait envoyé son homme de main l'exécuter et qui avait fait tuer celle qu'il venait d'épouser ? Pour une stabilité déjà compromise par la terrible rivalité entre Horemheb et Ay ?

« Kenna part après le prochain Voyage-de-Rê, dit-il. Quelle réponse lui ferai-je ?

— Dis-lui que j'irai, lança-t-elle d'un air de défi. Cela me fera au moins gagner du temps.

— Un navire nous attend déjà à Kerma.

— Qu'il attende.

— Et les lettres à Taschérit ?

— Huy, toi qui es mon ami, tu ne dois pas lui souffler mot de tout cela, pas encore — peut-être pas du tout. En cela tu dois m'obéir. Aie au moins cette humanité-là.

— J'attendrai que tu m'envoies chercher. »

Il quitta la Résidence, ressentant un grand vide. Une garde imposante était encore postée à toutes les entrées, tous les portails. Les soldats le suivirent des yeux tandis qu'il s'éloignait dans la rue, préparant déjà ce qu'il dirait à Kenna et s'interrogeant sur les conséquences de ses actes. Son cœur ne lui laissait pas de repos. Qui avait essayé de tuer Ankhsi ? Pourquoi accordait-elle à Samout une confiance si totale ? Huy s'était forgé sa propre opinion du marchand, et était convaincu que chez lui, la soif de vengeance l'emportait sur la raison. Mais un désir si tenace pouvait être communicatif, et la richesse de Samout était considérable. Peut-être avait-il réussi à dissimuler ses plans à Nesptah, qui semblait s'intéresser à peu de chose hormis la consolidation de son propre petit empire dans ce coin-ci de la Terre Noire. Samout avait eu la prudence de ne pas se présenter en rival et de faire croire qu'il se contentait de vivre dans l'ombre du notable. Il avait su déployer la ruse de Seth. Y avait-il quelque chance que son plan réussisse ?

Ses pensées s'orientèrent ensuite vers Takhana. A en croire Samout, elle cherchait à le séduire. Mais peut-être ne le considérait-elle plus comme une menace ? Depuis la disparition de Senséneb, il ne présentait sans doute plus autant d'intérêt. Dans son cœur, il la revoyait, vêtue de sa robe rouge. Jamais il n'avait rencontré un être aussi indomptable. Il secoua la tête : il pensait à elle trop souvent. Était-il déjà tombé en son pouvoir ?

En dépit de ses charmes et de ses artifices, elle ne pouvait effacer le souvenir de Senséneb. Où était-elle ? Vivait-elle encore ? A coup sûr, dans le cas contraire elle lui aurait envoyé son *ka* pour le rassurer, pour lui montrer où gisait son corps afin qu'il veille à l'enterrement. Il y avait dans cette contrée des animaux pires que les chacals, d'énormes brutes à l'apparence canine qui hurlaient dans la nuit et dont les mâchoires, disait-on, étaient plus puissantes que celles du crocodile. Si le corps de Senséneb avait été déchiqueté, s'il avait perdu son intégrité, comment Huy consolerait-il son fantôme ? Elle rejoindrait les rangs des morts-vivants et errerait de par le monde, violant les sépultures peu profondes des pauvres, se penchant sur les enfants agonisant, en quête d'un cœur qui lui livrerait accès aux Champs d'Éarrou.

Huy songea à la proposition d'Ankhsi. Une statue en or, réplique parfaite du corps disparu pour apaiser le *ka* de Senséneb. Mais non. Elle ne pouvait être morte.

Il descendit vers le Fleuve dont il suivit la rive, cheminant vers le sud jusqu'à ce qu'il eût quitté la cité. Alors, seul au milieu des joncs, il cria son nom. Mais pas plus qu'avant il n'entendit de réponse — pas même l'écho de ses appels.

Henka examinait sa blessure. Loin de guérir, elle était jaune par endroits, et la surface inférieure se teintait d'un reflet verdâtre. Il avait nettoyé la plaie trois fois par jour avec de l'eau bouillie, mais si propre qu'elle parût ensuite, en l'espace d'une demi-journée elle reprenait son aspect antérieur et semblait même s'aggraver.

Henka savait à quoi s'en tenir. Pourtant, il continuait à pêcher et à prendre au filet du petit gibier, aigrettes et canards, qu'il faisait cuire lorsque le soleil était au zénith et que le feu risquait le moins d'être remarqué. Il prolongeait la cuisson, maintenant qu'il n'était plus seul. Le danger d'être découvert était plus grand, toutefois il était plus loin de la ville, et il savait que les recherches prendraient bientôt fin. Pourtant, le matin même au point du jour, il avait dû se couler parmi les joncs pour ne pas être vu, car un navire où trois Mézai étaient postés à la proue était soudain apparu au détour d'une falaise, à peine annoncé par le clapotis de l'eau sous les rames.

Il aurait voulu continuer la route, s'enfoncer dans le désert qui s'étendait au sud-ouest du Fleuve, où il eût été en lieu sûr. Mais il était trop affaibli ; quant à elle, il n'aurait jamais dû la frapper si fort. Jamais il n'avait eu l'intention de la rendre aveugle.

Il examina de nouveau sa plaie, comme si par l'effet de sa volonté il pouvait l'obliger à guérir. Il se répétait qu'à force de repos et de patience il se remettrait, mais une partie de son cœur qu'il s'efforçait de taire savait qu'il y avait peu d'espoir. Comme elle connaissait l'art de la guérison, il avait pensé lui demander de l'aide. Mais pouvait-il se fier à elle, après ce qu'il lui avait fait ? Il lui restait un dernier recours. Il l'avait vu pratiquer, mais par un homme sur un autre et en présence d'assistants pour maintenir le patient.

Il y songeait à nouveau. La vue du navire l'avait effrayé. S'ils continuaient à chercher si loin en amont, c'est qu'elle était un personnage plus important qu'il n'avait cru. Il n'ignorait pas qu'elle prodiguait ses soins à l'épouse du gouverneur, mais jamais il ne s'était douté qu'on se soucierait tant d'une nouvelle venue. Il sortit le fer de lance de son sac et le soupesa dans sa paume. L'arme était lourde et épaisse, elle supporterait une chaleur intense mieux que son *khepech* ou son couteau. Il la posa près de lui sur le sable et déroula l'étoffe qui enveloppait l'amulette. *Ta tête ne te sera pas ravie après le massacre. Elle aura été sauvée, pour toute éternité.* Il leva les yeux vers le Fleuve en crue et battit des paupières. Depuis combien de temps n'avait-il pas dormi tout son soûl ? Les pleurs de la femme l'avaient tenu réveillé, de même que ses tentatives de fuite, jusqu'au moment où il l'avait attachée. Maintenant elle se taisait. Mais elle refusait toute nourriture, bien qu'il la fît cuire pour elle, au prix d'un risque accru.

Il se pouvait que les dieux se montrent magnanimes et lui permettent de rester là. Mais le *ka* de sa mère lui pardonnerait-il ce qu'il avait fait à cette femme ? Peut-être. Une mère pardonnait tout à son enfant. Aucun enfant n'était indigne aux yeux de sa mère. Mais de mère, il n'en avait pour ainsi dire jamais eu. Son unique consolation, tout au long de son existence, avait été le souvenir d'une chaleur. Il avait espéré retrouver cela auprès de cette femme, mais, que cet espoir eût été insensé ou non, il l'avait détruit de ses propres mains. Il était assurément puni pour l'avoir nourri.

Pour Senséneb, le pire moment avait été le retour à la conscience, une conscience où tout était ténèbres. Cette douleur-là avait été beaucoup plus terrifiante que l'attaque brève et maladroite d'Henka, qui avait pris fin dès l'instant où il s'était rendu compte de sa cécité. Depuis lors, elle vivait dans un cauchemar d'où elle ne pouvait s'éveiller, et elle s'était presque persuadée, pour un temps, qu'il ne s'agissait que de cela, d'un simple cauchemar. Elle s'était accrochée à cette illusion, luttant contre le sommeil jusqu'à l'épuisement. Alors elle rêva, des arbres, du Fleuve et du soleil, elle rêva qu'elle était redevenue enfant, dans le jardin de son père. A son réveil, un trop court instant, elle resta détendue, tout imprégnée du rêve. Puis elle sentit le sable sous son corps, la chaleur suffocante de la grotte et la puanteur d'Henka. Mais le pire de tout était de s'éveiller pour ne trouver que la nuit, et de comprendre que du pouvoir de ses yeux, il ne lui restait que le souvenir moqueur d'un rêve.

Depuis elle restait prostrée, muette, sans manger, buvant à peine. D'abord elle avait espéré qu'il la tuerait, que, quoi qu'il voulût faire d'elle, il en finirait vite. Elle aurait enduré avec joie n'importe quelle souffrance pourvu que son terme procurât l'apaisement. Elle appelait Huy dans son cœur, comme quelqu'un qu'elle aurait connu jadis, ou peut-être en songe. Son enfance lui semblait plus réelle.

Le mieux, c'était quand Henka n'était pas là ; mais même quand il était là il ne soufflait mot, sauf pour lui proposer de la nourriture ou de l'eau. Il n'avait plus tenté de la toucher, et sa voix était douce — ou craintive, elle n'aurait su le dire. Il y eut un temps où elle ne pouvait distinguer entre la veille et le sommeil. Elle savait qu'elle commençait à sentir mauvais, que les poils repoussaient sur son corps. Privée d'huile protectrice, sa peau se déshydratait sous l'effet du vent qui s'infiltrait dans les recoins de la grotte et projetait du sable dans ses yeux ouverts, sans défense. Elle se disait qu'elle ne verrait jamais plus sa propre image, que le dernier visage qu'elle aurait jamais vu serait celui d'Henka, la dernière scène, le meurtre de son vieux serviteur. Elle supportait la douleur lancinante au creux de son estomac, les piqûres d'aiguille au fond de ses yeux. Mais elle ne perdait pas le désir de mourir.

Au matin du troisième jour, elle sortit d'un profond

sommeil pour sentir son visage baigné par le soleil. Une partie de son cœur avait déjà remarqué que son sens du toucher était plus aigu, même si elle ne pouvait être sûre encore que son ouïe s'était affinée. Elle avait conscience des différences de texture du sable de la grotte. Mais ce matin-là, il y eut quelque chose de plus, une chose qui, un instant, fit bondir son *khou* à l'intérieur d'elle-même : elle distinguait un contour, gris sur gris, un vague demi-cercle le côté plat en bas et un monticule flou d'un ton de gris plus sombre, animé de légers mouvements.

A plusieurs reprises, elle ferma très fort les paupières et les rouvrit : la vision persista. Elle invoqua toute la volonté qu'elle recelait en elle et la canalisa vers ses yeux, afin que les fluides de son corps parcourent les *metou* pour leur prêter renfort ; mais trop vite les contours redevinrent noirs et, à son grand désespoir, se confondirent avec l'obscurité.

Souvent elle avait pleuré, supplié les dieux de mettre un terme à ce calvaire, agoni Huy d'injures pour l'avoir placée dans cette situation ; mais cette fois elle rampa vers son coin dans la grotte et s'y effondra.

Toutefois, son odorat aussi s'était affiné et elle prit conscience d'une nouvelle odeur. Elle lui parvenait si faiblement qu'elle crut d'abord l'avoir imaginée, mais elle avait trop d'expérience pour se tromper. Elle avait vu Hapou blesser l'homme avant de tomber, et cette odeur-là, douceâtre, écœurante, lui était trop familière. Elle la captait à chaque geste d'Henka.

Elle faisait la différence entre le jour et la nuit à la chaleur du soleil sur sa peau ou au froid nocturne, quand il la couvrait avec une étoffe raide et humide qu'elle supposait être une natte. A l'intensité du silence, interrompu par le chant des oiseaux, le murmure du Fleuve et parfois le cri lointain d'un paysan encourageant ses bœufs, elle devinait qu'ils étaient hors de la ville, mais à peu de distance. Elle avait toutefois perdu la notion du temps lorsqu'il lui parla.

« Je sais le mal que je t'ai fait. »

Elle ne répondit pas.

« J'aurais préféré me l'infliger à moi-même. Mais ce qui est fait est fait, et je dois m'occuper de toi. »

Son premier sentiment fut la déception. Cette torture n'était donc pas finie ? Il continuait à parler et, en dépit de son hésitation et de sa maladresse, le sens de ses propos était indubitable.

« Il n'y a personne d'autre pour prendre soin de toi. Si je meurs, tu mourras.

— Parce que tu t'imagines que j'ai envie de vivre ? Ou que toi, tu vives ? »

Sa propre voix lui paraissait venir d'hors de son corps. Il ne répondit pas, mais elle sentit qu'il s'approchait. Elle eut conscience de faire la grimace.

« Les mots que tu prononces sont sans pouvoir. Si je dois mourir, je mettrai mes dernières forces à murer l'entrée de cette grotte pour nous enfermer. Le poids de ton sang ne pèsera pas sur mon cœur, mais je ne partirai pas sans toi vers les Champs d'Éarrou. Là-bas, je t'épouserai.

— Tu n'entreras jamais dans les Champs. La Chose-qui-dévore-les-ombres se repaîtra de toi et te vomira dans les fosses bouillonnantes de Seth.

— Non, répliqua-t-il paisiblement, car tu me rachèteras. C'est pour toi que j'ai fait ce que j'ai fait. Tu ne permettras pas qu'on me juge pour ce dont tu es la cause.

— Mensonge répugnant !

— Ne provoque pas ma colère.

— Que crois-tu que j'aie encore à craindre ? »

Elle devina plus qu'elle n'entendit son soupir. Lui,

regardant en lui-même, pensait qu'il ne voulait pas la faire souffrir. Elle ne ressemblait pas à toutes celles qu'il avait connues, aussi froides et vénales que lui. Entre elles et lui, pas de sentiment. Peut-être seule la mort l'unirait-elle à cette femme. Qui sait si les dieux n'en avaient pas décidé ainsi ?

Nul ne vient de là-bas
Annoncer ce qu'il en est,
Pour apaiser notre cœur
Jusqu'à ce que nous abordions
Au lieu où ils s'en sont allés.

« J'ai une blessure, dit-il enfin.

— Je sais.

— Je n'arrive pas à la nettoyer. Pourtant ce n'est pas profond. Touche. »

Il lui prit le poignet si vite qu'elle étouffa un cri, et il guida ses doigts rétifs vers son flanc.

« Tu es guérisseuse. Il faut brûler la plaie. J'ai un fer de lance, mais je ne peux contrôler à la fois la douleur et le métal. »

Se détournant, il ramassa une rame qu'il avait prise sur la barque. Il se servit du *khepech* pour découper un tronçon du manche. L'effort lui donnait le vertige. La sueur ruisselait sur son front et sur son torse, son pagne était trempé. Il se rassit, se força à respirer calmement. Quand il sentit qu'il se maîtrisait mieux, il s'essuya les yeux et entreprit de tailler au couteau une poignée courte afin d'y fixer le fer de lance.

Lorsqu'il eut fini, il rassembla des lambeaux de nattes qu'il avait trouvés sur le bateau et fit du feu. Bien vite il put l'alimenter avec des blocs d'excréments séchés. Le feu se trouvait à l'entrée de la grotte et le vent refoulait la chaleur et la fumée, transformant l'intérieur en four. Senséneb rampa jusqu'à l'ouverture; la douleur de ses poumons privés d'air était insupportable. Quand le feu brûla clair, Henka ramassa le fer de lance et l'adapta sur le manche. Celui-ci n'était pas plus long que la poignée d'une dague, mais cela suffirait. Il posa le fer dans les flammes et attendit.

Senséneb perçut l'odeur du métal chauffé à blanc. Au bout de quelques instants, elle sentit qu'il plaçait le manche dans sa paume et lui refermait les doigts. Elle eut conscience de la chaleur du bronze, tout près du bois rugueux et détrempé. Il guida sa main vers la blessure. Elle l'entendit grogner pour ne pas se dérober à la lame incandescente.

« Je vais maintenir la plaie ouverte, lui dit-il. Tu es juste au-dessus. Tout ce que tu as à faire est d'abaisser la lame. »

De sa main libre, elle le palpa pour localiser la blessure. Il lui était arrivé bien souvent de pratiquer une cautérisation. Elle affermit sa prise sur la dague improvisée. Une simple torsion du poignet, et elle lui enfonçait la pointe dans le corps.

Au lieu de cela, elle pressa vigoureusement la face plate du fer de lance contre la plaie béante. La chair grésilla, mais elle l'y maintint avec force, jusqu'à ce que Henka s'écarte.

Il n'avait pas proféré une plainte.

« Pourquoi n'as-tu pas parlé à Taschérit? fulmina Kenna.

— Le moment eût été mal choisi », répondit distraitement Huy.

Il était allé chez Samout, où on lui avait appris que le marchand n'était pas rentré la veille au soir. Il s'était alors rendu chez Ankhsenamon, mais elle non plus n'avait aucune nouvelle.

« Eh bien, il fallait choisir le mauvais moment ! Je veux impérativement une réponse et je ne repousserai pas mon départ au-delà d'aujourd'hui. Cet endroit infect me répugne. La chaleur est insupportable et ces nuées de mouches sont une dégoûtation. Comment peut-on avoir idée de s'installer ici ?

— Je t'ai dit que Ankhsenamon reviendrait.

— Quand ?

— Dès qu'elle aura réglé toutes ses affaires.

— Mais si Taschérit ne sait rien ? Et s'il refuse de la laisser partir ?

— Pas plus que toi et moi, il ne peut refuser un ordre direct du roi. L'aurais-tu oublié ?

— Je n'en préférerais pas moins être assuré de son consentement avant mon départ. Pharaon voudra en avoir la certitude. Et s'il refusait de garder l'enfant ? Pharaon ne voudra pas de lui au palais.

— C'est son arrière-petit-fils.

— Mais le fils de personne.

— Cela n'a pas empêché certains dans le même cas de prendre place sur le Trône d'Or.

— Prends garde, Huy ! »

Kenna le foudroya du regard : Ay eût difficilement pu se prévaloir d'une ascendance royale.

« Qu'est-ce qui t'inquiète encore ? » demanda Huy, exaspéré.

La réponse se fit attendre.

« Nous ne voulons pas de troubles au Sud.

— Ce n'est pas Taschérit qui en provoquera. »

Mais Huy était soucieux. Il en avait déjà dissimulé assez au représentant du roi pour subir la plus cruelle des morts si jamais il était percé à jour. Son désir de dissuader Ankhsi de déclencher un soulèvement ne pèserait pas lourd, et les représailles exercées en cas d'échec seraient terribles. Il avait vu des hommes endurer le supplice du pal. Mais il n'avait pas oublié que Ay avait ordonné de le tuer, et une partie de son cœur lui murmurait que si la rébellion réussissait, sa récompense serait immense. S'il n'avait été convaincu que cette tentative était vouée à l'échec, seuls les dieux savaient quelle décision il aurait prise. Il se trouvait réduit au rôle d'observateur, tandis que les divinités déterminaient la place des pièces sur le plateau du *senet*; son instinct lui disait toutefois, avec une force croissante, que le mal qui sévissait ici n'avait rien à voir avec le général Horemheb. Il tâtonnait dans un tunnel obscur, telle la bête aveugle qui trace son chemin sous les sables, progressant avec une aisance que lui, en revanche, était loin de posséder.

Plus que tout, il aspirait au départ de Kenna. Cet homme l'empêchait de penser.

« Ay devrait être satisfait d'apprendre le retour de sa petite-fille, argua-t-il. Cela devrait suffire. Que pourrait Taschérit contre lui, de toute manière ?

— Provoquer un soulèvement », répondit Kenna sans détour.

Huy espéra que son expression ne s'était pas altérée.

« Nos espions ne sont guère actifs, par ici, ajouta le secrétaire. Ils transmettent peu d'informations, pour ne pas dire aucune. Cela en soi inquiète le roi. Mais je lui ferai mon propre rapport. »

Ainsi, Kenna avait mené son enquête à Méroé. Achèverait-il en vie le voyage de retour vers la capitale du Sud ? Huy se demanda si c'était pour cette raison qu'Ankhsi avait besoin de temps, si elle voulait s'organiser pour le faire tuer. Supprimer le secrétaire ne ferait qu'attiser les soupçons d'Ay. Mais l'ancienne reine et Samout étaient-ils assez fins stratèges pour le comprendre ?

« Ankhsi a donné sa parole, dit Huy.

— Oui, mais la tiendra-t-elle ?

— Elle ne peut pas s'échapper, n'est-ce pas ? Le roi saura toujours où la retrouver.

— Voilà qui est vrai, concéda Kenna en souriant. Et toi ?

— Je ne reviendrai que lorsque je serai fixé sur le sort de Senséneb. »

Huy ferma les yeux. Il se débattait dans les mailles d'un filet. Tout s'articulait autour de trois personnages : Nesptah, Taschérit et Takhana. Mais comment s'imbriquaient ces éléments ?

Kenna s'apprêtait à répliquer quand il fut interrompu par Psaro, qui venait de franchir le portail d'entrée à toutes jambes. Il courut vers eux, oubliant toute cérémonie, la tunique tachée et poussiéreuse, ses longs membres luisant de sueur.

« Tu dois venir tout de suite ! dit-il à Huy.

— Que s'est-il passé ?

— Suis-moi, je t'en conjure ! »

Huy et Kenna échangèrent un regard puis emboîtèrent précipitamment le pas à Psaro, qui déjà se dirigeait vers la rue. Ils tournèrent à gauche et prirent en direction du nord la longue route qui montait en pente douce vers la demeure de Samout.

La pièce où Huy s'était entretenu avec le marchand avait été transformée en chambre mortuaire dans l'attente des embaumeurs. Psaro expliqua qu'il ne les avait pas encore fait prévenir afin que Huy vît ce qu'il y avait à voir. Les médecins étaient déjà partis, ce n'était plus de leur ressort. Les Mézai de Taschérit étaient seulement restés le temps de consigner les déclarations.

« Il y aura une grande enquête, dit Psaro. Tous les gens de la cité seront interrogés. On a déjà envoyé la nouvelle au vice-roi. »

Les deux corps avaient été allongés, aussi loin que possible, sur deux longues tables à tréteaux. Chacun était recouvert d'un drap de lin gorgé d'eau. Assis à des angles opposés de la pièce, deux serviteurs agitaient d'énormes éventails en plumes d'autruche, et aux deux autres angles de grosses jarres pleines d'eau étaient posées. Pourtant les mouches pullulaient, produisant un bourdonnement entêtant, et l'effluve lourd et douceâtre de la mort montait aux narines. Pris d'un haut-le-cœur, Kenna préféra sortir.

« J'aimais mon maître, comme tous ceux qui le servaient, dit Psaro, dont le visage exprimait une sincère affliction.

— Qu'est-il arrivé ?

— Ils ont été retrouvés au milieu des joncs par des pêcheurs qui posaient leur nasse en aval. Ils n'y étaient sûrement pas depuis longtemps. Les corps ne sont ni enflés ni abîmés — du moins, pas par des mâchoires de crocodile. »

Huy frissonna comme si un vent glacé avait soufflé dans la pièce.

« Montre-les-moi. »

Psaro souleva le drap qui dissimulait la plus petite des deux silhouettes. C'était le serviteur silencieux qui avait servi le vin à Huy, le jour de sa visite à Takhana. Le corps était nu, mais propre et intact à l'exception d'une petite entaille au cou, sous la mâchoire.

« La blessure est profonde, précisa Psaro. Elle remonte jusqu'au centre du cerveau. On s'est servi d'un long couteau. »

Involontairement, Huy pensa à Senséneb, qui s'était tant interrogée sur le rôle du crâne. Pourquoi le siège d'un pouvoir aussi dérisoire était-il aussi l'un des sièges de la vie ? L'organe gris qu'il renfermait ne servait à rien, sinon à lubrifier le nez. Comment pouvait-il être vital ? Penser à Senséneb le fit aussi penser aux recherches qu'on menait encore pour la retrouver. Ce double meurtre absorberait toute l'attention des autorités. La jeune femme avait disparu depuis si longtemps que l'on était fondé à la croire morte. L'affaire serait-elle tranquillement oubliée, même si elle concernait un ancien haut fonctionnaire du roi ? Quant à Hapou, il n'y avait personne pour le pleurer, mais le scribe avait fait toutes les démarches auprès des embaumeurs afin qu'il fût préparé comme il convenait à entrer dans les Champs d'Éarrou.

Et pour ce qui était de Senséneb, il ne renoncerait pas à la retrouver.

Revenant à la réalité, il tourna ses pensées vers le corps qui gisait devant lui

« C'est curieux, dit-il au serviteur, je n'ai jamais entendu le son de sa voix.

— Il n'avait pas l'usage de la parole, mais il n'en avait pas toujours été ainsi, expliqua Psaro. Cet homme était depuis de longues années au service de Nesptah. Un jour, celui-ci apprit qu'il avait révélé l'emplacement d'une mine d'argent, au sud. Il en avait parlé sous l'effet de la boisson, dans une taverne, mais c'était assez. Nesptah lui fit trancher la langue par Apouky et, dès lors, le tint à l'œil. Mon maître n'eut pas grand mal à en faire son espion. »

Huy évoqua dans son cœur l'image de l'intendant replet qu'il avait vu chez Takhana. Ankhsi était entrée dans une famille bien ténébreuse.

Écartant d'un geste une nuée de mouches acharnées, Psaro découvrit le second corps. Huy ramena un pan de son châle contre sa bouche et plissa les yeux.

D'avance il avait rassemblé tout son courage en voyant la silhouette difforme dessinée par le drap. Mais rien n'aurait pu le préparer à ce qu'il avait sous les yeux. C'était Samout — ou ce qu'il en restait, identifiable seulement à sa haute taille et à ses bijoux.

Il leur avait sûrement fallu du temps pour lui arracher l'information qu'ils attendaient de lui, si toutefois ils avaient réussi. Huy ne croyait pas qu'il fût possible de supporter pareille douleur ; mais alors il se souvint de la passion qui animait le marchand lorsqu'il parlait de vengeance. Il eût tout enduré plutôt que de trahir ceux qui auraient pu peut-être réaliser ses espérances. Huy le contempla, pensant que n'importe quelle dépouille avait l'air pathétique, privée de la dignité et de la vitalité des tissus, que ce fût celle d'un être humain ou d'un porc égorgé. Mais le corps de Samout imitait la vie : les reins se cambraient encore, le bras se tendait pour repousser une menace depuis longtemps disparue. Les commissures de la bouche se tordaient sous une souffrance qui avait survécu à son terme, et les orbites vides semblaient conserver le souvenir d'un tourment indicible. D'un coup d'œil rapide, Huy détailla les reins brisés, les jambes rompues formant des angles contre nature avec le torse.

Puis il regarda Psaro, qui contemplait le pauvre corps torturé en pleurant.

« Tu peux remonter le drap, lui dit-il avec douceur. Sais-tu qui pourrait avoir fait cela ?

— Non.

— En dépit de sa prudence, Samout est tombé dans un piège. On a dû l'entraîner dans un lieu isolé, car ce genre de torture est long et bruyant. Comment a-t-il pu se laisser prendre ?

— Il était devenu trop sûr de lui. Il prenait des risques. Il n'avait jamais de garde du corps. »

Huy s'approcha de la fenêtre. La scène, au-dehors, était une réplique de celle qu'avait observée Samout pendant leur conversation. Il voulut aspirer l'air pur à pleins poumons mais l'odeur de la pièce s'accrochait à ses narines.

« As-tu idée de ce qu'ils cherchaient à savoir ?

— Mon maître avait de nombreux secrets.

— Personne n'en était encore arrivé à cette extrémité pour les découvrir.

— Il ne leur a rien dit.

— Partageait-il ses secrets avec qui que ce soit ? interrogea Huy en l'observant intensément.

— Non, avec personne. Les embaumeurs peuvent-ils venir ?

— Oui, convoque-les sans plus tarder. Je vais inspecter la maison. »

Huy avait toujours supposé que Samout avait une famille, mais en parcourant l'édifice il eut confirmation de ce qui était implicite dans les paroles de Psaro. Hormis les domestiques, il n'y avait là personne à consulter au sujet des embaumeurs, personne pour s'affliger, personne à qui répondre ou à interroger. Samout vivait seul. Huy se rappela la femme-médecin à laquelle le marchand avait fait allusion avec tant d'indifférence, celle qui avait accouché Ankhsi et qu'il avait empoisonnée pour préserver son secret. Pourtant, ce même homme avait fait naître tant d'amour chez ses serviteurs que Psaro pleurait sur lui, à moins que ses larmes ne fussent causées davantage par la pitié que par l'affection.

Une chose était certaine : il fallait qu'il parle à Kenna.

Il sortit rapidement de la maison, mais, contrairement à son attente, le secrétaire n'était pas dans la cour principale.

« Il est parti, indiqua le portier.

— Quand ?

— Nesptah a apporté une offrande pour les défunts.

Il n'est resté que le temps de parler à l'intendant en chef, puis il est parti avec Kenna.

— Où sont-ils allés ? »

Le portier écarta les mains en un geste d'ignorance.

Huy sortit dans la rue. Takhana avait réussi, brièvement, à insinuer le doute dans son esprit, mais désormais une chose était claire : Ankhsi n'avait pas perdu la raison.

11

Le serviteur de Kenna chargeait les bagages de son maître sur le vaisseau. Postés aux avirons, les rameurs détendus échangeaient des plaisanteries. Le long parcours jusqu'à la capitale serait facilité par le courant, et la durée réduite de moitié. Huy perçut en eux le soulagement de quitter le Sud, de regagner la riche bande verdoyante qui séparait la capitale du désert.

Kenna avait pour sa part peu à faire, mais se donnait l'air affairé. Par deux fois il avait embarqué et débarqué, inspecté sa cabine exiguë et vérifié ses papiers. Il avait passé la cordelette de sa palette à son épaule flasque et, comme tout scribe fier de sa fonction, il avait les doigts tachés d'encres rouge et noire. Il avait même glissé un calame derrière son oreille. Il considéra Huy sans aménité.

« Il était inutile de venir me voir partir.

— Tu étais mon invité.

— Je te sais gré de cette marque de courtoisie. »

Un silence pesant s'installa entre eux, mais non celui qui préside à l'heure des adieux. Kenna lui cachait quelque chose. Cela contraria Huy, de même que cette hâte manifeste à partir. Depuis la veille au soir, le secrétaire ne tenait plus en place et, rentrant chez lui, Huy l'avait trouvé occupé à empaqueter ses affaires. Sans nul doute, si le vaisseau avait été prêt il serait parti sur-le-champ.

Huy avait fait une légère allusion à la conversation qui avait eu lieu entre Kenna et Nesptah. Les règles de la bienséance lui interdisaient toute question directe à ce propos, et Kenna s'était refermé comme une huître dès sa première vague tentative. Le scribe royal s'était borné à chanter les louanges du notable — de celles, conventionnelles, qu'un homme de son rang eût fait figurer dans son tombeau ou dans celui de n'importe quel haut personnage : Nesptah était le Pilier de l'Empire, le Limon du Fleuve, un homme qui par son zèle avait fait fructifier des terres nouvelles et les avait rendues sûres, un loyal serviteur, utile à Pharaon. Que n'y en avait-il davantage de sa sorte ! Ce panégyrique ne fut pas sans rappeler à Huy le genre de texte qu'on lui faisait recopier lorsqu'il était à l'école de scribes :

Je me suis montré calme, compatissant et clément,
J'ai consolé ceux qui pleuraient...
Je fus l'ornement de la demeure de mon roi
Et reste dans les mémoires pour mes exploits.

Oui, Kenna lui cachait quelque chose, et il s'y prenait mal.

Il n'était pas le seul à ressentir de l'impatience, pensa Huy tandis que les deux hommes observaient les ultimes préparatifs. La grand-voile de la nef rapide et légère avait été soigneusement ferlée, puisqu'ils navigueraient contre le vent, portés par le courant. La vigie avait déjà pris place sur le toit de la haute cabine située à l'arrière, et les archers kouchites qui feraient escorte à Kenna jusqu'à Napata étaient postés à la proue.

« Veille à amener Ankhsenamon à la capitale du Sud avant la saison de la Végétation, recommanda le secrétaire, montant à bord pour de bon, cette fois. Et amène-la en personne. J'ai fait preuve d'indulgence à ton égard concernant Taschérit. A présent ma réputation est dans la balance, avec la tienne. Ne me déçois pas, Huy. »

Il monta sur la passerelle, laissant le scribe à ses supputations. Dans le dernier regard qu'il lui avait lancé, il y avait une lueur particulière. Une lueur que Huy connaissait bien, et que Kenna n'avait pas tenté de voiler. Cette lueur-là lui disait que le secrétaire possédait un avantage sur lui. Mais lequel ?

Le navire s'était éloigné de la jetée et s'engageait au milieu du courant ; le timonier se penchait de tout son poids sur le gouvernail afin de mettre le cap sur le nord, tandis que les rameurs se préparaient à maintenir la position dans la partie la plus rapide des flots. Huy tourna les talons. Que Seth les engloutisse tous ! Il prendrait un bateau et remonterait le Fleuve. S'il ne parvenait pas à retrouver Senséneb, son voyage n'aurait pas de fin. Alors même qu'il concevait ce projet, son cœur savait que c'était en vain, qu'il était lié à la Terre Noire aussi sûrement que ses Huit Éléments se conjuguaient pour faire de lui un homme. Qu'obtiendrait-il de plus en partant ? En quoi cela aiderait-il Senséneb ? Il ne s'en irait pas sans avoir la certitude qu'elle était en paix.

Il sentit une main effleurer son coude et, avant même de se tourner, il perçut la légère fragrance d'une huile parfumée. Nesptah se tenait près de lui, l'air désappointé. Son pagne et son châle blancs brodés de fil d'or resplendissaient au soleil du matin. Son maquillage fraîchement appliqué était parfait, et son torse était paré d'un collier formé de centaines de feuilles d'or minces, rehaussées de losanges en lapis-lazuli. Deux serviteurs, vêtus à peine moins somptueusement, attendaient avec respect derrière leur maître. L'un portait un parasol en papyrus pour l'abriter du soleil. Était-ce là un homme qui avait le pouvoir de contrôler les démons ?

« J'arrive trop tard », soupira-t-il.

Toutefois, sa frustration n'était manifestement que de pure forme, car il ne fit aucune tentative pour attirer l'attention de Kenna depuis la rive.

« On m'a dit chez toi que tu avais accompagné ton hôte jusqu'ici. Bien entendu, par " chez toi " j'entends " chez ce malheureux Samout ". Mais sois assuré que tu peux y rester conformément à ce qui avait été convenu entre vous, jusqu'à ce que l'on ait mis de l'ordre dans ses affaires. Il n'avait pas de proche famille et il faudra examiner ses papiers. Cette tragique affaire est on ne peut plus regrettable ! dit-il en adressant à Huy un petit sourire d'excuse. Cette cité ne connaissait pas la violence, en dépit de sa situation géographique. Ce sont les premiers actes criminels au sein de ces murailles dont j'aie le souvenir.

— Qui en est responsable ? »

Nesptah parut offusqué d'une question si directe.

« Si je possédais la réponse, je le dirais immédiatement à Taschérit. Je le plains ! Il est accaparé par cette enquête en un temps où il devrait consacrer toute son énergie à la garnison. La rumeur court que des pillards remontent du sud-est.

— Je l'ai entendu dire. »

Nesptah posa la main sur l'épaule de Huy et le regarda d'un air compréhensif et compatissant.

« Je sais que tu crains, à juste titre, que la mort de Samout entraîne l'arrêt des recherches de ton épouse. Bien entendu, les Mézai qui en étaient chargés ont été rappelés et attendent les ordres de Taschérit. Il est probablement trop tard, mais on ne peut accepter de pareils méfaits sans réagir. »

Huy avait déjà prévu que les recherches prendraient fin. Il se mordit les lèvres. Il n'avait nul désir de solliciter de nouvelles assurances auprès de cet homme.

« Tu dois pourtant avoir ton idée à ce sujet.

— Huy, je sais qu'Ankhsenamon t'a demandé t'enquêter sur les agressions dont elle a été victime. Ta réputation était grande, elle s'étendait même jusqu'ici. Néanmoins, tu n'as accompli aucun progrès. Comment veux-tu dès lors qu'un homme comme moi, qui ne s'entend qu'à vendre et à acheter, ait l'audace d'avancer des hypothèses dans une affaire si compliquée ?

— Y a-t-il un lien entre les meurtres ?

— Quel lien y aurait-il entre Samout et l'épouse de Taschérit ? Je sais seulement qu'ils étaient amis. Je crois qu'ils avaient en commun un intérêt pour l'ancien culte d'Aton. Penses-tu que cela donne matière à des soupçons ? »

Huy contempla le vaisseau qui emportait Kenna vers le nord. Déjà, ses contours scintillant au soleil avaient la taille d'un jouet.

« Je n'en sais rien. Mais ces actes de violence se sont succédé en un très court laps de temps. Pourquoi seraient-ils sans rapport ?

— Comme je l'ai dit, rien ne suggère...

— Il existe peut-être une conspiration, dit résolument Huy. Vous êtes bien loin du regard du roi, dans cette contrée.

— Parle clairement. Que veux-tu dire ? demanda Nesptah qui le considérait d'un air attentif.

— Rien de plus que ce que j'ai dit.

— As-tu élaboré une hypothèse précise dans ton cœur ? »

Huy joignit les extrémités de ses doigts, dans l'attitude classique du fonctionnaire.

« Pas encore.

— Nous avons fort à faire pour organiser cette province. Le temps investi en vaut la peine. As-tu idée des richesses que recèle le Sud ? La mine d'or que tu as vue n'est rien ! Quelle diversité ! L'ébène, précieuse tel de l'ivoire noir, l'or, l'argent, les défenses des grands animaux de la forêt, les fauves à la course rapide... Immense est la puissance de Pharaon !

— Immense, en vérité.

— Mais elle pourrait croître encore. Nous avons découvert ici un second empire, un empire qui complète la Terre Noire. Allons, Huy ! souffla Nesptah d'un air de conspirateur. Tu ne crois tout de même pas que je suis dupe !

— Dupe ? De quoi ?

— Écoute ! Tu n'as jamais cessé d'être au service d'Ay. »

Huy ne dit mot. Il se souvint des paroles d'Ankhsi, certaine d'avoir soudoyé tous les espions du roi dans la région. Ils travaillaient pour elle, non pour Nesptah ; mais un homme peut servir deux maîtres. Si telle était précisément la rumeur qui circulait à son propre sujet, cela expliquait bien des choses, et, Huy le constatait à présent, cela avait tourné à son avantage. Pendant ce temps Nesptah, enthousiaste, continuait sur sa lancée. C'eût été dommage de l'interrompre.

« Nous allons accomplir de grandes choses pour le roi ici, Huy. De grandes choses. Mais il doit nous laisser tout organiser à notre façon. Nous sommes ici en terrain connu.

— Les rapports sont irréguliers.

— Peut-être. »

Nesptah lui adressa un regard moins affable. Huy se

demanda s'il n'était pas allé trop loin, s'il n'était pas sur le point de tomber dans un piège. Il ajouta d'un ton conciliant :

« Mais le roi voit loin dans l'avenir.

— L'énergie que tu déploies en son nom est digne d'éloges. Mais ne restons pas debout au soleil. A cette heure, l'ombre est salutaire. Allons prendre le verre de vin du matin. »

C'était bien la dernière chose que désirait Huy, mais déjà Nesptah s'était tourné et, passant entre ses serviteurs comme s'ils n'existaient pas, se dirigeait vers une des petites tavernes disséminées autour du port. Là, il s'assit avec la dignité d'un auguste personnage et n'eut pas à passer commande pour être servi.

« Nous souhaitons être tes amis, affirma-t-il lorsqu'ils se furent désaltérés. De même que nous sommes les alliés d'Ay — ses loyaux sujets, rectifia-t-il en souriant. Pouvons-nous compter sur ton amitié ? »

Mais il épargna à Huy la peine de répondre.

« Bien sûr que nous le pouvons ! Tu t'apercevras peut-être même que, tout compte fait, tu ne souhaites plus regagner la capitale du Sud. Mais venons-en à ton épouse.

— Si l'on met un terme aux recherches, je continuerai seul.

— Ce ne sera pas nécessaire ! assura l'homme avec chaleur. J'aurais dû t'en parler plus tôt : non seulement je ne retire pas mon navire, mais j'en envoie un second le rejoindre. »

Force fut à Huy de le remercier, toutefois il n'était qu'à demi reconnaissant, sachant que Nesptah n'était pas de ceux qui donnent sans rien attendre en retour. L'homme d'affaires se leva en disant :

« Nous avons besoin d'hommes comme toi, par ici.

D'hommes qui savent se servir de leur cœur pour réfléchir par eux-mêmes. Quand je me suis entretenu avec Kenna, il n'a pas tari d'éloges à ton sujet.

— De quoi d'autre avez-vous parlé ?

— Des nouvelles du septentrion, de la mort de Samout. Kenna fera un rapport complet à la capitale. »

Il lança à Huy un regard qui rappela au scribe celui du secrétaire juste avant son départ.

« La Barque du Jour progresse. Nous nous reverrons. »

Lorsqu'il fut parti, Huy s'attarda encore un peu. Il se demandait jusqu'à quel point Taschérit avancerait dans son enquête — et jusqu'à quel point il aurait envie de la pousser.

C'était l'heure de la sieste. La cité était silencieuse et les rayons obliques du soleil coloraient d'un éclat cuivré les murs blancs des édifices. Les arbres semblaient las ; par moments leurs feuilles bruissaient sous un vent languide, sporadique, qui formait au coin des rues des tourbillons de poussière.

Le petit Imouthès était couché sur le dos dans son berceau, dans une chambre fraîche exposée au nord. Il dormait sur un drap de lin, sa petite tête tournée sur le côté, pendant que sa nourrice somnolait sur une couche placée tout près de lui. A cette heure-ci la brise était tombée, et un vieillard assis dans un coin les rafraîchissait à l'aide d'un énorme éventail en plumes.

La nourrice était juste assez lucide pour savourer la caresse de l'air sur sa joue. Elle oscillait à la lisière du sommeil, visitée par des rêves incohérents pour le cœur conscient. Elle n'aurait pas dû se laisser aller ainsi, néanmoins la porte était gardée, et elle avait sur elle une dague dont elle saurait faire usage.

Elle avait dû glisser complètement dans le sommeil, mais, lui sembla-t-il, pas plus d'un instant. Elle se réveilla tout à fait, immobile, les yeux grands ouverts. Rien dans la pièce n'était différent. La Résidence était plongée dans le silence. Elle entendit le bébé s'agiter dans son sommeil en émettant une petite toux. Et pourtant si, quelque chose avait changé. Il faisait plus chaud. Le doux mouvement de l'air avait cessé.

Le cœur battant, elle se redressa et saisit la dague qui ne la quittait pas. Aussitôt, elle vit l'éventail au long manche gisant sur le sol. Dans son coin, le vieillard était toujours assis, mais sa tête qui retombait étrangement sur son giron n'évoquait pas le sommeil. Où était le garde ? Prise de panique, elle sentit une présence derrière elle. Vivement, elle se leva et se retourna, mais déjà il était trop tard.

Huy accourut dès que le messager hors d'haleine, les joues tachées de larmes, eut délivré son message. Il trouva Ankhsi seule, assise telle une statue funéraire sur une chaise à haut dossier près de la fenêtre. Le jour déclinant striait d'ombre et de lumière son visage pareil à celui d'une morte, les yeux tournés en soi. Toutefois, elle tressaillit à son approche.

Sachant que les mots étaient vains, il posa la main sur son épaule. Il vit les larmes lui monter aux yeux, mais elle demeura impassible, sans tenter d'essuyer les filets noirs de galène qui coulaient sur ses joues, recouvrant les traces laissées par d'autres larmes.

« J'aurais tout supporté, dit-elle enfin, même qu'il vive chez Taschérit et passe pour son fils — tout, plutôt que de le perdre. »

Huy était à court de mots. Qu'aurait-il pu répondre ? Que telle était la volonté d'Osiris ?

« Tu n'es pas responsable de sa mort.

— C'est mon ambition qui l'a tué.

— Non, ne dis rien. Pas encore.

— Je dois pourtant le faire. La vengeance est tout

ce qui me reste. Qu'on me l'accorde, et je retournerai vers Ay avec toi.

— Donne-toi un peu de temps. Tu ne sais plus ce que tu dis.

— Aurais-je perdu le sens ? répliqua-t-elle, le regardant dans les yeux jusqu'à lui faire baisser la tête. Songe à tout ce qui est arrivé depuis que Kenna est venu, porteur des ordres du pharaon. Mes espoirs sont anéantis. Quand je pense que je soupçonnais Horemheb ! ajouta-t-elle, avec un rire amer qui s'étrangla dans sa gorge.

— Ce n'est pas l'œuvre d'Ay.

— Je ne puis imaginer qui en fut l'instigateur. Kenna, peut-être, pour s'assurer de mon obéissance ? Jusqu'à présent tu m'as fait défaut. Maintenant, tu dois faire ton travail.

— Kenna ne savait pas qui était Imouthès.

— Quelqu'un l'a su. Quelqu'un a découvert la vérité. »

Huy revit en pensée le corps tourmenté de Samout.

« Ay a gagné, continua Ankhsi. Mon plan n'a plus de raison d'être. Mon fils et mes amis sont morts. Ma chère Senséneb n'est plus. Je n'aspire qu'à quitter ce lieu maudit. »

Comment ne pas la croire, en entendant cette voix blanche, éteinte ? Le regard dur, elle ne pleurait plus. Il ôta la main qu'il avait laissée sur son épaule, sentant qu'elle répugnait à tout contact.

« Il reste Taschérit. Il aimait Imouthès. Tu l'as dit toi-même, en toute vérité.

— Oui, c'est vrai, il l'aimait. Et je crois que sa douleur est aussi profonde que la crue. Mais il est faible et veule. Pauvre Taschérit ! J'ai presque pitié de lui. Il s'est montré bon envers moi. »

Huy avait encore dans sa poche les lettres destinées au gouverneur.

« Je lui ai fait part des intentions de Ay, reprit-elle. Cette corvée-là, du moins, je te l'ai l'épargnée. Je n'oublie pas que tu as ta propre affliction à surmonter.

— Tu lis dans mon cœur.

— La tristesse me rend sévère, mais sache que je te conserve ma confiance.

— Ta sévérité est justifiée. Je n'ai abouti à rien. Si tu refuses d'obéir à Ay, je t'aiderai.

— Quelle autre voie s'offre à moi ?

— Tu pourrais rester ici, avec Taschérit.

— Ici, l'avenir est vide.

— Qui a tué Samout ? Pas Kenna : je le connais, il n'en aurait jamais eu la force. Il n'a même pas pu se résoudre à voir le corps.

— Il avait des domestiques.

— Un serviteur et une petite escorte. C'étaient des soldats ordinaires, pas des hommes rompus à ce genre de besogne.

— Une lèpre ronge cette cité, qu'aucun médecin ne saurait enrayer.

— Où est Taschérit en ce moment ?

— En compagnie de sa sœur, dit-elle, détournant la tête.

— T'a-t-il dit qu'il se rendait chez elle ?

— Oui, mais ce n'était pas nécessaire. Elle a fait de lui sa créature. Je ne le blâme pas. Ce n'est pas simplement qu'il est sans volonté : elle commande les légions de Seth.

— Celui qui a foi dans le pouvoir d'Aton peut-il aussi croire aux démons ?

— Je pensais autrefois, cela fait bien longtemps, qu'il y avait en ce monde assez de lumière pour disperser les ténèbres, pour peu que les cœurs sachent la découvrir. Maintenant je sais à quoi m'en tenir. Les démons existent, Huy, ils sont ici. Ils ne surgissent pas du désert. Ils viennent du plus profond de nous-mêmes. »

Tandis qu'elle prononçait ces mots, le soleil plongea derrière l'horizon occidental du monde et les lamentations s'élevèrent. Cette longue clameur, insupportable de souffrance, ne manquait jamais de déchirer Huy même s'il savait qu'elle était émise par des pleureuses professionnelles, qui ne ressentaient rien de l'émotion qu'elles exprimaient.

Les pleureuses s'étaient rassemblées dans la cour centrale. Les membres de la maisonnée, à genoux sur le sol de terre dur et desséché, unissaient leur plainte à la leur et se couvraient la tête de cendres et de poussière. Parmi eux se trouvaient plusieurs gardes de la Résidence. Huy se dirigea vers le bureau de leur chef.

« Qu'est-ce que c'est ? » dit sèchement celui-ci à son entrée.

C'était un homme de petite taille, robuste, un peu de la même stature que Huy mais plus jeune et affligé de traits vulgaires. Par le physique il était de la Terre Noire, toutefois sa peau brûlée par le soleil du Sud était plus brune que celle d'un Kouchite. Ses gestes étaient vifs et nerveux, et son regard fuyait celui du scribe.

« J'ai une question à te poser.

— Es-tu investi de l'autorité de Taschérit ?

— Non.

— Alors va-t'en. Je n'ai pas de temps à consacrer aux civils pour l'instant.

— Oh non, ce serait trop commode !

— Je sais qui tu es, Huy, dit l'homme avec une expression mauvaise qui l'enlaidit encore. Mais j'ai mieux à faire que de bavarder avec toi. J'ai trois morts, à la Résidence.

— L'enfant, la nourrice et le vieil homme qui maniait l'éventail.

— Oui. Si tu sais cela, alors...
— Où était le garde ?
— Quel garde ?
— Celui qui aurait dû être de faction devant la chambre de l'enfant.
— La sécurité de la maison n'est pas ton affaire.
— Qu'as-tu dit à Taschérit ?
— Le garde était à son poste, dit l'homme, perdant de sa superbe.
— Il n'y en avait qu'un seul ?
— Devant la porte, oui. Deux autres montaient la garde au bout du couloir ainsi qu'à chaque issue.
— Quelqu'un l'a-t-il vu partir ?
— Non, dit l'homme, s'effondrant complètement. Comment sais-tu...
— Il n'est pas mort et il n'est plus là. Je me demande qui le payait, et combien. Le connaissais-tu ?
— Mal. Mais c'était un professionnel, pas un conscrit.
— Tu as intérêt à lui mettre la main dessus.
— Nous le retrouverons. Personne ne peut aller très loin dans cette cité. Et si j'échoue, Taschérit me fera suspendre au-dessus du Fleuve, les testicules à portée de mâchoires des crocodiles !
— Mesures-tu la gravité de ce qui vient d'arriver ? Le fils du gouverneur a été assassiné ! Cesse de plaisanter.
— Je ne plaisantais pas. »
Huy sortit et prit le chemin de la demeure de Takhana.

Ouvrant les yeux, Senséneb découvrit qu'elle discernait à nouveau les ombres. Il y avait même une lueur confuse du côté où elle entendait le feu crépiter. Elle imposa le calme à son cœur. Elle savait qu'elle ne recouvrerait peut-être jamais mieux la vue.

Elle décela dans la grotte une odeur qu'elle connaissait trop bien. Ainsi, loin de disparaître, le mal avait empiré. Elle devina la silhouette d'Henka, assis à l'entrée, où il faisait plus clair. Le froid de l'aube était sur eux.

Il examinait sa blessure. Les couleurs malsaines réapparaissaient déjà sous la chair brûlée. Il n'y avait plus rien à faire. Il n'osait interroger la femme, sachant que sa réponse serait la même. Il tâta la blessure. Elle était molle ; du pus suinta sous la pression de ses doigts. Quelle corruption se dissimulait déjà là-dessous ? La nuit passée, il s'était rendu compte qu'il avait perdu le morceau de papyrus portant l'ordre d'Ay. Il avait désobéi à son maître et payait le prix exigé par les dieux. A leur volonté on ne pouvait se soustraire.

Mais en précipitant sa propre perte, il s'était trouvé lui-même, et quoiqu'il sût qu'il lui faudrait bientôt entreprendre un voyage solitaire, il lui restait une dernière tâche à accomplir.

Préparer la nacelle n'alla pas sans peine : chaque mouvement était une souffrance. Mais enfin tout fut prêt. Il éteignit le feu d'un coup de pied et prit doucement la femme par la main. Elle ne se déroba pas.

« Il faut partir », lui dit-il.

Taschérit avait puisé en lui-même la force de dominer son chagrin et sa fureur. Il avait étouffé les sanglots dans sa gorge en serrant le petit corps contre sa joue. Bouleversé par sa fragilité, par ce dos menu qui tenait tout entier dans sa main, il avait cherché à le ranimer par la chaleur de son propre sang, le pressant contre lui, le cœur battant à tout rompre. Quand le jeune prêtre-*ouâb* était venu le lui enlever, il l'avait serré encore plus fort, refusant de s'en séparer à jamais. Imouthès n'était même pas son propre fils !

Déjà il lisait dans tous les yeux l'affectueuse et creuse consolation : « Tu en auras d'autres. » Mais la couche qu'il partageait avec Ankhsi était froide. Il ne s'était pas senti lésé quand elle avait choisi ce moment pour lui annoncer leur séparation. Lésé, il l'avait été bien des années plus tôt, et ce n'était pas à elle qu'en incombait la faute.

De sombres nuages s'amoncelaient sur son cœur. Tandis qu'il se rendait chez sa sœur, sans avoir encore de plan bien défini, ils voilaient également ses autres sentiments. Le temps n'était pas à l'émotion. Il n'y aurait place pour le deuil qu'une fois sa besogne accomplie.

Nesptah ne serait pas là. C'était à cette heure-ci qu'il rendait habituellement visite à sa sœur, et l'homme d'affaires avait depuis longtemps appris à être absent. Pas par complaisance, non, mais par calcul. Peu lui importait l'infidélité de son épouse, si cela lui donnait prise sur le gouverneur. Mais Nesptah lui-même ne pouvait sonder le cœur de Taschérit et voir combien l'amour s'y était putréfié.

Elle l'attendait et l'accueillit, souriante, dans la chambre embaumant le lotus. Il accepta le verre de vin qu'elle lui tendait mais ne put se résoudre à répondre à ses caresses.

Elle s'écarta, contrariée.

« Je croyais te faire plaisir.

— Ne sais-tu pas ce qui vient d'arriver ?

— Bien sûr que si.

— Alors comment peux-tu ?... »

Il se maîtrisa. Il avait feint de n'éprouver qu'indifférence envers Imouthès, allant jusqu'à prétendre que l'enfant était un fardeau, une corvée, afin de le protéger, afin qu'ils ne s'intéressent jamais à lui. Après les deux premières tentatives de meurtre, il avait fermé son cœur. Et où cela l'avait-il conduit ? En vérité, les dieux étaient cruels. Mais comment la véritable identité d'Imouthès avait-elle été découverte ?

« Es-tu donc à ce point naïf ? railla sa sœur, le regardant froidement alors même qu'il était encore dans ses bras. Mais oui, ma foi, je crois que oui. Peut-être est-ce ton innocence qui te protège. A moins que tes ambitions ne se bornent à ceci. »

D'un mouvement de la main elle indiqua la fenêtre ouverte, où la cité se découpait. Taschérit fit appel à toute sa force d'âme en vue de ce qui allait suivre. Il savait qu'il n'aurait guère à l'encourager pour la faire parler. Quant à ses propres ambitions, eh bien, il y avait pire que ce qu'il possédait. Les dieux s'étaient montrés généreux envers lui, à cet égard. Il le fit remarquer à sa sœur.

« Mais tu pourrais avoir tellement plus ! répliqua-t-elle. Il n'est pas trop tard.

— Takhana, pourquoi as-tu tué mon fils ?

— Ne feins pas d'avoir jamais ressenti de l'affection pour lui. »

Elle l'observait avec finesse. Cherchait-elle sur sa physionomie un mouvement presque imperceptible trahissant ses véritables sentiments envers elle ? Mais non. Elle était toujours convaincue qu'il l'aimait. Elle, si jalouse de tous ceux qui pouvaient s'interposer entre eux, devenait aveugle devant une réalité qu'elle refusait d'admettre. C'est alors qu'elle lui lança, perfide :

« Ce n'était pas ton fils. »

Il ne fut pas surpris qu'elle le sût. Pourquoi, sinon, aurait-elle fait assassiner l'enfant ?

« Pensais-tu vraiment qu'il était de toi ? Je crois que tu n'en doutais pas. Il était né avant terme, cependant de telles choses se produisent. Je n'ai jamais voulu de ce mariage arrangé par Nesptah. Imagines-tu ma souffrance et ma rage en pensant qu'il était consommé ? Tu n'as pas été le seul berné, Taschérit. Moi aussi, j'ai cru qu'Imouthès était ton fils. Ankhsi nous a abusés tous les deux. »

Il gardait le silence, le cœur battant.

« Même Nesptah y a cru, bien qu'il fût informé des moindres faits et gestes de Samout. En revanche, il ne s'expliquait pas la confiance arrogante que celui-ci laissait paraître. Samout avait persuadé Ankhsi que le culte d'Aton pouvait être le pivot d'un soulèvement, toutefois ils devaient avoir un mobile plus puissant.

— Veux-tu dire qu'Ankhsi et Samout complotaient contre le pouvoir ? »

Ironique, elle sourit en se resservant du vin. Taschérit s'était assis, stupéfait, sur la couche drapée de riches étoffes, mais elle resta debout, marchant de long en large tel un fauve en cage.

« Mon époux aurait dû en tirer ses propres conclusions. Mais de nombreux autres problèmes occupaient son cœur et il n'était pas pressé. Il pensa même, un temps, que la tentative insensée de Samout pourrait servir ses propres plans. Des plans que toi et moi avions tout intérêt à voir réussir.

— J'ignorais tout de ces plans dont tu parles ! Pourquoi ne m'en as-tu jamais rien dit ?

— Mon pauvre amour, tu étais dans le camp de l'ennemi ! Mieux valait que tu ne saches rien jusqu'au moment opportun. Plus tard, Nesptah a compris qu'il faudrait se débarrasser de Samout, mais l'heure n'était pas encore venue. »

Les pensées de Taschérit allaient bon train. Il avait été indolent. Il s'était voilé la face. Que de malheurs eussent été évités, si seulement il avait affronté la vérité plus tôt !

« Samout était sûr de donner le change à Nesptah.

Sa folie était notre meilleure arme, notre plus grande alliée.

— Samout n'était pas fou.

— Il ne voyait que le but qu'il s'était fixé. Il oubliait de regarder par-dessus son épaule, de scruter l'ombre. Plus la confiance l'aveuglait, plus il fanfaronnait. Rien ne fut plus facile que de le surveiller.

« Ankhsi nous préoccupait davantage, poursuivit Takhana. C'est elle qui protégeait l'enfant, et elle était infiniment plus dangereuse que Samout. Nous voulions avant tout rester dans l'ombre, petite cité provinciale aux confins de l'Empire. Qui soupçonnerait qu'un grand coup serait porté de là ?

— Par Samout ? s'enquit-il, délibérément obtus.

— Par nous ! Pourquoi, selon toi, Nesptah a-t-il rendu visite au vice-roi de Napata ?

— Parce que le vice-roi fait partie du complot ?

— C'est un homme intelligent, qui sait se rendre utile. Toutefois, il fallait s'assurer qu'il resterait de notre côté, si jamais Samout tentait de le gagner à sa cause.

— Nesptah a donc acheté le vice-roi...

— Celui-ci a investi dans nos mines et dans nos affaires. Il ne voudrait pas compromettre ses intérêts.

— Mais tout ce qui est à nous appartient au roi !

— Et n'est-ce pas injuste ? Tout ce travail, pour un vieillard dans sa lointaine capitale ! Pourquoi ? N'est-il pas naturel de vouloir en garder le fruit pour soi ?

— Je te rappelle que je suis le gouverneur, représentant de Pharaon dans cette province. Qu'oses-tu dire ?

— Ouvre les yeux ! Nesptah veut prendre le contrôle de la région, d'ici à Napata. Il regardait Samout semer son or dans les garnisons, convaincu d'avoir acheté les officiers. Pendant quelque temps la menace fut réelle, mais Nesptah fut à même de contrer ces manœuvres par ses propres largesses. D'ailleurs, tous les officiers n'étaient pas aussi déloyaux que Samout le supposait. Ils acceptaient ses présents, mais ils ne se seraient pas soulevés contre toi.

— Avec moi ou sans moi, Nesptah n'aurait jamais pu contrôler les garnisons.

— Cela n'aurait pas été nécessaire, en définitive. Que pèsent nos troupes, face aux tribus du désert ? Leurs guerriers sont plus durs au combat et Nesptah leur a promis la liberté.

— La liberté de vivre sous sa loi ?

— Quelqu'un doit gouverner. Il se montrerait plus généreux que Ay qui, lui, se contente de prendre. Et qui est loin.

— Parles-tu d'une nation distincte ?

— Oui. Mais n'est-ce pas ce que nous sommes ? Pourquoi ne contrôlerions-nous pas le ravitaillement en or de la Terre Noire pour notre propre compte ? Ay en a besoin pour conserver ses alliés, depuis l'effondrement du Nord. Tout l'or du désert oriental n'y suffira pas. »

Taschérit aurait pu la tuer sur-le-champ, mais il refréna sa rage et sa souffrance.

« C'est bien pensé.

— Attendre eût été préférable. Nous n'avons pas encore rallié toutes les tribus à notre cause. Mais lorsque Kenna est arrivé, nous avons compris qu'il nous faudrait agir sans tarder.

— Pourquoi ? »

Elle eut un geste d'impatience. Il s'aperçut qu'elle s'était tant habituée à sa veulerie qu'elle se laissait duper sans le moindre soupçon. Comment avait-il pu aimer cette femme au point de négliger ses devoirs ? Mais cela était loin. Ce n'était plus qu'un rêve qui déjà s'effaçait.

« Parce que Kenna était venu chercher Ankhsi pour la ramener dans la capitale. Or, elle était la pierre angulaire de leur soulèvement. S'ils tentaient de passer à l'action immédiatement — car, d'après ce que Kenna avait dit à Nesptah, Huy avait ordre de la ramener avant la fin de la crue —, la capitale écraserait la rébellion et nos plans avorteraient. Nous ne pouvions jurer qu'aucune des garnisons ne se rallierait à Samout. Même une guerre locale aurait anéanti tous nos espoirs.

— Que décida Nesptah pour y remédier ?

— Lui ? Rien. C'est moi, moi seule, qui me chargeai de tout. Il fallait savoir sans plus tarder de qui était cet enfant, puis éliminer Samout afin d'isoler Ankhsi. Aussi ai-je envoyé Apouky.

— Et Apouky a tué Samout.

— Il sait s'y prendre pour obtenir des informations. Samout tint bon longtemps, mais à la fin le désir de vivre fut le plus fort. Il avoua à Apouky qu'Imouthès était fils de roi.

— Samout croyait-il vraiment qu'il aurait la vie sauve ?

— Peut-être voulait-il abréger ses souffrances. Cela aurait pu durer beaucoup plus longtemps. J'ai vu Apouky à l'œuvre. Pas un seul instant les suppliciés ne perdent conscience. Il est extrêmement habile. »

Taschérit la fixait, découvrant avec horreur son vrai visage.

« Et ensuite, tu as fait tuer Imouthès. »

Elle s'adossa contre le mur près de la porte.

« Oui. La chose fut aisée ! Il suffit de soudoyer le garde. Bouleversée par la mort de Samout, Ankhsi se montra moins vigilante. Apouky réussit donc à s'introduire par la fenêtre. L'enfant n'a rien senti, d'après lui. Il est mort dans son sommeil. »

Taschérit serra les poings et s'exhorta à la patience.
« Mais tu n'en étais pas à ta première tentative.
— Oh, les autres avaient été fort maladroites ! Nesptah en avait eu l'idée, avant de découvrir que le plan de Samout n'était que du vent. La troisième tentative faillit tout compromettre. Par chance, nous réussîmes à faire tuer cet imbécile après son arrestation, pour éviter qu'il ne parle sous la torture. Alors, je fis comprendre à Nesptah qu'il fallait en rester là. Mais déjà le petit scribe du Nord était sur la piste.
— Huy ? Il n'a fait que tâtonner ! »
Taschérit songea alors que lui-même n'avait pas fait mieux. Il avait préféré fermer les yeux. Pourquoi n'avait-il pas écouté Ankhsi ? Parce qu'elle l'accablait de son mépris ? Mais il en était en grande partie responsable...
« J'ai reçu Huy et j'ai pu en prendre la mesure, répliqua Takhana. Il m'a résisté. C'est un homme capable de remonter jusqu'à nous à travers le labyrinthe. Mais nous avons de l'avance, assura-t-elle, venant s'asseoir auprès de son frère et lui prenant les mains. A la fin, nous récolterons les fruits, toi et moi. Il n'est pas trop tard pour l'empêcher de nuire.
— Qu'il emmène Ankhsi ! Ainsi, nous serons débarrassés d'eux sans effort. »
Taschérit avait grand-peine à continuer à feindre. Il devinait que Huy ne tarderait plus à arriver. Il avait eu soin d'indiquer à Ankhsi où il se rendait, avant de la quitter. Elle l'aurait deviné, de toute façon, pensa-t-il amèrement. Il en avait depuis si longtemps l'habitude, trop faible qu'il était pour rompre. Et maintenant encore, en contemplant sa sœur, il n'était pas sûr d'aller au bout de ce qu'il s'était fixé.
« Tu ne crois pas si bien dire ! Nesptah a avisé Kenna du plan d'Ankhsi, en prétendant que Huy y

était mêlé. Kenna a rapporté la nouvelle à la capitale du Sud. Ils courent à une mort certaine.

— Et ensuite, Nesptah prendra le contrôle de la région. »

Retrouvant le sourire, elle approcha son visage de celui de son frère.

« Pas lui. Nous. »

Il s'écarta, faisant mine de réfléchir.

« Tu ne peux pas le tuer. Il s'est attaché trop de fidélités.

— Autant que l'argent peut en acheter. Ne va pas croire que je n'y ai pas songé. Nesptah est aussi aveugle que Samout. Il se croit important, quand il n'est que de l'argile entre nos mains.

— Feras-tu appel à Apouky ?

— Mais oui.

— Où est-il, à présent ?

— Avec Nesptah. Je voulais que nous soyons seuls. »

Disait-elle la vérité ? Ses yeux ne trahissaient rien tandis qu'elle lui caressait le ventre. Soudain il éprouva une lassitude incommensurable. Le temps était venu d'agir. Souriant à la jeune femme, il se dégagea de son étreinte pour défaire sa ceinture. Il posa son pagne sur une table basse, à côté d'eux, la poignée de sa dague à portée de main. La lame avait été graissée le jour même, elle glisserait facilement dans le fourreau.

Takhana avait fermé les yeux et s'était laissée aller en arrière, mais il avait ouï dire que les magiciennes voyaient à travers leurs paupières. Mourrait-elle ? De quelle couleur serait son sang ? Il écarta les bretelles de la tunique dont elle était vêtue, dénudant ses seins qu'il caressa tour à tour. Quand il produisit un faible bruit en dégainant son arme, elle ne réagit pas. Elle gémissait doucement, un sourire paisible aux lèvres. Quelques instant encore, il caressa ses mamelons durs et bruns. Alors, affermissant sa volonté, il souleva légèrement le sein gauche et enfonça la lame dans le pli de chair tendre, de bas en haut.

Cette fois elle ouvrit les yeux, mais il savait qu'elle ne le voyait plus. Son sang n'était pas noir. Repoussant le corps convulsé, il dégagea rapidement la dague et se leva. Il avait entendu un bruit derrière lui. Elle avait menti : Apouky était là, plus dangereux qu'un crocodile blessé.

Mais ce fut Huy qui sortit de l'ombre d'un pilier. Les deux hommes se regardèrent dans les yeux. Taschérit laissa tomber l'arme qu'il avait encore à la main.

« Qu'as-tu entendu de cette conversation ?

— Suffisamment, dit le scribe. Je te suivais de peu.

— Je ne t'attendais pas si tôt.

— J'ai trop longtemps fait preuve de lenteur.

— Pourquoi ne m'as-tu pas empêché d'agir ?

— Cette femme souhaitait ma perte.

— Et la mienne.

— Elle t'aimait pourtant.

— C'est elle seule qu'elle aimait à travers moi. Et maintenant, que vas-tu faire ? »

Huy tourna son regard vers la couche où gisait Takhana, le visage caché sous une masse de cheveux noirs. Peu de sang avait coulé de sa blessure, et son attitude dans la mort n'était pas repoussante. Elle n'était pas encore privée de sa beauté.

« Pour ma part, je ne ferai rien. J'aimerais en revanche que tu écrives à Ay pour tout éclaircir. La mort de Samout devrait suffire à ôter tout caractère menaçant au rapport de Kenna, et une fois révélée la trahison de Nesptah, la nouvelle elle-même sera discréditée. Tu consentiras au départ d'Ankhsi. Je la ramènerai, je n'ai pas le choix. Quant à toi, tu devras veiller à ce que les biens de Samout soient rattachés à la couronne. Nesptah a-t-il des héritiers ?

— Non.

— En ce cas, ses biens reviendront également à Ay. C'est lui qui sort le grand vainqueur de cette sombre histoire. Mais, bien entendu, nous lui appartenons tous. Il n'a fait qu'affermir sa prise sur ce qu'il possédait déjà. Peut-être cela vaut-il mieux, en ce qui concerne le Sud.

— Nesptah est toujours en vie.

— Mais, je pense, pas pour longtemps. Tu devras t'en assurer, si tu tiens à ton poste. Ay n'aime rien laisser au hasard.

— Et Apouky ?

— Il existera toujours des êtres tels que lui pour exécuter les basses besognes. Quand il apprendra ce qui vient de se produire, il disparaîtra ou cherchera à te tuer.

— Nous le retrouverons. Il sera empalé.

— Son destin est entre tes mains. Le seul qui ne soit pas en ton pouvoir désormais est le vice-roi ; et il louera les dieux que son rôle dans cette affaire soit passé sous silence.

— Ne parleras-tu pas de lui à Ay ?

— Me croirait-il ? Le vice-roi est un opportuniste. Seul, il n'aurait pas trahi. Il ne trahira pas maintenant. Il se peut même qu'il redouble de zèle pour prouver sa loyauté.

— Et de moi, tu ne parleras pas non plus ?

— J'ai besoin de tes lettres pour m'éviter la vindicte d'Ay. Il acceptera tes explications, d'autant que tu laisses partir Ankhsi sans difficultés et sans conditions. Il te récompensera. Et puis, tout bien pesé, tu as fait beaucoup plus que moi pour élucider cette malheureuse affaire.

— Tu étais mon ennemi.

— C'est toi qui m'as poussé à me considérer comme tel. Je te prenais pour un des leurs.

— Je l'ai mérité.

— Il est une dernière chose que je te demande de faire pour moi.

— Laquelle ?

— Trouve Senséneb. Veille à ce qu'elle fasse un bon voyage vers les Champs d'Éarrou. »

Ankhsi avait commencé les préparatifs de départ. Huy l'avait laissée en compagnie des deux servantes qui étaient venues avec elle de la capitale du Sud, et qui repartiraient avec elle. Elle avait appris la mort de Takhana avec calme, presque avec indifférence. Elle avait baigné son visage et séché ses larmes. Elle s'était changée, s'était remaquillée et ses traits n'avaient pas plus d'expression qu'un masque mortuaire. On avait posé sur son front une trace de poussière en signe de deuil, mais elle avait enfoui au fond d'elle-même sa douleur. Attendait-elle encore quelque chose de l'existence ? se demandait Huy. Comment imaginait-elle sa vie en tant que Seconde Épouse d'Ay ? Il était inconcevable qu'elle acceptât de lui donner un héritier. Imouthès avait été le fils de Toutankhamon, son époux tant aimé. Toutes ses espérances avaient été ensevelies en même temps que son enfant. Mais il n'appartenait pas à Huy d'imaginer les secrètes pensées de son cœur.

La barque *seqtet* avait navigué bien loin vers l'extrémité occidentale du monde quand il descendit au port. Il avait toujours aimé les navires, toujours puisé du réconfort dans la permanence du Fleuve, plus ancien que les dieux, inaccessible au changement auquel nul homme n'échappait.

Il passait devant la Maison de Vie quand un des médecins qu'il connaissait sortit de l'édifice. L'apercevant, l'homme le héla et s'approcha rapidement de lui, les yeux brillants.

« Huy ! Je me rendais justement chez toi. »

Il se tut, hésita, comme porteur d'une nouvelle qu'il ne savait comment révéler.

« Qu'y a-t-il ? » l'interrogea le scribe, gagné par son émotion.

Dans son cœur montaient l'espoir et, en même temps, la crainte. Les dieux avaient-ils choisi ce moment pour le placer devant la vérité ? Du moins, c'en serait fini du doute. Mais l'espoir se nourrissait également d'incertitude. Ne valait-il pas mieux demeurer sans savoir ?

« C'est au sujet de Senséneb ? demanda-t-il au médecin.

— Oui. Elle vit mais, avant que je te conduise à elle, il est une chose que tu dois savoir. »

Seule dans la chambre blanche, elle se reposait sur un lit aux draps immaculés. Elle avait maigri, la peau de ses bras était râpée et écorchée. La nuque posée sur un large appui-tête en bois blond, elle gardait le regard fixé sur le plafond. Il prononça son nom, et elle tourna la tête dans la direction d'où était venue sa voix.

« Ils m'ont dit, murmura-t-il en lui prenant la main.

— C'est lui qui m'a ramenée.

— Où est-il ? demanda Huy, pensant : “ que je le tue ”.

— Il est parti. Tu ne le trouveras pas. Il m'a laissée dans un village en amont et l'on m'a portée jusqu'ici. Je ne pensais pas que tu viendrais si vite. »

Elle serra plus fort la main de Huy et leva les yeux vers lui.

« Je distingue ta silhouette lorsque tu bouges,

comme si j'étais au pays des ombres. C'est toujours mieux que d'être au pays des ténèbres. »

Recouvrerait-elle un jour la vue ? se demandait le scribe avec affliction. Mais comment aurait-il pu lui poser la question ?

« Où est-il allé ? En aval ?

— Comment le saurais-je ? Nous sommes partis en barque de l'endroit où il me cachait. Il m'a laissée dans un village. Voilà tout ce que je sais. Il est certainement allé en aval car il n'aurait pas eu la force de remonter le Fleuve. Il se meurt de la blessure que Hapou lui a donnée. »

Les questions se pressaient sur les lèvres de Huy mais, sachant qu'elles ne pourraient que la blesser, il garda le silence. L'heure n'était pas à se venger, mais à construire. Il lui caressa la main.

« Que désires-tu, Senséneb ? Que puis-je faire ?

— Je veux rentrer chez nous.

— Nous rentrerons aussitôt que tu pourras supporter le voyage. »

Elle se tourna sur le flanc, cherchant une position plus confortable. Alors seulement, il remarqua qu'elle avait au cou une lanière de cuir, où était accroché un petit sac en lin renfermant un objet. Une amulette.

Trois jours après qu'Ankhsi fut partie pour Kerma, en compagnie de Huy et de Senséneb, afin d'embarquer sur le vaisseau qui les attendait, des pêcheurs découvrirent une nacelle abandonnée, qui s'était échouée dans les roseaux. Ce fut pour eux une véritable aubaine, car l'embarcation était de qualité et contenait en outre trois précieuses armes de bronze : un couteau, un fer de lance et un *khepech*.

Hormis cela, il ne restait rien.

Cet ouvrage a été réalisé par la
SOCIÉTÉ NOUVELLE FIRMIN-DIDOT
Mesnil-sur-l'Estrée
pour le compte des Éditions U.G.E. 10/18
en octobre 1996

Imprimé en France
Dépôt légal : novembre 1996
N° d'édition : 2704 - N° d'impression : 36181